라이너 마리아 릴케

박홍규 지음

누가 릴케를 함부로 노래하나

「이 도서의 국립중앙도서관 출판예정도서목록(CIP)은 서지정보유통지원시스템 홈페이지(http://seoji. nl.go.kr)와 국가자료공동목록시스템(http://www.nl.go.kr/kolisnet)에서 이용하실 수 있습니다.(CIP 제어번호: CIP2017029575)」

라이너 마리아 릴케
ⓒ 박홍규 2017

초판 1쇄   2017년 11월 27일

지 은 이   박홍규
펴 낸 이   이정원
편집책임   선우미정
편   집   이동하
디 자 인   김정호
마 케 팅   나다연 · 이광호
경영지원   김은주 · 박소희
제   작   송세언
관   리   구법모 · 엄철용

펴 낸 곳   도서출판 들녘
등록일자   1987년 12월 12일
등록번호   10-156
주   소   경기도 파주시 회동길 198번지
전   화   편집부 031-955-7385 마케팅 031-955-7378
팩시밀리   031-955-7393
홈페이지   www.ddd21.co.kr
페이스북   www.facebook.com/bluefield198
I S B N   979-11-5925-294-5 (04080)

값은 뒤표지에 있습니다. 파본은 구입하신 곳에서 바꿔드립니다.

푸른들녘은 도서출판 들녘의 청년 브랜드입니다.

박홍규의
호모 ——
크리티쿠스

라이너 마리아 릴케

박홍규 지음

누가 릴케를 함부로 노래하나

푸른들녘

반세기도 더 전 어느 가을에 릴케의 가을 시를 처음으로 읽고 반한 뒤로 오랫동안 그와 그의 시를 사랑했다. 그러나 그 뒤 릴케가 매우 귀족적인 성향을 가진 영웅주의자이고, 그의 시도 그렇다는 것을 알고 싫어졌다. 그러면서도 내가 믿는 민주적 신념에 근거하여 시를 싫어하는 것이 과연 옳은 일인지 고민했다. 싫으면 안 읽으면 되지, 싫다고 굳이 말할 필요가 있을까? 그러나 시인이 전쟁과 군대를 찬양하고 독재와 영웅을 미화하는 것까지 못 본 체한다면 그 독자는 물론 이 세상은 어떻게 되겠는가? 이런저런 고민 때문에 10년도 더 전에 쓴 이 글을 오랫동안 망설이다가 이제야 겨우 내놓는다. 그렇게 사랑하다 싫어하고 다시 그것들을 고민한 예술가들은 참으로 많지만, 우리나라엔 그런 생각을 당당하게 드러낼 용기를 막아버리는 숭배와 신비의 분위기가 팽배하다. 특히 시인의 경우에 그렇다. 나는 그런 비민주의 분위기가 싫다. 그런 낡은 권위의 분위기를 일소하고 시를 포함한 모든 것을 자유롭게 읽고 논의하는 새로운 자유의 분위기를 만들고 싶다. 이 책이 그런 풍토로 나아가는 하나의 계기가 되기를 바란다.

2017년 11월

박홍규

차 례

인용 범례

1. 릴케 작품의 인용

우리나라 릴케 관련 논저는 릴케 작품을 인용할 때 대부분 독일어 원시를 인용하는 경향이 있다. 반면 독일이 아닌 다른 나라의 그런 책들은 대부분 자국어 번역을 인용한다. 그 어느 쪽이 반드시 옳다고 할 수는 없겠지만, 적어도 소위 전공학자들끼리만 본다는 소문이 있는 논문집 따위가 아니라 일반 독자까지 대상으로 삼는 단행본이라면 릴케 작품 인용도 한국어로 하는 것이 바람직하다. 물론 이를 위해서는 완벽한 번역이 전제되어야 한다. 우리나라 학자들이 자국의 번역에 의존하지 못하는 이유 중의 하나가 기존 번역 모두에 문제가 있다고 생각하는 탓인지 아닌지는 알 수 없지만 앞으로는 반드시 극복해야 할 문제다. 나는 한국에서 한국어로 쓰는 책이라면 누구나 일단 번역된 것을 인용하되, 그 번역에 문제가 있으면 지적하여 고치도록 해서 더욱 완벽한 번역으로 만들어가는 것이 옳다고 생각한다.

그런 이유로 이 책에서 릴케 작품은 책세상 판 『릴케 전집』(2000)에서 인용하고 그 인용 방법은 가령 제1권 제1쪽이면 '전집1, 1'이라고 하겠다. 단 이 책에서 그 번역은 수정되었으니 '전집'의 그것과 반드시 일치하지 않는다. 이 전집의 출간 전은 물론이고 그 뒤에도 릴케 작품의 번역이 많이 나왔으나, 이 책에서는 편의상 '전집'을 기본적인 인용 근거로 삼겠다. 이는 그 번역이 가장 좋아서가 아니라 릴케의 작품을 가장 많이 번역한 전집이기 때문이다. 단 그 '전집'과의 비교를 위해서는 다음 번역을 인용하기도 한다.

◆ 구기성 - 라이너 마리아 릴케, 구기성 옮김, 『두이노의 비가 외』, 민음사, 2001
그런데 위 『릴케 전집』에는 릴케의 모든 작품이 포함되어 있지 않다. 전집에 없는 작품 중 일부는 다음과 같이 인용한다.

◆ 르네상스 - 라이너 마리아 릴케, 김향 옮김, 『라이너 마리아 릴케의 르네상스 미술여행』, 가람기획, 2001,

◆ 편지 - 라이너 마리아 릴케, 홍경호 옮김, 『젊은 시인에게 보내는 편지』, 범우사, 1985.
위의 여행기나 편지는 엄격히 말해 '창작'이나 '작품'이라고 볼 수 없기 때문에 '전집'에서 제외되었는지 모른다. 그러나 릴케는 작품을 창작하듯이 여행기(일기)나 편지를 철저히 쓴 사람이고, 그 대부분은 자신의 삶과 시에 대한 성찰을 담고 있기 때문에 그를 이해하는 데에 필수적인 문헌이다. 따라서 릴케 연구를 위해서는 반드시 번역되어야 한다. 그의 시집을 비롯한 몇 작품을 여러 번역자가 여러 번 번역하는 대신, 편지 같은 미번역 자료를 앞으로 더욱 많이 번역할 필요가 있다. 릴케가 남긴 글 가운데 특히 편지는 그 밖의 다른 모든 것을 합친 양보다 더욱 방대하고, 그 양은 이 세상 어떤 작가가 쓴 편지보다 방대하다. 이 책에서는 편지를 인용하는 경우, 그 인용근거는 아래의 제2차 한글 문헌에 의존하거나, 그럴 수 없어서 직접 인용해야 하는 경우에는 날짜와 보낸 사람만을 표기하는 것으로 했다. 한글 번역에 문제가 있다고 생각한 경우, 독일어판을 참조하고 영어판 및 일어판과 비교했는데, 그 근거는 일일이 지적하지 않겠다. 왜냐하면 적어도 어느 독일어판도 상이하지 않으니 그 근거를 굳이 밝힐 필요가 없다고 생각하고, 영어판과 일어판 번역들의 상위에 대해서도 일일이 그 문헌을 지적하는 것이 너무나도 번거롭기 때문이다. 따라서 인용은 최소한에 그치도록 노력했다.

2. 기타 인용

한국의 릴케 관련서는 물론 모든 책에 장황하게 나오는 외국어 문헌의 인용은 이 책에서는 일체 하지 않겠다. 왜냐하면 이 책에서 인용하는 릴케의 삶과 시에 대한 해석은 한국에 나온 책들의 그것에 한정하기 때문이다. 물론 아래에 인용한 견해들도 대부분 독일인들의 해석에 의존하고 있는 듯이 독일어 문헌의 근거를 일일이 밝히고 있는데, 그런 식으로 다른 외국어 제2차 문헌을 인용하는 것은 일체 하지 않겠다. 아래의 인용도 나의 의견과 다른 것인 경우에 한해 최소한 인용하는 것으로 그치겠다.

◆ 김재혁 - 김재혁, 『릴케의 작가정신과 시적 변용』, 한국문화사, 1998. 이 책은 볼프강 레프만, 김재혁 옮김, 『릴케』, 책세상, 1997에 실린 「릴케 연구」 등의 내용과 대동소이하여 '레프만'을 인용 근거로 삼았다.

◆ 김재혁-릴케 - 김재혁, 『릴케와 한국 시인들』, 고려대학교출판부, 2006.

◆ 김주연 - 김주연, 『독일시인론』, 열화당, 1983. 이 글은 『심상』(1981)이나 김주연 편 『릴케』, 문학과지성사, 1983에 실린 글과 같다.

◆ 김춘수 - 김춘수, 「릴케와 나의 시」, 김주연 편 『릴케』, 문학과지성사, 1983.

◆ 김창준 - 김창준, 『라이너 마리아 릴케의 말테의 수기 연구』, 월인, 2003.

◆ 박형규 - 박형규, 『카프카, 권력과 싸우다』, 미토, 2003.

◆ 전광진 - 『릴케의 두이노의 비가연구』, 삼영사, 1981.

◆ 조두환 - 『라이너 마리아 릴케』, 건국대학교출판부, 2001.

◆ 라사르트 - 루 알버트 라사르트, 김재혁 옮김, 『내가 사랑한 시인 내가 사랑한 릴케』, 하늘연못, 1998.

◆ 레프만 - 볼프강 레프만, 김재혁 옮김, 『릴케』, 책세상, 1997.

◆ 맨스타인 - 에덤 맨스타인, 김현균·최권행 옮김, 『파블로 네루다』, 생각의나무, 2005.

◆ 살로메 - 루 안드레아스 살로메, 김상영 옮김, 『하얀 길 위의 릴케』, 모티브, 2003

◆ 존스턴 - 윌리엄 존스틴, 변학수 외 옮김, 『제국의 종말, 지성의 탄생』, 글항아리, 2008.

◆ 츠바이크 - 슈테판 츠바이크, 곽복록 옮김, 『어제의 세계』, 지식공작소, 1995.

◆ 하이데거 - 하이데거, 소광희 옮김, 『시와 철학』, 박영사, 1972.

◆ 홀트후젠 - H. E. 홀트후젠, 강두식 옮김, 『릴케』, 홍성사, 1979.

편집자 일러두기

◆ 주요 인물과 작품의 경우 처음 표기할 때에만 원어를 병기했다.

◆ 작품을 언급할 때 단행본으로 출간된 타이틀은 『 』로, 논문이나 개별 저작은 「 」로 표기했다.

◆ 신문이나 음악, 미술의 타이틀은 〈 〉로, 잡지 타이틀은 《 》로 구분하여 표기했다.

◆ 본문에 사용한 모든 사진은 〈위키미디어〉와 〈셔터스톡〉이 제공하는 자유저작권 이미지다.

누가 릴케를 함부로 노래하나?

어쩌면 이 책은 고백 또는 고해 같은 것이리라. 어릴 적은 물론 그 뒤에도 나는 릴케(Rainer Maria Rilke, 1875~1926)를 숭배하고 그의 삶, 사랑, 고독, 죽음을 노래했다. 그러나 더는 그렇지 않다. 엄청난 반민주 영웅시인일 뿐인 그를 나는 이제 숭배커녕 노래할 수조차 없게 되었다. 그렇기에 지난 수십 년간에 걸친 '릴케 짝사랑'의 세월을 안타까워하며 이 책을 쓴다. 누군가 나처럼 착각에 의한 짝사랑으로 고뇌하며 방황하는 실수를 되풀이하지 말기를 바라면서 말이다.

릴케를 포함한 모든 사상가나 예술가들에 대한 나의 관심은 민주주의에 있다. 즉, 모든 인간의 자유와 평등을 비롯한 인권, 권력 분립과 시민 자치를 믿는 민주주의에 있다. 물론 모든 사상가나 예술가들의 관심이 반드시 민주주의에 있는 것은 아니다. 그들의 사상을 민주주의라는 하나의 잣대만으로 평가할 수도 없고 그렇게만 평가해서도 안 된다. 그러나 내가 관심을 갖는 민주 시민의 소양 내지 교양의 범주에서라면 반민주주의적인 모든 사상가나 예술가들이 철저히 재검토되고 비판을 받는 것이 마땅하다. 아무리 위대한 사상가나 예술가들이라고 해도 그들이 반민주적이라면 충분히 비판할 필요가 있으며, 이것이 그들을 받아들이기 위한 최소한의 기본 전제다. 우리 모두 민주주의에 동의하지 않는 한 함께 살아갈 수 없기 때문이다. 진보든 보수든, 개혁이든 수구든, 좌든 우든 간에 민주주의는 인정해야 한다. 그것을 부정하는 전체주의적 공산주의는 물론 파시즘이나 독재 전체주의도 인정할 수 없다. 나는 아무리 위대한 사상가나 예술가라고 해도 그들이 전체주의를 찬양한다면 받아들이기 싫다. 그런 사람들의 사상이나 예술엔 가치가 없다. 위대하다고 찬양할 수 없음도 물론이다.

흔히들 릴케를 20세기의 가장 위대한 시인이라고 한다. 20세기의 다른 수많은 위대한 시인들이 들으면 화를 낼지도 모르지만 적어도 한국에서는 그렇게 불린다. 외국 시인으로서는 보기 드물게 일제강점기부터 많은 시인과 일반인에게 영향을 미쳤고, 작품 또한 수없이 번역되었으며, 엄청난 연구서들과 함께 방대한 13권의 전집까지 나왔고, 특히 외국 시인으로서는 보기 드물게 그 작품이 교과서에까지 실렸을 만큼 명성이 하늘을 찌르지 않는가? 릴케의 전집 어느 권에서나 볼 수 있는 다음과 같은 찬사가 그 예이다.

현대 시인들에게 가장 큰 영향력을 끼친 릴케는 프라하에서 태어나 백혈병으로 세상을 떠날 때까지 섬세한 감수성을 바탕으로 삶의 본질, 사랑, 고독, 신과 죽음의 문제를 깊이 파헤친 작품을 남겼으며, 독일 서정시를 완성시켰다는 극찬을 받고 있다.

우리나라의 릴케 전문가들이 대거 참여했다는 그 전집의 말을 나는 부정할 생각이 추호도 없다. 그러나 릴케 삶의 본질에는 그가 평민 출신이었으면서도 평생 귀족을 자처했고, 거의 언제나 귀족들과 함께 살면서 시인인 자신을 신이니 영웅이니 표범이라고 묘사했으며, 그런 영웅이 주인공인 전쟁을 예찬하면서 민중과 노동자를 멸시했고, 귀족 부인들을 포함한 무수한 여인을 사랑했던 사실도 포함된다. 그가 노래한 삶, 사랑, 고독, 죽음, 신이란 바로 그런 귀족 영웅들의 것이기도 했으므로 그는 귀족적이라느니 보수적이라느니, 심지어 히틀러의 선구자라는 평까지 들었다. 꼭 그런 이유가 아니라 해도 릴케가 노래한 삶, 사랑, 고독, 죽음, 신에 관한 내용은 브레히트(Bertolt Brecht, 1898~1956)*나 벤야민(Walter Bendix Schönflies Benjamin, 1892~1940)**을 비롯한 많은 이들로부터 비판을 받았다. 억압과 가난을 비롯하여 세상에는 수많은 문제가 산적해 있는데, 그것을 전혀 모른 체하고 추상적인 내면에 숨어서 헛소리만 했다는 비판들이다.

물론 추상적인 내면에 숨었다는 이유만으로 비난을 받아야 한다면 인류 역사에 이름을 남긴 예술가 대부분과 함께 한국의 예술가 대다수도 비난해야 할 터이니 릴케에게 공정한 태도는 아니다. 귀족 부인을 포함한 수많은 여성을 사랑하거나 귀족을 자처하며 살았던 점도 마찬가지다. 그러나 그가 반민주 시인이라는 점은 다르다. 특히 그가 쓴 시가 반민주적

■　* 독일의 사회주의 시인이자 극작가 겸 연출가로 「살아남은 자의 슬픔」, 「1492년」과 같은 시를 썼고, '낯설게 하기 효과(Verfremdungseffekt)'라는 기법으로 극작계에 큰 변화를 가져다주었다. 대표적인 희곡으로는 「서 푼짜리 오페라」, 「억척어멈과 그 자식들」, 「갈릴레이의 생애」, 「사천의 선인」이 있다.
　** 독일 출신의 유대계 작가이자 문예평론가로 1933년 나치의 탄압을 피해 프랑스에서 망명 생활을 하면서 쓴 『기술복제시대의 예술작품』에서 아우라 개념을 제시했다.

라이너 마리아 릴케(1875~1926)

이라는 점, 그가 쓴 시가 파시즘이라거나 최소한 그것과 통한다는 점은 다르다.

이런 반민주 시인이 20세기의 가장 위대한 시인으로 간주되어 한국을 포함한 여러 나라의 시인은 물론 일반인들에게까지 추앙과 존경을 받는 다면 과연 아무런 문제가 없다고 할 수 있을까? 어떤 시를 쓰든 시인을 위험한 존재로 취급하여 잡아 가두는 짓은 한국의 경우 1970년대 암흑 기에서나 볼 수 있던 야만이다. 두 번 다시 되풀이되면 안 된다. 하지만 이런 경우와 반대로 릴케 같은 반민주 시인이 절대적인 숭상을 받는 것 도 문제다. 특히 한국의 젊은이들이 그렇다는 사실이 나는 싫다. 사실은 나도 그랬기 때문이다.

나는 릴케를 사랑했다. 50년 이상 긴 세월 동안 진실로 그를 사랑했다. 사랑하면 사랑할수록 의심되는 점도 많아졌지만, 결점을 알면 알수록 더욱더 사랑하는 것이 모든 사랑의 본질이라고 스스로 세뇌하면서 그를 열심히 사랑했다.

그러나 더는 안 된다. 무조건 사랑하는 게 능사가 아니라는 해묵은 잔 소리 때문은 아니다. 독일이나 서양에서 릴케를 일컬어 '독일 서정시를 완성한 위대한 시인'이라 칭송하든 말든 내 관심사가 아니라는 생각 때 문만도 아니다. 이제 그를 재평가해야 할 시점이기 때문이다. 일제 때부 터 소개된 그가 과연 우리에게 무슨 의미가 있는지, 그때부터 독일식의 관념 일변도로 그를 해석하여 그를 신비화했던 것이 과연 옳은 일인지, 특히 일본식 죽음이나 순간적 사랑의 탐미주의와 유사한 그의 시가 서 양문화란 이름으로 남긴 일제의 흔적임을 간과한 것은 아닌지 물어봐야 하는 것이다. 무엇보다 그의 반민주적 영웅주의, 전쟁과 죽음에 대한 숭배, 도시와 시민에 대한 혐오, 신비주의적인 러시아 동경 등의 실체를 따져봐야 한다. 이 모든 것을 낱낱이 파헤치면 '20세기의 가장 지독한 반민주 시인'이라는 그의 참 모습이 드러날 터다. 이것이 나의 결론이다. 그는 우리가 믿는 민주주의에 철저히 역행했던 시인이다. 우리의 시대정신과 철저히 맞서는 시인이다. 파시즘의 시인이다.

그래서 나는 이 책의 부제를 '누가 릴케를 함부로 노래하나?'라고 붙였다. 이제 21세기 한국인 독자의 눈으로, 특히 민주의 눈으로 그를 비판적으로 바라보자. 서양인의 문헌만을 잔뜩 열거하고, 난해한 해설을 추종하며 릴케를 찬양하던 시대는 막을 내려야 한다. 이 책은 이와 같은 의도에서 릴케의 재조명을 시도한 것이다. 릴케 자신 끊임없이 새롭게 보기, 새롭게 글쓰기를 시도했듯이 말이다. 한국 최초로 릴케를 비판하려는 시도인 탓에 문제가 많을지도 모른다. 편협한 이데올로기적 매도가 아니라 릴케에 대한 충분한 이해 안에서 균형을 잃지 않고 릴케를 보려고 노력했지만, 나는 릴케 전문가이기커녕 독문학자나 문인도 아니어서 분명 여러 한계가 있을 것이다. 다만 아마추어가 거리를 두고 비판적으로 바라보는 릴케가 반드시 오독이 아닐 수도 있다는 정도로 평가되기를 기대한다. 이 책을 기회로 릴케에 대한 논의가 더욱 풍성해졌으면 좋겠다.

이 책은 총 9장으로 이루어진다. 1장에서는 위의 전집에서 본 바와 같이 흔히 릴케 시의 본질이라고 하는 삶, 사랑, 고독, 신, 죽음의 모순에 대해 개괄적으로 살펴본다. 2장에서 8장까지는 그가 살아간 순서대로 삶과 시에 나타난 모순을 살펴본다. 그리고 마지막 9장에서는 릴케에 대한 나의 생각과 한국에서의 릴케 문제를 검토한다.

1장

왜 릴케인가?

과연 릴케를 읽어야 하나?

릴케는 시인이다. 시인에게는 무엇보다도 시가 전부다. 특히 릴케가 그렇다. 그런데 연예인도 아닌 시인에게 시시콜콜한 연애담 같은 사적 이야기를 과도하게 덮어 씌워 그런 것들로 시인의 이미지를 왜곡한다면 심각한 문제다. 물론 그런 이야기도 시 창작의 배경이 될 수 있다. 하지만 그런 경우 역시 시를 이해하기 위한 최소한의 소개로 그쳐야 한다. 시를 설명하면서 과도한 해석, 즉 철학을 빙자한 과도한 관념을 부여하는 것도 문제다. 더구나 정치와는 무관하다고 손사래를 치는 시인을 정치적으로 재단하다니!

시는 무엇보다도 시 자체로 이해해야 한다. 시를 이해하려면 무엇보다도 시를 읽어야 한다. 시는 소설과 달리 눈으로 읽기보다 입으로 소리 내어 읽을 때 그 맛을 제대로 느낄 수 있다. 릴케의 경우에도 그렇다. 물론 그의 시는 독일어로 창작되었고 우리는 번역된 것을 읽어야 하니 독일어의 독특한 맛이나 운율 같은 것을 알기는 어렵지만 말이다(시의 번역은 당연히 그런 것까지 고려해야 한다).

그래도 우리는 일단 그의 시를 소리 내어 읽어보자. 그의 시집 중에 제목도 경건한 『기도시집Das Stunden-Buch』, 그중에서 특히 3부 「가난과 죽음의 시집Das Buch von der Armut und vom Tode」에 나오는 다음 시를 두 가지 번역으로 소개한다. 아래 두 번역을 소리 내어 읽어보고 비교해보라.

주여, 한 사람을 위대하게 만들어주소서,
그의 삶에 훌륭한 자궁을 하나 만들어주시고,
싱그러운 금발의 깊은 숲속에
그의 음경을 문처럼 장식하시어
이름 할 수 없는 그 음경 속으로
무수한 전사를, 흰 군사의 무리를,
그 수없는 정자를 지나게 하소서.(전집1, 435)

한 사람을 훌륭하게 만들어주소서, 주여, 한 사람을 위대하게.
그의 생에 아름다운 모태를 만들어주소서.
젊은 금발로 된 숲속에 있는
그의 음부를 성문처럼 세워주소서,
그리고는 이루 말할 수 없는 그 남자의 성기를 통해

기마병들을, 백색 군사들의 무리를,

모여드는 수많은 정자를 끌어내어 주소서.(구기성, 280)

소리 내어 읽어보니 어떤가? 두 번역을 비교할 정신도 없이 혹시 누가 들을까 봐 두려워하지는 않았는가? 예술에도 일가견이 있다고 자부하며 곧잘 시인이나 화가를 잡아두는 한국의 검찰이나 경찰은 필시 뭐라고 할 게 분명하지만, 1백 년 전 20세기 초 유럽에서는 아무런 문제가 없었다. 릴케의 장미만을 좋아하는 한국의 릴케 애독자들도 뭐라고 할지 모르지만 지금까지 위의 시를 외설이라며 시비하는 사람은 본 적이 없다. 그러니 그런 잡소리 따위 그만두고 시를 다시 읽어보자.

고등학교 때 교과서에서 읽은 "주여, 가을을 위대하게 하소서"로 시작되는 「가을날Herbsttag」처럼 "주여, 한 사람을 위대하게 만들어주소서"로 시작되는 이 시는 남성의 음부를 '싱그러운(젊은) 금발의 깊은 숲속'에 '성문처럼 세워' 그 속의 '무수한 전사(기마병)', '흰 군사의 무리'인 '그 수없는 정자'를 여성의 자궁으로 들어가도록 하여 남자를 '위대하게(훌륭하게)' 만들어달라는 기막힌 기도문이다. 〈가루지기타령〉이나 변강쇠 전설 이래 정력에 좋다면 뭐든지 먹는 우리나라 일부 남성들처럼 강력한 섹스의 힘을 달라고 기도하는 것이다. 이 정력의 시를 이유로 릴케를 사랑하는 사람이 한국에 많은지도 모르지만, 나처럼 섹스를 노골적으로 묘사한 이 시에 놀랄 분도 계시리라.

나는 이 같은 노골성보다도 이 시가 지독한 남성중심주의 시라는 점이 마음에 걸린다. 설령 그 시가 성기의 시적인 묘사라고 해도 그 전체가 남녀 성기의 묘사가 아니라 남성 성기 중심으로서 여성의 자궁(모태)은 그저 무수한 전사이자 군사인 정자를 내뿜을 음경이 지나는 곳으로만 묘사되어 있다. 여기서 시인이 노래하는 것은 '한 사람을 위대하게' 하는 것, 즉 남자를 성적으로 위대하게 하는 것이지 여인과의 사랑을 성적으로 노래하거나 그 사랑의 완전함 혹은 절대성을 찬양하는 게 아니다. 게다가 자신의 수많은 왕성한 정자를 무수한 전사와 군사 무리라는 대단히 군사적이고 전투적인 비유로 찬양하고 있다.

이 시를 어떻게 보아야 할까? 이런 성적인, 관능적인, 에로틱한, 군사적인 릴케에게 도리어 매력을 느낄 분이 계실지도 모르겠지만 이는 적어도 일반적인 릴케 이미지와는 다르다. 고독하고 성스럽고 내면적이며 정신적이라는 등의 릴케 이미지와 변강쇠 같은 릴케를 일치시키기란 성에 대한 우리의 터무니없는 이중 잣대를 감안한다고 해도 받아들이기 힘들지 않을까? 설령 그 두 가지가 일치한다고 보려 해도, 위의 시 어디에서 고독하고 성스럽고 내면적이며 정신적인 요소를 찾을 수 있단 말인가? 물론 섹스를 하는 남자는 고독하고, 섹스는 성스러운 것이며, 내면 및 정신과 일치되는 것이라는 등 철학이나 정신분석학을 동원하면 가능할 수도 있으리라. 그러나 우리는 시는 그냥 시로 읽도록 하자.

물론 릴케가 성교에 대한 시를 썼다고 해서 문제 삼을 필요는 전혀 없다. 그것대로 즐기면 된다. 야동의 그림처럼 말이다. 다만 나는 그런 시를 쓴 릴케를 결코 고독하고 성스럽고 내면적이며 정신적이라는 등의 이미지로만 이해하면 안 된다는 점을 밝히고 싶을 뿐이다.

1천 편이 넘는 수많은 릴케 시 중에서 왜 하필 이런 것을 문제 삼느냐고 타박할 분도 있겠지만, 나는 이 시가 릴케 시의 핵심이자 릴케 삶의 핵심이라고 생각한다. 릴케는 이 같은 에로틱한 시를 많이 썼는데, 다행히도(?) 우리나라에는 그런 것들을 모아둔 책까지 나와 있다.* 게다가 릴케는 시 창작을 섹스에 비유했을 뿐만 아니라 자신의 삶이나 시에서 언제나 자신이 완벽한 섹스를 하는 남성처럼 위대해지기를 추구했다. 그 위대함은 그의 작품에서 신, 천사, 영웅, 기사, 기수, 군인, 장군, 왕, 시인, 말테,** 오르페우스 등 여러 가지 모습으로 나타난다. 릴케가 위대하지 않은 인간 대중만 버글거린다고 본 이 세상에서 언제나 고독하게 마련인 그들은 마찬가지로 위대한 여인들을 통과하듯 지나치며 황홀한 순간의 사랑을 나눈 뒤에 반드시 장렬한 죽음을 맞이함으로써 삶과 죽음을 초월하여 신이 된다. 릴케의 삶과 시에 숨겨진 반민주적 본질을 드러내는 부분이다.

릴케의 삶과 시는 비슷한 주제를 다룬 영웅 신화나 전설을 모티브로 삼은 영화처럼 우리에게 강렬한 인상을 남긴다. 물론 그 방대하고 난해한 시를 끝까지 읽어야 하지만 말이다. 그러나 오늘날의 바쁜 현대인들이 과연 그 길고 난해한 시를 끝까지 읽을 수 있을까? 영웅 신화나 전설을 다룬 영화는 수없이 널려 있고, 더욱이 그런 영웅 영화라는 것은 영웅과 짝이 되는 미녀 한 사람과의 슬픈 사랑 이야기가 있어야만 흥미를 끌게 마련 아닌가? 그것이 수없이 많은 여인과의 사랑이라면 카사노바나

■　* 릴케 글, 로댕 그림, 김재혁 옮김,『황홀의 순간』, 생각의 나무, 2002
　** 릴케의 유일한 장편 소설이자 대표작으로 일기 형식을 갖추었다. 덴마크 출신인 28살 청년 말테의 시각으로 쓴 이 소설은 시인으로 성장해가는 릴케의 내면을 보여주는 작품으로 평가된다.

돈 후안의 이야기가 되어버릴 테니까.

그러나 카사노바나 돈 후안의 실제 삶이 그렇지 않듯이 릴케의 삶도 그렇지 않았다. 그는 수많은 여인을 유혹하지만 상대 여인이 그와 함께 살고자 하면 언제나 즉시 도망을 친다. 단 한 번 결혼한 아내에 대해서도 마찬가지였다. 여인만이 아니라 외동딸이나 부모, 친지, 친구, 이웃에 대해서도 마찬가지다. 아니, 이런 상식적인 호칭 자체가 그에게는 무의미하다. 릴케에게는 친구나 이웃이 없다시피 했다. 가족이나 친지와의 관계도 명목상이었을 뿐 실제로는 남이나 다름없었다. 그런 그에게 나라나 조국이나 고향이란 개념이 있을 리 만무하다. 마찬가지로 민주주의든 자본주의든 사회주의든 어떤 이데올로기도 그에겐 있을 리가 없다. 그에게 있는 것은 오직 자신, 고독한 영웅 시인으로서의 자신뿐이다. 따라서 릴케를 진정으로 따르려면 부모, 친지, 친구, 이웃, 조국, 고향을 버려야 할지도 모른다. 그런 점에서 릴케는 대단히 반인간적이고 반사회적이다. 한마디로 유치하다. 릴케를 제대로 읽어보면 그의 사고가 "소아적 성에 대한 프로이트의 가정과 일치"(레프만, 560)함을 알 수 있다는 지적이 그래서 일리가 있다. 이는 릴케 평전으로 우리나라에 나온 가장 방대한 책의 저자가 하는 소리이니 믿어도 좋으리라.

서양, 특히 독일에서는 독일어로 시를 쓴 그를 그런 영웅 신화나 전설의 원조 격으로 숭상할 수 있을지 모른다. 워낙 영웅을 좋아하는 나라이기 때문이다. 게다가 그는 아름다운 독일어를 구사한 시인으로 유명하니 독일어를 아름답게 사용하는 모범 독일어 시인으로서도 가치가 있으리

라. 「특성 없는 남자」를 쓴 소설가 무질(Robert Musil, 1880~1942)*은 1927년 릴케의 추모 강연에서 "이 위대한 시인은 오로지 독일시를 처음으로 완벽하게 완성하는 데만 혼신의 노력을 다했습니다"(전집3, 240)라고 말했다. 그러나 독일어로 그의 시를 읽을 수 없는 우리가 그에게 환장해야 할 이유가 있을까? 우리나라 시를 외국어로 번역하는 경우와 마찬가지로 외국시를 한국어로 옮기면 시가 아니라 겨우 그 뜻을 알게 해주는 정도의 해석에 그치게 마련이다. 따라서 그의 시는 한국어를 아름답게 만드는 데 아무 소용이 없을지도 모른다. 특히 이상한 번역 투라면 도리어 한국어를 망치는 데 기여할 수도 있다.

그렇다면 우리는 왜 릴케를 읽어야 하나? 음경을 '싱그러운 금발의 깊은 숲속'에 '성문처럼 세워' 그 속의 '무수한 전사', '흰 군사의 무리'인 '그 수없는 정자'를 자궁을 지나도록 위대하게 해달라고 빌려고? 그 정도라면 차라리 포르노 한 편을 보는 것이 훨씬 효과적이지 않을까? 굳이 어색한 한국어로 번역된 저 릴케의 수많은 시를 시간을 억지로 내어 읽어야 하나? 그래야 시를 사랑하는 교양인이 되나? 이렇게 말하면 릴케 애호자들이 화를 내리라. 릴케의 시 중에는 훨씬 위대한 것이 많다고! 가령 고등학교 교과서에 실린 「가을날」은 너무나도 숭고한 시라고! 과연 그럴까? 나는 가을의 정서를 느끼는 데 그 시보다 훨씬 더 감동적인 우리 시가 많다고 생각한다. 가령 릴케 「가을날」의 한국판이라고 하는 김현승

■ * 오스트리아의 소설가로 분석적이고 섬세한 필치로써 인간의 정신과 행위의 분열, 현실과 비현실의 이중성을 내포한 세계를 그렸다. 대표작인 미완성 장편 「특성이 없는 남자」에서 오스트리아의 시대정신을 해부했다.

(1913~1975)[*]의 다음 시 「가을의 기도」가 훨씬 좋다.

가을에는
기도하게 하소서 .
낙엽들이 지는 때를 기다려 내게 주신
겸허한 모국어로 나를 채우소서.

가을에는
사랑하게 하소서.
오직 한 사람을 택하게 하소서.
가장 아름다운 열매를 위하여 이 비옥(肥沃)한
시간을 가꾸게 하소서.

가을에는
호올로 있게 하소서.
나의 영혼,
굽이치는 바다와
백합(百合)의 골짜기를 지나,
마른 나뭇가지 위에 다다른 까마귀같이.

■　*　호는 다형(茶兄)·남풍(南風). 초기에는 자연 예찬의 낭만주의적 경향을 띠다가 점차 사회
정의에 대한 관심을 표현했으며, 후기에는 기독교적·청교도적 신앙 세계를 표현했다. 시집에
『옹호자의 노래』, 『절대 고독』 등이 있다.

이 책은 우리에게 너무나도 과도하게 편파적으로 인식되고 있는 서양 문화의 하나로 릴케를 비판적으로 따져보려는 시도다. 거의 1세기 동안 우리에게 20세기의 가장 위대한 시인으로 알려진 릴케도 별 게 아니라고 나는 생각한다. 물론 릴케처럼 비판적으로 읽어야 할 서양문화는 너무나 많다. 나는 지금까지 그 몇을 따지는 책을 썼고 앞으로도 그것들을 하나하나 따져볼 참인데, 이 책도 그런 시도 가운데 하나다.

한국인들은 릴케를 어떻게 받아들였나?

일제 때 한반도에서 최초로 릴케를 수용한 시인은 박용철(1904~1938)* 이다. 박용철은 1930년대 중반 김기림(1908~?)** 의 모더니즘 시론과 임화 (1908~1953)*** 중심의 리얼리즘 시론에 반기를 들고 심미적 순수문학을 표방하면서 릴케를 중요한 근거로 삼았다. 당시 그가 쓴 「시적 변용에 대해서」는 릴케의 저 유명한 『젊은 시인에게 보내는 편지Briefe an einen jungen Dichter』를 요약하다시피 한 글인데 1960년대 고등학교 교과서에도 실렸다. 언제부터 언제까지 실렸는지는 알 수 없으나 아마도 꽤 오랫동안 고등학생들에게 읽혔고, 시인을 지망한 많은 젊은이들에게 성경 같은 역할

■ * 시인. 호는 용아(龍兒). 월간지 《시 문학》, 《문예 월간》 등을 창간하여 경향파 문학에 맞서 순수문학 운동을 전개했다. 애수, 회의, 상징 등이 주조(主調)를 이룬 섬세한 감각의 시를 썼다. 저서로 『박용철 시선』, 『박용철 전집』이 있다.
** 시인·평론가. 본명은 인손(仁孫). 호는 편석촌(片石村). 우리나라에서 최초로 모더니즘 문학 운동을 선언하고 그 이론을 소개하는 한편, 그에 입각한 시를 썼다. 6·25 전쟁 때 납북되었다. 시집에 『바다와 나비』, 『기상도』, 시론집에 『시의 이해』, 『시론(詩論)』 등이 있다.
*** 시인·평론가. 본명은 인식(仁植). 카프(KAPF)를 주도했고 1947년에 월북했다. 저서에 시집 『현해탄』, 『찬가(讚歌)』, 평론집 『문학과 논리』 등이 있다.

을 했으리라. 1938년에 죽은 박용철은 물론 친일 시인은 아니다. 그러나 일제 말기의 엄혹한 시대에 릴케를 소개한 그의 순수문학이 갖는 의미는 과연 무엇이었을까?

한편 같은 일제를 산 윤동주는 「별 헤는 밤」에서 릴케라는 이름을 적은 것 외에 릴케를 언급한 적이 없다. 이를 두고 하는 논의인지 아닌지 모르지만 릴케를 윤동주와 비교하는 논의가 꽤 나와 있다. 이에 대해 우리나라에서 가장 뛰어난 릴케 연구자인 김재혁은 "두 시인의 작품상의 연관성에 구체적인 확인 작업이 결여"된 것이라고 본다.(김재혁, 릴케64) 시인인 윤동주가 일본어로 릴케의 작품을 읽었을 가능성은 충분히 짐작할 수 있고, 그가 『기수 크리스토프 릴케의 사랑과 죽음의 노래*Die Weise von Liebe und Tod des Cornets Christoph Rilke*』 일본어판을 1941년에 구입했다는 사실도 확인되었다.* 김재혁은 윤동주가 그 책을 읽고 「별 헤는 밤」을 적었을 가능성이 높다고 본다.(김재혁, 릴케67) 그 근거로 김재혁은 『기수 크리스토프 릴케의 사랑과 죽음의 노래』에 나오는 주인공이 어머니에게 편지를 쓰는 장면을 들면서 그것이 별을 헤는 윤동주의 경우와 비슷하다고 하나(김재혁, 릴케70) 의문이다. 전혀 다른 상황이기 때문이다.

그러나 김재혁은 두 시의 각 부분에 그리움이라는 정서의 낭만주의적 분위기(김재혁, 릴케71), 내면의 성찰(김재혁, 릴케72), 사랑과 죽음(김재혁, 릴케75)이라는 점이 공통적으로 드러난다고 본다. 그런 이유로 김재혁은 윤동주의 별을 항일정신과 연결시키거나 성경과 연관시킴은 무리라고 하면

■　* 송우혜, 『윤동주 평전』, 푸른역사, 2004, 62쪽.

서(김재혁, 릴케73) 두 사람의 다른 시들을 비교한다. 그런 다음 릴케와 윤동주를 비교하는 것은 윤동주를 저항시인이 아닌 순수 서정시인으로서 즉, 자신의 내면을 노래한 시인으로 볼 때 유효하며, 따라서 윤동주는 릴케의 영향을 받았음이 분명하다고 본다.(김재혁, 릴케94) 그러나 전체적으로 군국주의적인 영웅시라고 볼 수밖에 없는 장시 『기수 크리스토프 릴케의 사랑과 죽음의 노래』를 윤동주의 짧은 서정시와 같이 볼 수는 없다고 나는 생각한다. 여하튼 나는 윤동주가 「별 헤는 밤」에서 릴케의 이름을 언급한 것은 당대에 릴케가 가장 저명한 시인으로서 시인을 상징하는 존재였기 때문이라고 생각한다. 다른 수많은 추억의 이름이나 동물들의 이름과 함께 불러본 데 지나지 않는다고 말이다. 즉, 윤동주에게 릴케는 별 게 아니었다고 보고 싶다.

해방 후 우리 시인들이 노래한 릴케의 이미지에도 많은 오해가 있다. 가령 우리나라에서 릴케를 가장 적극적으로 수용했다고 하는 김춘수(1922~2004)*는 릴케의 예술이란 세상의 횡포에 맞서는 복수이고, 「두이노의 비가Duineser Elegien」에 나오는 천사는 "독일 민족 자체의 '영원'의 모습"이라고 말한 적이 있다.** 이를 "지나친 감정적 해석으로 인한 오해"(김재혁, 릴케132)라고 보는 견해는 옳은 지적이지만 이는 감정적 해석이라기보다 정치적 해석이라고 보아야 할 것이고, 그런 식의 릴케 시 해석이 김춘수의 정치 입문과 무관하지 않으리라고 나는 짐작한다. 김춘수나 김현

■ * 시인. 사물의 이면에 숨어 있는 본질을 파악하는 시를 써서 '인식의 시인'으로 일컬어진다. 주요 작품으로 「꽃」, 「꽃을 위한 서시」 등이 있다.
   ** 김춘수, 「릴케와 천사」, 《문예》, 1권 5호(1949.5), 147~148쪽.

승에 대해서는 이 책의 마지막 9장에서 다시 언급하겠다.

한편 전봉건은 1957년에 발표한 「라이너 마리아 릴케에 대하여, 전쟁과」에서, 6·25전쟁터에 한 송이 진달래가 피어 있는 걸 보고 태양을 느낀 새처럼 휘파람을 불 수 있었던 것은 『젊은 시인에게 보내는 편지』에서 "나무처럼 자라"라고 말한 릴케 덕분이라고 노래했다.*

그러나 시인 외에 과연 그 누가 이 같은 릴케 예찬에 동감할 수 있을까? 그는 또한 릴케의 사랑이란 인인애(隣人愛)라고 말했다.** 하지만 릴케의 어느 구석을 보고 이야기한 것인지 도무지 알 수 없다. 릴케는 전쟁과 영웅과 귀족을 찬양했을지언정 인인애나 인류애 같은 것을 찬양한 적이 없다. 전봉건처럼 릴케를 찬양하는 환상적 태도는 1986년의 시 「릴케에게」에서 "오 라이너 마리아 릴케/당신의 이름이 이젠 하나의 영감입니다"라고 노래한 박희진 등에서도 얼마든지 볼 수 있다.*** 한편 전봉건과 문학 논쟁을 벌인 바 있던 김수영(1921~1968)****은 자신의 시 「미인」에 나오는 미인을 릴케의 『오르페우스에게 바치는 소네트Die Sonette an Orpheus』에 나오는 천사에 비유한 바 있다.***** 우선 미인을 읽어보자.

미인을 보고 좋다고들 하지만

■　* 전봉건 외, 『전쟁과 음악과 희망과』, 자유세계사, 1957, 92쪽.
　** 전봉건, 『시와 인생의 뒤안길에서』, 중앙사, 1965, 430쪽.
　*** 박희진, 『꿈꾸는 꽃바다』, 고려원, 1986, 119쪽.
　**** 시인. 모더니스트로 출발하여 지성과 감성의 조화를 이룬 작품으로 평가를 받았으며, 4·19 혁명 이후 현실 비판 의식과 저항 정신을 바탕으로 한 참여시를 썼다. 작품에 시집 『달나라의 장난』, 『거대한 뿌리』가 있고, 산문집으로 『시여 침을 뱉어라』 등이 있다.
　***** 김수영, 『김수영전집2-산문』, 민음사, 1981, 263쪽.

미인은 자기 얼굴이 싫을 거야.

그렇지 않고야 미인일까.

미인이면 미인일수록 그럴 것이니

미인과 앉은 방에선

무심코

따놓은 방문이나 창문이

담배연기만 내보내려는 것은

아니렷다.

　김수영은 위 시의 해설에서 그 시의 내용인 '바람'을 릴케 시의 '바람'과 연결시키지만 후자는 언어를 뜻하는 것이므로 사실상 의미가 전혀 다르다. 그러나 릴케 시에서 노래는 욕망이 아니라고 한 부분을 김수영이 자신의 미인에게 향한 순수한 마음과 같은 것으로 본 것은 나름의 정확한 이해에 입각한 것이다. 이어 그는 자신의 미인을 릴케의 천사와 비교하면서 "내가 읊은 '미인'이 릴케의 '천사'만큼은 되지 못했을망정, 그다지 천한 미인은 아니었다고 생각하는 것은 지나친 과신일까"라고 하는데, 이는 충분히 이해된다.

　이를 두고 김재혁은 김수영이 릴케의 천사를 아름다움의 관점에서만 바라본 것이며, 그런 "김수영의 릴케 수용 방식은 우리나라에서 발생한 릴케에 대한 오해에서 비롯된 이해의 한 예"라고 평가한다.(김재혁, 릴케 245) 그러나 이를 반드시 오해라고 할 수 있는지도 의문이다. 김수영의 릴케 이해에 문제가 있다'고 하면 모르지만 말이다. 도리어 나는 이러한 김수영의 릴케 언급을 나름의 릴케 이해에 입각한 익살 또는 풍자로 본다. 그리고 이 같은 풍자정신이 지금도 필요하다고 본다. 릴케를 그다지 높이 평가하지 않고 자기와 같다고 하는 평등의식에서 나오는 풍자 내지 비판정신 말이다.

내가 설명하려는 릴케도 그렇다. 나의 설명 역시 전문 학자들의 눈에는 '릴케에 대한 오해에서 비롯된 이해의 한 예'처럼 보일 것이다. 릴케를 정확하게 이해하는 것은 물론 중요한 일이다. 그러나 릴케는 물론 어떤 서양인도 우리는 자유롭게 바라볼 수 있어야 한다. 릴케를 그냥 무심코 불러본 윤동주 같은 사람도 있을 수 있고, 아무리 릴케가 위대한 시인이라고 해도 나도 같은 시인이라고 자부하는 우리 시인도 있어야 한다. 솔직히 말해 나는 앞에서 소개한 릴케의 성교시나 각종 난해시보다는 은근한 웃음을 자아내는 김수영의 「미인」이 훨씬 좋고 이해하기 쉽다. 난해한 릴케를 대단한 시인으로 보고 깊이 연구하는 학자도 존경스럽긴 하지만 내가 쓰는 이 책은 그런 학자들과 대결하기 위한 책이 절대로 아니다. 나는 「별을 헤는 밤」이라는 시를 쓴 윤동주를 일제에 저항하다가 감옥에서 죽은 시인으로서 사랑하고, 「미인」 정도의 시를 쓰는 김수영을 민주시인으로 좋아하는 일개 시민의 입장에서 이 책을 쓴다.

■　*　나는 김수영이 왜 릴케를 반민주주의자로 비판하지 않았는지 유감을 갖는다. 그런 점에서 김수영은 릴케를 철저히 비판하지 못했다.

릴케의 삶은 모순적이다

릴케 삶의 이야기로 돌아가자. 그는 왜 그렇게 살았을까? 아마도 '시인이면 이렇게 살아야 한다'고 믿었기 때문이리라. 릴케는 시인이나 예술가는 자신의 다른 모든 것을 희생하고 오로지 창작에만 몰두해야 한다고 생각했고, 실제로 그렇게 살았다. 그러나 이 말을 오해하면 안 된다. 가령 앞에서 본 인인애 같은 것에 불타서 자기가 가진 모든 것을 불쌍한 다른 이들에게 주고 자신은 오로지 창작에만 몰두해야 한다는 식으로 오해해서는 안 된다. 릴케는 스스로 남에게 무엇인가를 준 적이 한 번도 없고, 도리어 그런 인인애의 자선을 철저히 경멸했다. 그가 말하는 삶은 예술을 위해서는 가족도, 친구도, 사회도, 종교도, 아니 예술 외에는 세상의 모든 것을 포기하는 삶이다. 부모도 아내도 외동딸도 다 버려야 진정한 예술가가 된다는 것이다. 그냥 버리는 것에 그치지 않고 그들에 대한 생각조차 들지 않게끔 그들을 철저히 비판하여 자기 마음에서 완전히 도려내야 한다는 것이다. 릴케는 그렇게 굳게 믿고 그렇게 살았다. 왜? 완벽한 시를 쓰기 위해서다. 그럼으로써 스스로 절대의 신이 되기 위해서다.

시인이나 예술가들은 대개 창작에 몰두한다. 하지만 반드시 릴케처럼 그렇게 믿고 살면서 창작하지는 않는다. 앞에서 예로 들었던—릴케를 끔찍이도 사랑한— 우리 시인들도 그러했으리라. 한국에서는 평생 조강치처와 부모, 자녀를 끔찍이도 위하는 예술가가 위대한 예술가로 칭송되지 않는가? 이런 나라에서 우리 정서와 유독 반대되는 릴케가 그토록 폭발적인 인기를 누리다니, 정말 이상한 일이다. 물론 시인의 삶과 그의 예술은 별개라고 말할 수도 있다. 그러나 릴케의 경우엔 전혀 별개가 아니었다. 그는 가족, 특히 부모에 대한 경멸을 작품 속에 그대로 쏟아냈다. 그 전제가 되는 '소유하지 않는 사랑'은 한국에서 나온 릴케 시집의 제목이 될 만큼 그의 삶과 시의 핵심 개념이지만, 그 말이 결코 독일식의 현학적인 개똥철학으로 꾸며져서는 안 된다. 있는 그대로 조강지처와 딸을 버린 것으로 이해되어야 한다. 물론 릴케는 노름빚 때문에 아내와 딸을 팔아먹은 패륜아는 아니었다. 그는 시인이었다. 그들과 함께 사는 것이 시 창작에 방해가 되므로 그들을 버린다는 것뿐이었다.

릴케는 그런 창작의 절대성에 사로잡혀 모든 것을 버렸다. 따라서 그는 인간을 포함한 세상의 모든 것이 무의미하고 오직 창조자인 자신만이 유일한 인간, 아니 신이라고 생각했다. 신이 되려면 다른 것은 모두 희생해야 한다고 보았다. 절대에 도달하기 위해서는 상대적인 것을 모두 포기해야 한다는 것이다. 자신이 창조하는 예술의 아름다움을 통해서 예술가는 신이 되어 세상을 변화시키게 된다고 그는 믿었다. 따라서 그에게 생활과 예술은 적(敵)이다. 창조를 위해서는 인간을 포함한 모든 것이 오로지 방해물일 뿐이므로 예술가는 수도사나 선승처럼 살아야 한다는 것이다. 오로지 자신에게만 충실해야 한다는 것이다. 릴케는 『젊은 시인에게 보내는 편지』에서 다음과 같이 말했다.

> 충고를 드려도 좋다고 하셨으므로 감히 말씀드리는데, 제발 그런 일은 이제 그만두도록 하십시오. 당신은 자기의 밖을 내다보고 계십니다. 그러나 이제는 무엇보다도 그러지 말아야 할 때가 되었습니다. (…) 자기 자신 속으로 침잠하십시오. 그리하여 당신께 쓰라고 명령하는 그 근거를 캐보십

시오. 그리고 그 쓰고 싶다는 욕구가 당신의 가슴 깊숙한 곳에서부터 뿌리를 뻗어 나오고 있는지를 알아보시고, 만일 쓰는 일을 그만둘 경우에는 차라리 죽기라도 하겠는지 스스로에게 물어보십시오.(편지, 24-25)

어린 시절 이 글을 읽었을 때 나는 "만일 쓰는 일을 그만둘 경우에는 차라리 죽기라도 하겠는지 스스로에게 물어보"라는 말의 참뜻을 몰랐다. 이제 예술가를 지향하는 젊은이들에게 그 편지를 읽힐 때면 그것이 모든 생활의 포기를 뜻한다는 것도 함께 가르쳐야 할 것이다. 거기에는 물질적 욕구, 가정적 욕구, 명예에 대한 욕구 등 모든 욕구를 포기하는 것이 포함된다. 아내와 딸을 버리는 것까지 말이다. 즉, 예술가에게는 오로지 창조를 위한 정신적 욕구만이 남아야 한다는 뜻이다.

릴케 자신은 반드시 그렇게 살지는 않았다. 릴케가 위 편지에서 "제발", "이제 그만두도록" 하라는 "그런 일은" 남에게 자기 작품에 대한 평을 구하거나 문학잡지사에 작품을 투고하는 '짓'을 말한다. 그런 짓이야말로 바로 그 몇 년 전에 릴케가 누구보다 열심히 했던 일이었다. 그럼에도 자신과 꼭 같은 전철을 밟으려는 젊은 시인에게는 그렇게 하지 말고 "만일 쓰는 일을 그만둘 경우에는 차라리 죽기라도 하겠는지 스스로에게 물어보라"면서 비장하고도 처절하게 충고한다. 우리는 그 젊은 시인이 그렇게 했는지 알 수 없다. 하지만 그가 뒤에 포르노 비슷한 통속소설을 쓰는 3류 작가가 되었음을 보면 릴케의 충고는 그다지 효과가 없었나 보다. 릴케는 그 사실을 알지 못한 듯한데 아마 알았더라면 대단히 실망했을지, 아니면 자신이 앞에서 본 성교시를 썼듯 포르노야말로 "만일 쓰는 일을 그만둘 경우에는 차라리 죽기라도"할 정도로 절실한 것이라고 동조했을지 알 수 없다.

사실 이 편지는 그 대상인 젊은 시인을 의식하고 그에게 꼭 핍절(逼切)한 충고를 한 편지라기보다 그 편지를 쓴 당시의 릴케 문학관을 보여주는 것이다. 릴케의 모든 글, 시나 소설은 물론 평전이나 논문이나 다 자신의 주관에 치우쳐 있지만 편지까지도 그렇다는 것은 이해하기 힘들 정도로 그의 에고가 강력했음을 보여준다. 이는 그의 생활이나 사랑에서도 마찬가지다. 그는 타인이나 여인을 끝까지 사랑하기커녕 관심조차 가지지 않았다. 그것이 저 유명한 '소유하지 않는 사랑'이다. 수많은 여인들을 유혹하여 시의 창조와 같은 섹스를 즐기되 절대로 소유되지도 소유하지도 않는 사랑이다.

릴케에게는 물질이나 명예도 마찬가지였다. 시만으로 먹고살기가 힘들었을 때는 잡문을 써서 돈을 벌어야 했지만 아무리 어려워도 그 밖에 다른 직업을 갖거나 잡일을 한 적은 없다. 물론 단 한 번도 노동자로 일한 적이 없다. 20대 후반 이후 시인으로 조금씩 유명해지고 나서는 죽을 때까지 거의, 부유한 귀족 집에 빌붙어 호화롭게 살았다. 가령 "최신 유행을 따라 재단한 긴 프록코트에다 비단 커프스와 값비싼 넥타이"(레프만, 327), 외눈 안경에 녹색 장갑, 은팔찌(츠바이크, 178)까지 끼고서 말이다. 그는 시나 편지에서 돈을 멸시한다고 쓰고 가난을 "내면으로부터의 축복"이라고 찬양했지만 자신에게 주어지는 부, 그것도 귀족들로부터 받는 공짜의 부를 결코 싫어하지 않았다. 그는 거의 매달 유럽뿐만 아니라 아프리카까지 여행한 사람으로도 유명한데, 버스나 전차나 열차를 탈 리도 없이 언제나 마차나 운전수가 딸린 자가용만을 탔다. 당시 유럽에서는 자가용이 일반인으로서는 도저히 탈 수도 없는 것으로 오늘날이라면 자가용 비행기에 필적하는 것이었다. 그야말로 대단한 사치를 누린 셈이다. 대부분 가난한 우리의 시인과는 비교할 수조차 없다. 그런데도 왜 우리나라 시인들은 그를 그토록 좋아할까?

릴케는 귀족이 아니었으나 귀족으로 자처했고 특히 귀족 여인들을 좋아했다. 가령 그가 사랑한 루 살로메는 귀족의 후예였다. 그녀가 귀족이어서 사랑한 것은 아닐 테지만 귀족이 아니었다면 사랑하지 않았을지도 모른다. 그런 귀족들을 사귀는 데 릴케 자신이 언제나 앞장선 것도 물론이다. 적어도 릴케는 귀족을 대하는 경우에는 매우 사교적인 사람이었다. 물론 그는 시인으로서 유명했기 때문에 할 일 없는 귀족들은 처음부터 호감을 보였다. 특히 놀고먹는 귀족 여성들이 그랬다. 기혼자였던 그에게 귀족 여성들은 아무런 경계심 없이 편하게 접근할 수 있었다. 귀족 여성들은 릴케와 함께 산책해야 "저기 산책하는 수많은 중류층들"을 비웃을 수 있었고, "옛날처럼 각자의 신분에 맞는 고유한 의복을 입었으면 좋겠다"는 소망을 피력할 수 있었을(레프만, 406) 정도로 앞장서서 대단한 귀족 행세를 했던 것이다.

루 살로메 이후 릴케가 사귄 여자들은 물론 남자들도 상당수가 귀족이었다. 20세기에 귀족이라고 하면 이상하게 생각할 독자도 있겠지만, 유럽에는 20세기는 물론 21세기인 지금도 귀족들이 옛 조상들이 살았던 성에 살면서 귀족으로 행세하는 경우가 많다. 영국, 프랑스, 독일, 오스트리아, 이탈리아에서도 그렇다. 그중에 릴케의 시집 『두이노의 비가』로도 유명한 두이노 성과 그곳에 산 귀족에 대해 잠시 살펴보자. 그 귀족들은 우리나라의 그 어떤 양반도 감히 상상할 수 없는 성을 짓고 살았다. 우리의 궁궐과도 비교할 수 없을 정도다.

두이노 성은 이탈리아 북단 옛 유고와의 접경지대, 아드리아 해 북쪽 트리에스테라는 고도 부근에 있다. 트리에스테는 지금 이탈리아 땅이지만 수백 년 동안 합스부르크 왕가의 오스트리아-헝가리 제국 땅이어서 오스트리아 문화의 냄새가 배어 있는 곳이다. 1919년 이탈리아에 합병되기 전에 릴케는 그곳에서 살았다. 그곳에서 버스로 한 시간 정도 아드리아 해안 쪽을 가다 보면 돌출한 바위 절벽 위로 우뚝 솟아 있는 거대한 붉은 지붕의 성을 보게 된다. '바닷가의 성'이라고도 불리는 그곳은 우리가 상상할 수 없을 정도로 거대하다. 그 성의 특징은 사각 탑과 중세 말에 지어진 성답게 요새 위벽으로 둘러싸여 있다는 점이다. 그곳은 원래 오스트리아-헝가리 제국 황제의 소유였다가 어느 백작에게 팔렸다. 그 황제를 기념하는 방인 화려한 황제실에서 손님 접대를 하는데, 황제실에는 도자기장과 책장이 있고 진홍색 벨벳 휘장이 드리워져 있다.

릴케는 그 반대편 '백실(白室)'에 살았다. 그곳의 거대한 세 개 창을 통해서 보면 트리에스테 만까지 눈에 들어온다. 화려한 가구로 가득 찬 그 방에는 리스트가 쳤다는 피아노도 있는데 지금은 서재로 꾸며져 있지만 릴케가 얼마나 호화롭게 살았는지 충분히 실감할 수 있다. 성 아래에는 엄청난 규모의 숲과 산책로와 함께 동물원도 있다. 그곳을 릴케가 특히 좋아했음은 물론이다. 그곳에 단테 바위가 있는 점도 단테를 특히 좋아한 릴케에게는 행운이었다. 그 바위는 피렌체에서 추방당한 단테가 대

두이노 성

주교 초청으로 그 성에 묵었다는 사실을 증명한다. 어쩌면 릴케는 꿈에서 자주 그가 좋아했던 단테를 만났을지도 모른다. 더 아래쪽에는 두이노 성 소유의 해수욕장이 있다. 릴케도 그곳에서 수영했을지 모를 일이다. 성의 건물은 대부분 제1차 세계대전 때 파괴되었으나 그 후 복구되어 지금은 일반에게 공개되고 있다.

릴케 고독의 모순

릴케를 흔히 '고독의 시인'이라고 한다. 국어사전에서 말하는 '고독'이란 "외로움, 어려서 부모를 여읜 아이와 자식 없는 늙은이, 짝 없는 홀몸"으로 풀이된다. 릴케의 영향을 많이 받았다는 김현승의 시 「슬픔」은 아들을 잃고 나서 쓴 것인데 그 경우가 바로 국어사전에서 말하는 고독에 해당되리라. 흔히 김현승의 시 세계를 고독보다 더한 절대고독이라고 한다. 김현승의 경우 고독을 표현하는 것은 그런 외로움을 이겨내 윤리적으로 참되고 굳세게 살기 위해서라고 한다. 누구나 그런 김현승의 윤리적이고 도덕적인 절대고독에 동감할 수 있다.

그러나 릴케의 고독이란 부모를 여의거나 자식을 잃거나 짝이 없는 외로움을 말하는 것이 아니라, 엄연히 곁에 있는, 언제나 곁에 있으려고 하는 부모나 자식이나 짝을 제멋대로 버리고 스스로 외로움을 선택한다는 것이다. 따라서 자식을 잃은 뒤 「슬픔」을 썼고 「절대고독」을 쓴 김현승은 릴케와 전혀 다른 우리의 인정 많은 아버지로서, 절대로 릴케와 비교해서는 안 된다. 릴케가 말하는 고독은 삶과 창작의 필요조건으로서 자기만을 인정한다는 것이다. 이는 자신의 내부에서 나오는 것만이 순수한 진실이고, 부모나 자식이나 짝을 포함한 모든 남들에게서 나오는 것은 모두 비순수의 거짓이라는 엄격한 이분법적 사고에서 나온다.

우리는 이러한 사고를 인정할 수 있는가? 도대체 오로지 자신의 내부에서만 나오는 것이 무엇인가? 가령 그것을 사랑의 본능이라고 하면 그것은 모든 인간이 갖는 것이 아닌가? 또는 자신만의 생각이나 느낌이라고 해도 역시 마찬가지로 모든 인간이 갖는 것 아닌가? 또한 인간이 갖는 생각이나 느낌이라는 것은 사실 어려서부터 부모나 친지, 친구 등으로부터 배워온 것이 아닌가? 자아와 타아를 이렇게 엄격히 구분하는 것이 과연 가능한가?

그것이 가능할 뿐만 아니라 절대로 필요하다고 생각한 릴케는 평생 스스로 고독하고자 하는 희망과, 고독할 수 없는 현실에 대한 절망 사이에서 허덕였다. 생활에서만이 아니라 창작에서도 철저히 고독한 집중을 요구했고 외부의 산만함, 흔들림, 시끄러움을 피해서 끝없이 도망치면서 언제나 절대고독, 철저고독, 완전고독, 지속고독을 추구했다. 이를 위해 그는 인간은 물론 동물조차 곁에 있는 것을 철저히 거부했다. 그는 유럽인 특히 독일인답게 개를 좋아했고 심지어 그의 시에서 신으로까지 노래했으나, 그럼에도 단 한 마리의 개를 키우는 것조차 집필에 필요한 고독에 장애가 된다는 이유로 거부했다. 심지어 시를 쓰는 데 방해가 된다는 이유로 독일어로 하는 대화조차 거부했고, 어쩔 수 없는 대화라면 자기의 시어인 독일어가 아닌 프랑스어로 했을 정도다.

우리는 릴케 외에 이렇게 철저히 고독을 추구한 시인을 달리 볼 수 없다. 특히 한국에서는 보기 어렵다. 무슨 잡지파니, 무슨 대학파니 하며 서로 끼리끼리 짝을 지어 몰려다니며 서로서로 "형님, 아우님" 하면서 술자리를 벌이는 판에 고독이란 처음부터 있을 수 없다. 또는 릴케가 가장 경멸한 소시민으로서 잡지사나 대학이나 강연장 따위를 기웃거리며 갖은 아부를 다하면서 돈벌이에 미쳐 있는 곳에 고독이란 있을 수 없다. 물론 고독하게 산 시인이 전혀 없는 것은 아니겠지만 그런 시인은 시인으로 불리지도 못하는 게 한국의 현실이다. 설령 그런 고독한 시인이 있었다고 해도 자신의 시에 쓸 언어를 순수하게 보전하기 위해 아예 말을 하지 않거나, 말을 해도 외국어로 했다는 시인을 찾아볼 수 없다. 혹시 한국어의 순수성을 유지하기 위해 영어로 일상의 대화를 한 자가 있다면 그는 한국어를 사랑하지 않는 자로 비난받을지도 모른다. 서정주를 비롯해 소위 친일시인들이 한국어의 순수성을 보전한답시고 해방 후 일상 회화에서 일본어를 사용했다면 아마도 더욱 매도되었으리라.

릴케는 시의 창조를 위해서만 고독을 요구한 것이 아니다. 그는 참된 삶의 조건으로서도 고독이 절대로 필요하다고 생각했다. 그러나 이는 타인과 교류하다 보면 갈등이 생길 수 있다는 상식마저 무너뜨린다. 아무리 생각해도 이상하다. 기분 좋게 인간관계를 시작했다가도 곧 나빠지는 경우를 우리도 얼마든지 경험한다. 감수성이 예민한 시인인 릴케라면 더욱 그랬을 터다. 그는 누구도 자신을 도와줄 수 없고 자신은 언제나 고독하다고 여겼다. 즉, 홀로라고 생각했다. 그러나 인간은 완전하게 영원히 혼자 살 수 없다. 우리는 타인과의 교제에 어려움을 느끼면 그 교제를 그만두고 고독하게 지내는 것이 좋겠다고 곧잘 생각하지만, 조만간 그

고독에 지치고 심지어 두려워하게 마련이며, 따라서 다시금 사람을 찾아 헤맨다. 릴케도 그러했다. 그러면서도 여전히 절대고독을 추구했다. 철이 들고 나서부터 죽을 때까지 말이다. 아니 '철이 들고'라는 표현은 맞지 않다. 실제로 그는 철이 든 적이 없다. 죽을 때까지 아이로 살려고 했으니 말이다. 여기서 아이란 순수한 마음을 뜻하는 것이 아니라 세상 물정을 전혀 모른다, 심지어 삶과 죽음의 차이도 모른다는 뜻이다. 그런 점에서는 아이라고 하기보다 도리어 동물이나 식물이라고 하는 게 옳을 것이다. 아니면 신이라고 하거나!

릴케는 완전한 존재인 신이 '고독한 존재 중에서도 가장 완벽하게 고독하기 때문에 신'이라고 생각했다. 따라서 자신이 완전한 고독 속에 있으면 신의 경지에 이르러, 보통의 인간들에게는 구분되는 삶과 죽음을 일치시킬 수 있다고 여겼다. 릴케의 시에는 이러한 삶과 죽음의 일치를 노래하는 것이 많다. 물론 그의 내면에서 이루어지는 것이니 우리가 도저히 알 수 없어 차치한다고 해도 생활 측면에서 본다면 이야기가 다르다. 자신의 부모가 죽어도 이를 수많은 헤어짐, 즉 이별의 하나로 보게 해주니 말이다. 그래서 릴케는 부모가 죽어도 바로 찾아가지 않고, 유일한 딸자식이 식모살이를 하고 결혼해도 만나지 않는다. 조강지처도 평생 버려둔다. 릴케는 그런 사람이었다. 오로지 시를 위해서, 예술을 위해서.

릴케는 언제나 고독을 찾아 사람을 피했지만 마찬가지로 언제나 사람을 그리워하여 수많은 연애를 하고 그들 여인들에게 바치는 연애시와 편지를 수도 없이 썼다. 그러나 이는 자기 혼자서 자기 입장에서 자신을 쓰는 것, 즉 자신을 표현하는 것을 뜻했음에 주의해야 한다. 사실 그의 모든 시, 기타 작품도 그렇지만 그 모든 작품의 양을 훨씬 초과할 정도로 많은 편지는 릴케의 독백이라고 할 정도로 자기주장의 표현만으로 가득하다. 우리가 보통 서로를 걱정해 안부를 묻고 위로하는 편지가 아닌 것이다. 그의 사랑도 마찬가지다.

릴케의 사랑법

릴케는 흔히 사랑의 시인이라 불린다. 그러나 릴케가 추구한 고독에는 사랑이란 것이 처음부터 있을 수 없다. 다시 국어사전을 찾아보면 '사랑'이란 "아끼고 위하는 따뜻한 인정을 베푸는 일"이라고 풀이되기 때문이다. 릴케는 사랑이란 고독에서만 가능하다고 주장한다. 따라서 릴케가 자위행위를 좋아한 것도 무리가 아니다. 릴케는 『젊은 시인에게 보내는 편지』에서 자위행위를 하는 젊은이여, 그것이 완전한 사랑이니 그것에 대해 죄의식을 느끼지 말라고 쓰지는 않았지만, 아마도 그 젊은이가 그 문제를 물었다면 그런 식으로 대답했을지 모른다. 그렇다고 릴케가 평생 자위만을 한 것은 아니다. 그는 언제나 섹스의 황홀경을 추구했다. 죽을 때까지 그랬다. 늙어서 남긴 시작노트를 보면 음란하기 짝이 없을 정도다. 그리고 언제나 섹스를 한 편의 시를 창작하는 황홀경과 같다고 보았다. 앞서 살펴본 성교시를 그의 대표작이라고 보아도 손색이 없을 정도다.

릴케는 섹스를 포함한 완전한 사랑이란, 주체의 자유를 확장하는 것이지 하나의 대상에 집착하는 것이 아니라고 본다. 하나의 대상에 집착하는 것은 자유의 박탈, 한계의 제한이라는 것이다. 그가 언제나 말하는 상승이나 초월은 고독한 사랑으로만 가능하다. 반면 두 사람의 사랑은 하강이고 타락이다. 사랑을 받는다는 것은 상대의 사랑을 제한하는 것이기 때문이라고 한다. 따라서 사랑의 주체로 계속 살려면 절대로 사랑의 대상이 되어서는 안 된다. 특정인을 사랑하거나 그의 사랑을 받는 존재가 되어서는 안 된다. 이처럼 릴케의 사랑은 상호적인 것이 아니라 단독적인 것이다.

그 전형이 뒤에서 보는 『말테의 수기*Die Aufzeichnungen des Malte Laurids Brigge*』 마지막 장에 나오는 '탕아의 귀향'이다. 성경에 나오는 오리지널*과 달리 릴케의 탕아는 어려서부터 가족들에게 무한한 사랑을 받는다. 바로 그 점, 즉 사랑을 받기 때문에 그는 가출한다고 릴케는 성경을 나름으로 재구성한다. 다시 말해 사랑으로 인한 제한을 극복하기 위해 가출한다는 것이다. 그러나 이는 그 이야기가 처음 나온 성경의 스토리는 물론 우리의 상식과도 배치되지 않는가? 가출 경험이 있는 사람은 다 알겠지만 자신이 사랑을 받지 못한다고 생각해 가출하는 것이지, 자신이 너무나도 완전한 사랑을 받아 주체의 제한을 느끼기에 가출하는 것은 아니다. 물론 릴케의 탕아에게도 사랑이 없는 것은 아니다. 그의 사랑은 오로지 신에 대한 사랑이다. 신은 자신을 사랑하는 사람에게 어떤 제한도 부과하지 않는다. 따라서 그의 단독자로서의 절대적인 사랑이 가능하다. 그러나 사실은 신이 아니라 그 자신이다.

이를 우리가 사는 현실에 옮겨보면, 사랑의 대상이 있는 경우보다 없

■ * 「누가복음」 15장 11절~24절

는 경우에 사랑이 더욱 완전할 수 있다는 뜻이 된다. 따라서 일시적으로 그런 대상이 존재한다고 해도 진정한 사랑을 위해서는 언제나 그를 떠나야 한다. 만남과 이별이 언제나 반복 순환되어야 하는 것이다. 대상을 만나는 것은 사랑의 계기를 형성하는 것에 불과하고, 그 만남의 기쁨은 첫눈에 반한다는 말이 보여주듯이 허위에 불과한 것이며, 누구나 곧 그 사랑에 실망하게 된다. 특히 결혼하게 되면 그 사랑은 곧잘 지옥으로 변할수도 있다. 우리도 경험하는 그런 사랑의 문제점을 시인인 릴케는 더욱 절실하게 느꼈을 것임에 틀림없다. 그러나 우리는 그런 사랑에 이럭저럭 만족하고 산다. 아니 그렇게 살아가지 않을 수 없다. 그러나 릴케는 다르다. 그는 수많은 여인을 만나 사랑하지만 황홀한 섹스의 순간이 지나면 곧 떠나버린다. 그리고 그래야만 자신이 버린 여인이 더욱더 완전한 사랑을 하게 된다고 시로 찬양하고 축복한다. 그는 문학사에 나오는 수많은 버림받은 여인들을 가장 위대한 사랑의 구현자로 끝없이 찬양한다. 물론 자신이 버린 수많은 여인에 대한 양심의 가책에서 나온 것은 아니리라.

릴케는 그런 여성이 쓴 책까지 번역했다. 그가 번역한 『포르투갈 수녀의 편지』는 어느 남자로부터 버림받아 수녀가 된 어느 중세 여인의 편지로 릴케가 가장 완전한 사랑이라고 찬양한 것이다. 그러나 지금 이 편지는 남성이 쓴 허구의 편지라고 밝혀졌듯이 릴케가 말한 '소유하지 않는 사랑'이라는 것도 남성 위주의 허구라고 볼 수 있다. 그는 너무나도 간단하게 수많은 여성의 사랑을 얻었지만 그녀들과 함께 있는 것은 불가능했다. 그는 언제나 사랑을 절감하면서도 일단 사랑을 성취한 뒤 여인이 그에게 계속 소유를 주장하면 황급히 떠나버리고 그들의 삶에 대해서는 철저히 무관심했다. 특히 그들의 죽음은 그에게 가장 좋은 시재(詩材)가 되었다. 릴케도 결혼을 했지만 곧 딴 방에서 별거하다시피 했다. 두 사람의 합의 아래, '소유하지 않는 사랑'을 앞세워서 말이다.

릴케는 동성애자인가?

릴케는 바람둥이의 원조이자 전형인 카사노바나 돈 후안처럼 수많은 여인들과 사랑을 했다. 유명한 살로메 말고도 수없이 많은 여인들과 사랑을 했다. 그러나 그는 결코 잘생긴 '얼짱'이나 '몸짱'이 아니었다. 도리어 상당히 못생긴 남자였음이 분명하다. 특히 툭 불거지고 너무 붉으며 이상하게 큰 입술과 쑥 들어간 턱 때문에 일부 사람에게는 특이한 성적인 매력을 풍기기도 했지만 일반인에게는 그다지 매력적이지 못하고 도리어 혐오감을 느끼게 했다. 심지어 대학시절부터 나온 아랫배와 코안경 따위로 릴케는 스무 살에 이미 너무 늙어 보였다. 그러나 부드러운 목소리와 푸른 눈에서 카리스마가 느껴졌다고 한다. 물론 그에게 호의적인 사람들이 남긴 말이다.

그런데 그의 사랑은 시인에 어울리는 듯한 소위 플라토닉 러브가 아니라 육체적인 사랑은 물론 불륜과 낙태까지 수없이 포함한 것이었다. 그가 상대한 상당수의 여자들이 유부녀였으므로 불륜을 확인하는 것쯤이야 어렵지 않다. 하지만 낙태는 확인하기 어렵다. 피임이 일반화되지 못한 시대였으니 낙태가 상당히 행해졌으리라고 짐작할 따름이다. 누군가가 다음과 같은 기록을 남겼다.

사랑에 눈이 멀고 가슴에 불이 붙은 계집아이들뿐만이 아니었다. 아니, 평범하고 감성적인 여자들까지도 이—이렇게 말해도 된다면— 실패한 남자에게서 매력을 느꼈다. (…) 그는 다른 누구보다도 눈에 띄지 않고 신비에 싸여 있었다. 그것이 그들의 호기심과 욕망을 부추겼다. (…) 그 여자들은 마치 아무 의지도 없는, 그 남자를 위한 매체에 불과한 듯 자기 자신들을 지워버린 것 같았다. 그 사람은 아무런 개입을 하지 않았는데도.(레프만, 330)

위 기록의 내용이 대부분 옳다고 해도 마지막 구절에는 문제가 있다. 릴케 자신 개입을 하지 않은 것이 아니라 여인들에게 적극적으로 구애했고 그들과 적극적으로 사랑했기 때문이다. 그러나 중요한 문제는 그 여인들과 어떻게 사랑했느냐 하는 점이다. 그중 어느 여인이 말했듯이 릴케에게 "모든 여자는 통과역에 불과할 뿐이었다."(레프만, 498) 그러나 그 통과도 무사했던 것만은 아니다. 대학시절 어느 연상의 여인(그녀는 릴케 처녀시집의 출판 비용까지 부담했다)과 풋사랑을 하다가 다른 여인에게로 옮겨가며 일방적으로 절교를 선언하자 그 연상의 여인은 30년이 지난 뒤 그를 비방하는 회고록을 써서 그에게 복수했다. 그 책은 릴케가 동성연애자이고 여인을 사랑할 능력이 없는 "차가운 향락주의자"며 구역질 나는 인간이었다는 내용이었다. 다른 것은 몰라도 릴케 자신 "나는 사랑을 주는 사람이 전혀 아니"라고 했으니 "차가운 향락주의자"라는 말은 맞는 말이다.(레프만, 78) 릴케 자신 "향락을 즐기는 것은 모두 예술을 위한 것"이라고 했고(살로메, 24) 사랑은 '주고받는' 것이 아니라 '하는' 것이라고 끝없이 노래했다.

릴케가 동성애자라는 소문은 그녀의 회고록에서 비롯되었는데, 그녀는 이를 릴케 자신이 그녀에게 보낸 편지에 그 근거가 있다고 주장했다. 그 편지에서 릴케는 육군소년학교 시절 동급생과 "입맞춤과 악수로써 죽을 때까지의 우정관계"를 맺었다고 했다는 것이다. 그러나 대부분의 전기 작가는 그 구절이 동성애를 뜻한다고 보지 않는다. 우리는 릴케가 정말 동성애자였는지 아닌지 알 수 없다. 문제는 그가 동성애자라고 해서 그에 대해 조금도 섭섭해 하거나 특별히 기뻐할 필요가 없다는 점이다. 여하튼 김재혁은 "릴케를 사랑했던 여인들은 너나할 것 없이 자신만이 그의 생을 통틀어서 유일하고도 영원한 사랑이라고 생각했다"(라사르트, 274)고 하나 적어도 위에서 언급한 여인은 그렇지 않은 듯하다.

릴케는 어린이의 순수성을 노래한 시인으로도 유명하다. 어린이는 선악이나 삶과 죽음의 구별도 모르고 모든 것을 순진하게 사랑한다는 것이다. 사랑이나 성에 대한 그의 생각도 마찬가지다. 성(性)을 그는 "언젠가 우리는 어디에서나 아이였"으나 "지금 우리는 오직 한 곳에서만 아직 아이"(전집13, 173)라고 비유하며 "그리스도 때문에 나를 나쁘게 만들고 싶지 않으며, 신에게 좋은 사람이고 싶"다고 했다.(전집13, 174) 그래서 그는 신은 긍정하면서도 그리스도의 기독교는 부정했다. 자신의 자유로운 성생활을 인정한다고 가정한 신은 긍정하면서도 그것을 부정한 기독교는 부정한 것이다. 그의 시 가운데엔 유명한 사랑의 시가 많지만 그중에서도 다음 시가 특히 유명하리라.

내 눈빛을 꺼다오, 그래도 나는 너를 볼 수 있으리.

내 두 귀를 막아다오, 그래도 나는 너를 들을 수 있으리.

발이 없어도 너에게 갈 수 있고,

입이 없어도 네 이름을 부를 수 있으리.

내 팔을 꺾어다오, 손으로 잡듯이

너를 내 가슴으로 잡으리.

심장을 막아다오, 그러면 내 뇌가 고동치리.

네가 내 뇌에 불을 지르면

내 너를 피에 실어 나르리.(전집1, 389-390)

위 시를 이미 아는 사람들은 다른 번역과는 달리 반말 투로 번역한 점에 놀랄지 모르겠다. 이는 독일에서 기도할 때 반말 투로 하기 때문에 그 느낌을 살리기 위해서다. 영어와는 달리 독일어는 2인칭 대명사에 반말 투인 'Du'와 경어 투인 'Sie'가 남아 있는데 신에게 기도하는 경우 신을 Sie가 아니라 Du라고 부른다. 인간이 하느님과 1대 1의 관계라는 생각에서 나온 것이리라. 그래서 지금부터 이 책에서는 릴케의 기도체 시를 모두 종래의 경어체 번역문이 아니라 모두 평어체로 바꾸어 릴케의 기분을 제대로 느끼도록 하겠다.

위 시는 릴케의 시집 중에서 가장 유명한 것 중 하나인 『기도시집』에 나오는 시다. 그가 사랑한 수많은 여인 중에서 가장 뛰어나고 아름다웠다는 루 살로메에게 바친 연시라고도 하지만 적어도 신에 대한 기도를 노래한 그 시집의 성격으로 볼 때 '그대'란 신이 될 수도 있다. 물론 살로메를 신으로 보았다면 같은 이야기이지만 말이다. 실제로 릴케는 사랑을 할 때, 특히 섹스를 할 때 자신은 물론 상대방도 신이라고 생각했다. 그렇게 묘사한 시도 대단히 많다. 그렇게 멋대로 생각하고 시를 썼다고 해서 릴케를 욕할 필요는 없다. 우리도 그렇게 느낄 수 있기 때문이다.

너무나도 아름답고 똑똑해서 니체나 프로이트도 사랑했다는 살로메와 릴케의 사랑은 유명하다. 22세의 릴케는 14세 연상인 36세의 유부녀 살로메를 만나 정신과 육체의 완전한 사랑을 나누었다고 한다. 그런데 위 시는 흔히 애절한 사랑의 고백이라고 하지만, 신체적 기능이 완전히 마비된 상태에서도 사랑하는 여인을 볼 수 있고 들을 수 있으며 잡을 수 있다는 등의 표현은 자신을 완벽한 초인이나 신의 경지로 두지 않는 한 곤란한 것이 아닐까? 여하튼 위 시는 시인 자신의 대단한 신비로운 능력을 과시한 것이지 여인에 대한 찬사커녕 여인에 대한 사랑 자체를 고백한 것은 결코 아니다. 앞에서 본 성교시(性交詩)처럼 말이다. 릴케는 평생 자신에게 신비로운 능력이 있다고 생각했고, 그렇기에 자신은 참된 시인이라고 자부했다. 따라서 상대방인 살로메가 그대=신이라고 불리지만 사실은 신이 아니다. 신인 것은 오로지 릴케뿐이다. 릴케는 특히 살로메를 통해 처음으로 육욕의 완전한 해방을 이루었다고도 하는데 그것을 노래한 것이 같은 『기도시집』에 나오는, 앞에서 본 바로 그 성교시다. 그 시집의 제목과는 참으로 어울리지 않지만 릴케는 그녀를 통해 성적으로 대단한 능력을 갖추게 되어 그녀와의 성행위를 시로도 표현한 것이다.

릴케 '여성성'의 모순

이처럼 대단히 성적인 릴케를 흔히 여성적이라고 한다. 심지어 그의 이름부터 그렇다는 것이다. "라이너 마리아 릴케. 이 얼마나 여성적이며 아름다운 연상을 불러일으키게 해주는 이름인가!"라고 경탄하며, 그를 '여성의 혼'이라고 일컫기도 한다. 이를 두고 릴케가 어려서 소녀처럼 양육된 것과도 관련된다고 보는 견해도(구기성, 305) 있을 지경이다. 시인 전봉건은 릴케의 "여성적 측면 외에는 그때의 자기를 압도한 릴케를 회상해낼 수 없다"*라고 한다.

또 그의 사랑은 니체의 남성적인 사랑이 아니라 약한 자, 불구자, 가난한 자, 겸허한 자, 특히 어린 처녀들과 아이들에 대한 사랑이라고 한다.(홍경호, 편지11) 그러나 이런 견해는 일면적이다. 여기서 말하는 니체의 남성적 사랑이란 니체가 초인을 주장한 것을 말하는 듯한데, 니체의 영향을 많이 받은 릴케에게도 영웅적인 사랑에 대한 표현이 너무나 많이 등장하기 때문이다. 따라서 릴케를 여성적이라고 할 수만은 없다. 그는 여성적이기도 했지만 동시에 대단히 남성적이었다. 그것을 모순이라고 본다면 모순이라고 할 수 있을지 모르지만, 도리어 그 양면성은 모든 인간에 내재하는 것이라고 볼 수도 있다. 니체나 릴케는 물론 우리 모두에게 내재하는 것으로 말이다. 또 릴케는 약한 자, 불구자, 가난한 자, 겸허한 자, 특히 어린 처녀들과 아이들에 대한 사랑을 노래한 적도 없다.

릴케는 장미처럼 대단히 나약하고 수동적인 존재로도 인식되고 있다.

■ * 『심상』, 1974년 6월호, 112쪽.

그 절정이 그가 장미 가시에 찔려 죽었다고 하는 전설인데 이는 사실이 아님에도 불구하고 우리나라의 『세계대백과사전』이나 릴케 해설(구기성, 316)에서나 시*에서도 여전히 회자되고 있다. 이야기는 불행한 부모 사이에서 허약한 칠삭둥이로 태어나 출생부터 "광풍 속의 조각배 모양 불안하기 이를 데 없었다"(조두환, 11)는 식으로 시작된다. 그러나 릴케가 특히 허약했다고 볼 근거는 없다. 앞에서 보았듯이 그는 변강쇠 같은 무한한 정력을 가졌고, 나이 40에 군대에 징집될 정도로 건강했다. 물론 그 뒤에는 백혈병 때문에 고통을 받다가 죽었지만 어릴 적부터 그랬던 것은 결코 아니다.

어릴 적부터 병약했다는 식의 이야기는 특히 그가 40세가 넘어서도 어머니가 온다고 하자 "막 꾸지람을 들은 아이처럼" 안절부절못했다는 식의, 강한 어머니에 대한 콤플렉스를 그의 삶은 물론 시 전체를 해명하는 중요한 계기로 설명하는 주장으로 이어진다. 한편 아버지는 자신이 이루지 못한 꿈을 대리 충족하기 위해 열 살짜리 릴케를 육군소년학교로 보내는 권위주의적인 존재로 부각된다. 그리고 "이 '최악의 모순 상황' 속에서 '웃음거리 약골'일 수밖에 없는 릴케는 튼튼한 소년들이 모여 있는 환경의 벽을 견디어낼 수 없어" 그 학교를 그만두었다고 한다.(조두환, 14) 그러나 퇴교의 정확한 이유는 건강 문제였고, 그 전 5년 동안 릴케는 우수한 소년 사관후보생이었다. 릴케 자신 그 시절을 '어린 시절의 감옥'이라거나 '악몽'이라고 부른 것은 사실이지만 그렇다고 이로 인해 "남성

■　*　전봉건, 「릴케의 장」, 『전쟁과 음악과 희망과』, 자유세계사, 1957, 92쪽.

세계에 대한 심한 열등의식이 그의 내면에 짙은 그림자를 드리운다"(조두환, 15)라고 할 수는 없다. 도리어 릴케는 뒤에서 보듯이 귀족을 자처하며 전쟁을 예찬했던 남성적 인간으로 평생을 살았다.

릴케가 귀족을 자처한 것도 "세속적 욕심이 강한"(조두환, 15) 어머니 탓이라고 설명되나 어머니를 그렇게도 싫어한 릴케가 평생 귀족을 자처한 것을 어머니 탓이라고 보기는 어렵다. 이를 릴케가 태어난 21세까지 살았던 프라하에서 독일인이 절대 소수였던 탓이라고 보는 견해(조두환, 15)도 수긍하기 어렵다. 적어도 같은 처지였던 카프카는 귀족을 자처하지 않았기 때문이다. 도리어 릴케 자신이 귀족이기를 열망한 탓으로 보는 것이 옳다. 그 모두가 릴케 자신이 주도적으로 한 것이었다. 릴케는 그 정도로 주체적인 사람이었다. 아니 누구보다도 주체성이 강한 사람이었다. 그런 사람을 왜 한국에서는 병약했던 칠삭둥이에 나이 사십이 되어서조차 어머니 앞에서 벌벌 떠는 약골로 묘사하는지 나로서는 도저히 이해할 수 없다.

그런 묘사와 마찬가지로 릴케의 첫사랑이 실연으로 끝난 것이 "어머니의 포로'일 수밖에 없었던" 릴케에게 "가중된 대 여인 관계에 장애요인"이 되었다고 하는 견해(조두환, 16)도 있다. 그러나 릴케는 2년 반 동안 사귀었던 여인에게 실연을 당한 것이 아니라 스스로 다른 여자를 찾아 떠나면서 그 여인을 차버린 것이다. 그래서 그 여인은 30년이 넘도록 이를 갈다가 앞에서 소개한 동성애자 운운하는 책까지 써서 릴케에게 복수한 것이다. 게다가 위 견해는 그 '대 여성 장애'로 인해 릴케가 평생 남자보다 여자에게 에워싸여 살았다고 하지만, 이는 모순된 설명이다. '대

여성 장애'가 있다면 도리어 여성과 멀어져야 하지 않겠는가?

릴케를 여성적이라고 보는 주장은 그가 남성보다도 훨씬 더 많은 여성들과 평생을 지냈다는 점을 근거로 삼는다. 그가 많은 여성들에 둘러싸여 살았다는 것은 명백한 사실이지만, 그렇다고 해서 그를 꼭 여성적이라고 볼 수는 없다. 여자들 속에서 살아가는 바람둥이나 기둥서방을 무조건 여성적이라고 할 수 없는 것과 마찬가지다. 수많은 여성을 후리고 다니는 그들은 남성적이거나 심지어 폭력적이다. 물론 릴케가 폭력적이었다고 말하는 여성은 없었으나 그가 전형적인 바람둥이였던 것은 명백하다.

우리나라에서 나온 어느 릴케 시집*의 제목처럼 릴케는 '소유하지 않는 사랑'을 자신의 대단한 사랑철학인 듯 주장하지만, 이는 평생 한 여성과 '소유하지 않는 절대적 사랑'을 추구한 것이 아니다. 수많은 여자를 사랑하다가 그녀들이 그를 소유하려고 하면 '소유 없는 사랑'을 주장하며 다른 여자에게 도망쳤을 뿐이다. 이런 사람을 여성적이라고 할 수 있을까? 차라리 그 반대로 대단히 남성적인 바람둥이라고 하는 것이 옳지 않을까?

릴케를 여성적이라고 하는 말의 또 다른 차원은 그를 사랑한 여성이 그보다 더 강하거나 어머니와 같다고 가정하여 릴케가 항상 그들의 모성에 보호를 받았다는 식의 이미지 메이킹이다. 가령 냉랭하고 고집 센 어머니로 인해 여성성을 갖게 되었다든가, 첫사랑에게 배신당해 입은 상처

■　　*　김재혁 옮김, 고려대학교출판부, 2003.

가 깊어 여성성을 갖게 되었다든가, 어머니와 같은 애인인 루 살로메가 여성성을 강화했다든가 하는 식 말이다. 그러나 분명한 것은 루 살로메든 누구든 릴케에게는 정신적인 사랑은 물론 육체적인 사랑의 대상이었고, 릴케는 그 누구에게도 소극적으로 끌려 다니지는 않았다는 점이다.

이 책의 본론에서 설명하겠지만 릴케는 여성적인 서정시도 많이 썼지만 그 못지않게 남성적인 영웅시도 많이 썼다. 단적인 작품이 제1차 세계대전이 터졌을 때 그것을 극단적으로 예찬한 「다섯 노래/1914년 8월」이리라. 그러나 그 전후로 평생 동안 그는 영웅시를 썼다. 그 시를 예외적인 것이라고 볼 수 없는 이유다. 그런데 여기에 묘한 모순이 있다. 그는 어려서 육군소년학교에 들어가 군인영웅이 될 준비를 했으나 건강이 좋지 않아 중도 하차했다. 그 시절 그는 이미 영웅시를 썼으나 그 자신은 영웅이되지 못했다. 제1차 세계대전이 터지자 역시 전쟁영웅시를 썼으나 그 자신이 군대에 소집당하자 즉시 반발하고 징집을 피하기 위한 갖은 노력을 다했다. 그러나 그 뒤에도 릴케는 영웅시를 많이 썼다. 그의 최대 걸작이라고 하는 「두이노의 비가」도 바로 영웅시의 대표작이다.

이처럼 시에서 그는 대단히 영웅적이다. 영웅적인 시인이다. 그러나 자신은 언제나 비영웅적으로 살았다. 물론 바람둥이 짓을 영웅이라고 한다면 영웅적으로 살았다고 할 수 있지만, 바람둥이를 영웅이라고 하는 사람은 없으리라. 릴케는 자신의 바람둥이 짓을 '소유하지 않는 사랑'이라는 그의 영웅적 사랑 또는 바람 철학으로 정당화했다. 따라서 결혼을 전제로 하거나 가정을 꾸리는 '소유하는 사랑'은 비영웅적이고 소시민적인 사랑이라 보았다. 릴케의 모순 중에서 아마도 가장 중요한 모순은 바로 이것이리라. 시에서는 항상 영웅을 노래하면서도 현실에서는 비영웅적으로 살았다고 하는 모순 말이다. 그런 모순 속에서 양심적인 인간이라면 갈등을 일으키지 않을 수 없으리라.

내가 읽은 국내외의 모든 릴케 전기는 위에서 언급한 무수한 여인들과의 사랑, 그리고 그들과 함께한 수많은 여행*으로 엮어진다. 그러나 나는 이 책에서 그런 이야기는 가능한 한 모두 빼려고 했고, 릴케를 이해하는 데 필요한 최소한의 것만 언급하고자 노력했다.

릴케는 신을 어떻게 이해했을까?

흔히 릴케를 신을 노래한 시인이라고 한다. 제목이 그런 『기도시집』말고도 그의 시에는 자주 신이 등장한다. 그래서 그의 시를 종교적이라거나 철학적이라고도 한다. 그런데 릴케는 서양의 전통인 기독교를 철저히 부정하고 이슬람교 또는 불교나 도교에 기울었다. 그가 여러 종교에 대해 어떤 생각을 했는지는 명확하지 않으나 그가 살았던 19세기 말 예술가들의 분위기였던 반기독교주의나 동양종교에 대한 호기심이 그에게도 있었던 것은 분명하다. 하지만 그의 삶이나 시 또는 문학 전체를 종교적으로 바라보는 관점에 나는 찬성할 수 없다.

그런 관점은 흔히 릴케를 범신론자로 본다. 뒤에서 보듯이 그가 동식물을 비롯한 세상의 여러 사물이나 존재에 신이 내재하고 있다고 본 점

■　 *　흔히 시인의 '방랑'이라고 하지만 대부분 고급호텔이나 그보다 더 화려한 귀족의 성을 호화로운 마차나 자가용으로 다닌 것이니 방랑커녕 대단한 여행, 엄청난 고급 여행이었다.

에서 수긍이 가는 이야기일지도 모른다. 그러나 범신론이라고 하는 것은 본래 세계의 모든 사물이나 존재를 신과 동일시하는 것인데, 릴케의 경우 반드시 그런지는 의문이다. 그는 특정한 존재, 가령 아이, 동식물, 시인, 귀족, 영웅 같은 것에 대해서만 신과의 동격을 인정하기 때문이다. 특히 그는 그가 평생 경멸해 마지않은 시민, 민중, 노동자, 대중에 대해서는 신성커녕 동물성*조차 인정하지 않았다. 그가 신이라고 한 것은 삶과 죽음을 초월한 존재이고 '소유하지 않는 사랑'을 하는 존재인데 시민, 민중, 노동자, 대중은 그렇지 못하다고 보기 때문이다. 도리어 나는 릴케에게서 샤머니즘을 본다. 우리가 흔히 아는 무당의 종교인 샤머니즘이란, 샤먼, 즉 무당을 매개로 하여 인간이 엑스터시**와 같은 비정상적인 심리상태에 빠져 초자연적인 존재와 직접 접촉하는 과정에서 점복(占卜), 예언, 치료, 제의(祭儀), 사령(邪靈)의 인도 등을 행하는 것을 말한다. 릴케의 경우 점복, 예언, 치료, 제의, 사령의 인도 같은 것은 볼 수 없지만, 시인을 매개로 하여 인간을 엑스터시에 빠지게 하는 점을 시인의 사명으로 보았다는 점에서 그의 사고는 샤머니즘과 기본적으로 동일하다.

아마도 릴케 연구자들은 나의 이런 견해를 헛소리로 매도하겠지만, 나는 릴케의 그런 샤머니즘적인 요소가 그의 인기 비결, 특히 샤머니즘이 시작된 극동에서의 인기 비결이라고까지 생각한다. 물론 그는 무당이 아니라 영웅, 삶과 죽음을 초월한다는 영웅을 통해서 그런 엑스터시를 실현하고자 한다. 요컨대 그는 우리를 몽롱하게 만드는 독특한 엑스터시의

■ * 신적인 존재인 릴케의 동물성이 아니라 일반적인 의미에서 말하는 동물성이다.
  ** 자아에서 벗어나는 망아(忘我), 탈아(脫我), 황홀경 등을 이른다.

초능력을 그의 시를 통해 보여주는 것이다.

이와 관련되어 나는 릴케가 본능, 특히 성적 본능을 대단히 중시하며 19세기 자본주의의 대량생산을 극도로 혐오하는 반문명적인 사상을 가졌다고 생각한다. 자신이 살았던 19세기 문명—기독교, 자본주의, 민주주의, 사회주의, 노동운동, 도시, 돈, 병원, 기계, 교육, 대중문학, 미국식 공장제 대량생산—에 반대해 반현대문명—반기독교적인 자연신, 고대 및 중세문명, 귀족, 영웅, 동식물, 아이들, 성, 시골, 기계 반대, 학교 반대, 시 문학, 유럽식 수공업 소량생산—을 찬양했기 때문이다. 이것이 어디에서 비롯되었는지는 이 책의 2장 이하에서 살펴보겠지만 문제는 그러한 이원론이 릴케의 경우 너무나도 극단적이어서 자신이 살았던 19세기 현실에 결국은 적응하기 쉽지 않았다는 점이다.

릴케 '내면성'의 모순

릴케를 오로지 내면의 시인이라 하면서 그가 자신이 살았던 시대의 전쟁이나 혁명에 무관심했다고 하는 견해(김주연, 215)도 있지만, 제1차 세계대전이 터졌을 때 그는 전쟁에 열광해 「다섯 노래/1914년 8월」을 썼다. 그 제1가의 일부를 보자.

마침내 신이 나타났구나.

우리가 평화의 신을 더 이상 잡아두지 못하니,

전쟁의 신이 갑자기 우리를 붙잡아 불덩이를 휘두르는구나.

고향으로 가득 찬 가슴 위로 그의 붉은 하늘이 울부짖는구나.

그곳은 그의 거처.(전집3, 106-107)

이 시를 릴케가 "그에게 숨겨진 감동과 고통을 신격화해보려 했을 뿐"이라고 보는 견해(조두환, 31)가 있지만 무슨 소리인지 알 수 없다. 전쟁이 터지면 아무리 전쟁을 싫어하는 평화의 시인이라고 해도 조국의 승리를 위해서는 노래하게 마련이라고 볼 애국주의자가 있을지 모르지만, 이 시는 당대 유럽인들이 서로 싸우면서 자기 조국의 승리를 노래한 여타의 수많은 국수주의 시와는 전혀 달리 전쟁 자체를 새로운 신으로 찬양한다. 차라리 애국주의적 시라면 이해라도 할 텐데—그것에 찬성하고 말고는 차치하고— 평생 장미를 노래한 내면이 나약한 시인이 전쟁의 신 자체를 찬양하다니, 이를 어떻게 해석해야 할까? 그는 혹시 로마를 불태우고서 노래한 폭군 황제 네로의 피를 타고난 방화악마적인 시인은 아닌가? 사실 릴케는 한때 자신을 로마황제 시저라고 부르기도 했다.(전집13, 278)

릴케는 1917년의 러시아혁명과 독일 바이에른혁명에도 감동했지만 그것도 그 사회주의 이념에 공감한 것이 아니라 혁명 과정에 벌어지는 거대한 군중집회에 매혹된 탓이었다. 마치 위 시에서 그가 '불덩이'니 '붉은 하늘'이니 하며 전쟁을 찬양하듯이 말이다. 이탈리아 파시즘의 지도자 무솔리니를 고대 로마인의 정복정신을 부활시킨 것이라고 찬양한 것도 그 연장선상에서 이해해야 한다. 릴케는 폭력을 사용해서라도 강력한 권력과 엄격한 질서를 강제함이 의회주의보다 옳고, 국수주의는 불가결한 것으로 그것과 반대되는 국제주의나 인류라는 추상적 개념보다 옳은 것이라고 주장했다. 심지어 자신이 시를 통해 절대를 탐구하고 로댕이 흙으로 인간을 빚듯이 무솔리니는 국가라는 절대를 조형한다고 찬양했다. 그 직후 그는 죽었는데 계속 살았더라면 히틀러와 나치즘까지도 찬양했을지 모른다. 옛 서독의 시인이며 릴케 연구가인 한스 에곤 홀트후젠은 서독만이 아니라 우리나라에서도 유명해서 그의 릴케 평전이 1979년에 번역된 적이 있는데, 바로 그가 니체, 슈펭글러, 릴케의 영향을 받아 1939년 독일의 폴란드 침공을 환영했음은 유명한 에피소드다.(레프만, 268) 릴케 자신 제1차 세계대전을 환영했으니 당연히 제2차 세계대전도 히틀러도 환영했으리라.

내가 이해하는 릴케는 이런 사람이다. 릴케의 무솔리니 찬양에 관한 에피소드는 릴케의 전기에는 대부분 생략되어 있으나 나는 결코 무시해서는 안 되는 중요한 점이라고 생각한다. 뒤에서 볼 절대자인 시인의 죽음을 노래한 릴케 만년의 「묘비명」과 릴케 만년의 무솔리니 찬양은 서로 통하는 바가 있다.

문학을 하는 사람들은 이러한 시인의 정치 에피소드를 그야말로 에피소드에 불과한 것이라고 보고 그것이 시인의 아름다운 삶 자체나 아름다운 시와는 무관한 것이라고 생각하곤 한다. 그래서 일제 때 친일한 문학인이나 독재정권에 아부한 문인들의 행태를 한때의 실수로 보고, 또 릴케를 누구보다도 좋아한 「꽃」의 시인 김춘수가 독재정권 하에서 여당 국회의원을 지낸 사실도 크게 시비하지 않는지도 모른다. 김춘수보다 앞서 릴케를 자신의 시에 언급한 민족주의 시인 윤동주가 릴케의 파시즘 찬양을 과연 알고 있었는지 모르지만, 그냥 몰랐을 거라고 생각하는 편이 마음 편한 것처럼.

우리에게는 릴케가 고독과 사랑과 죽음의 서정시인이라는 이미지가 있다. 그러나 실상 릴케는 대단히 사교적이고 육욕적이며 소란스러운 사람이었다. 그는 언제나 자신이 "어마어마한 소리로 호령을 발하고 우주에서 오는 신호들을 받아 그것들을 나의 떠들썩한 예포로 꽝꽝 울리게 답"했다고 한다.(레프만, 206) 그야말로 전장의 장군 모습이다. 아니 신의 모습이다. 그는 신이 되고자 한 시인이었다. 그러나 신이 되었을까? 가끔 섹스를 하거나 시작에 몰두할 때면 신이 되었다고 느낀 것 같기도 하나, 그 자신도 자신이 결코 신이 아님을 알고 쓸쓸하게 죽었는지도 모른다. 그는 신이 되려고 가족까지 포기하고 신이 되기 위해 그들이 불행해지는 것에도 아랑곳하지 않았다. 그러나 그 자신도 신이 되지는 못했다. 그래서 그의 삶은 고통이었다. 이제 그의 고통스러운 삶이 시작된 어린 시절로 들어가보자.

『기도시집』 표지

2장

영웅주의자
소년군인

릴케의 자기소개

릴케의 삶과 시를 살펴보기 전에 릴케 자신의 자기소개부터 들어보자. 시인이나 작가가 자신의 작품집이나 다른 곳에서 자기소개를 하는 것, 그것도 대단히 자랑스럽게 자신을 스스로 소개하는 것은 대단히 쑥스러운 일이라고 항상 느끼지만, 릴케는 적어도 젊은 시절에는 그런 자기소개를 적극적으로 많이 했다. 그것도 대단히 자랑스럽게 거짓말까지 보태면서. 가령 1896년 20세에 『19세기 작가사전』과 『화보로 엮은 작가 및 예술가 총서』에서 자기소개를 한 내용을 보자.

> 릴케, 르네 마리아 케자르, 아주 오래된 케르텐의 귀족 출신으로 1875년 12월 4일 프라하에서 태어났다. 10살에 그는 불화로 헤어진 부모의 집을

떠났으며 이후 5년간을 군사교육기관에서 보냈고 1894년까지 엄격한 교육을 못 이겨 김나지움 최상급 학년을 뛰쳐나왔다. 그리고 그 힘든 공부는 건강에 우려되는 결과를 낳았다.(전집13, 278)

르네 마리아 C. 릴케, 프라하 출신, 1894년『삶과 노래들』출판.『가신에게 바치는 제물』(1896)은 좀 더 성숙한 작품으로서 도처에서 비평가에게 찬사를 받았다. (…) 같은 해에 1막으로 된 드라마『몰락의 시간』이 나왔으며 프라하의 독일 민중극장 초연에서 큰 성공을 거뒀다.(전집13, 282)

위의 첫 소개에 있는 케자르란 이름은 둘째 소개에서 C.로 약칭되어 있는데, 이는 우리가 흔히 줄리어스 시저라고 아는 로마의 영웅이자 황제였던 자를 말한다. 릴케가 이런 황제 이름을 왜 자기 이름 속에 포함시켰는지 도저히 알 수 없으나, 그것이 당시의 유행이나 다른 무엇의 탓이었던 간에 릴케 자신 그 황제를 대단히 존경하여 자기 이름의 일부로 삼았음이 틀림없다. 그러나 더 큰 문제는 릴케가 귀족이 아니었고, 김나지움에 다닌 적도 없다는 사실이다. 시인이 계급 사칭에다가 학력까지 위조한 셈이다. 또『가신에게 바치는 제물Larenopfer』이 "도처에서 비평가에게 찬사를 받았다"거나『몰락의 시간Jetzt und in der Stunde unseres Absterbens』이 초연에서 큰 성공을 거뒀다고 하는 것도 몹시 과장된 내용이다. 릴케가 이런 소개를 한 뒤 5년이 지나 1901년『독일 서정시 모음집』에 실은 자기소개는 다음과 같다.

라이너 마리아 릴케, 1875년 12월 프라하에서 태어남. 서류상으로 1376년 처음 작위를 받은 유서 깊은 귀족 가문 출신. 릴케는 성 텐과 메리슈-바이스키르헨 군사학교에서 교육을 받고 장교가 되기로 되어 있었다.(전집13, 289)

위에서도 릴케는 자신에게 누군가가 정말 귀족이냐고 묻기라도 한 것처럼 자기가 5백 년 전에 서류상으로 귀족이 되었다는 사실을 굳이 밝히는데, 이는 거짓일 뿐 아니라 설령 그것이 사실이라고 해도 그 점이 과연 자기소개의 반을 차지할 정도로 그렇게 중요한 것이었을까? 게다가 자신을 시인으로 소개하는 성격의 여러 책에서 릴케가 스스로 명문 귀족이자 장교가 될 뻔(장교가 되는 것은 이미 불가능했다)했다는 점만 언급하는 것도 이상하지 않은가? 혹시 그런 종류의 책에 소개되는 다른 시인이나 작가나 예술가들보다 자신이 더 특별하고 우월하다는 것을 과시하고 싶었던 건 아닐까? 또는 대부분 대학 출신인 그들에 대한 열등감으로 출신 배경과 장교 예정 사실을 강조한 것이 아닐까?

릴케가 어느 방명록에 자신의 "작가적 성향은 열 살 때부터 나타났"다고 기록한(전집13, 288) 것도 자신이 타고난 작가라는 점을 과시한 것인지 모른다. 열 살 때라고 하면 그가 육군소년학교에 입학하기 전후인데 당시 그가 작가적 성향을 보였다고 한 작품은 현재 남아 있지 않다. 우리가 확인할 수 있는 릴케의 최초 작품은 육군소년학교를 졸업한 해에 쓴, 너무나도 군인다운 시다. 우리는 그 시를 곧 읽어볼 것이다.

시대 배경

이번 장은 릴케가 태어난 1875년부터 1896년 뮌헨에 가기 전까지 22년에 걸친 시간을 다룬 것이다. 태어나서 보낸 최초의 6년을 빼면, 22세까지 릴케는 초등학교, 육군소년학교, 상업학교, 대학입학자격 시험을 위한 독학, 대학 1년생까지 16년 동안 각종 공부를 하는 학생으로 지냈다. 그러나 그 공부는 당시 대부분의 문인들이 경험한 김나지움이나 대학공부에 훨씬 못 미치는 수준이었다. 그가 다닌 학교들은 인문교육을 중심으로 하는 김나지움이나 대학과 달리 대단히 보수적이고 관료적이며 군사적이었다. 특히 그리스어나 라틴어 등의 고전 소양은 전혀 배우지 못했다. 따라서 19세기 당대의 일반적인 교육의 보수적 분위기보다 더욱 보수적이었다고 볼 수 있다. 나는 그 점이 그의 삶과 작품을 결정한 가장 중요한 요소였다고 본다.

시인인 릴케가 평생 그런 인문교육에 대한 콤플렉스에 시달렸으리라는 점은 충분히 짐작할 수 있다. 아마도 그가 평생을 두고 끝없이 천재나 영웅을 자처한 점도 그런 열등감에서 나온 것인지 모른다. 릴케는 교육받은 중산층을 특히 멸시했고 반면 자신이 숭배한 신, 예술가, 시인은 그런 교육을 받지 않은 어린이나 동식물 같은 존재라고 보았다. 그러면서도 언제나 학력 콤플렉스에 시달려 유식을 과시하려고 했다. 그의 시가 대단히 난해함도 그런 탓일 수 있다. 당시 교육의 일반적 분위기에 대해 릴케와 같은 시대에 같은 오스트리아-헝가리 제국에 살았던 츠바이크

(Stefan Zweig, 1881~1942)*는 다음과 같이 말한다.

> 우리는 무엇보다도 먼저 도처에 현존하는 것을 완전한 것으로 존경하고, 교사의 의견을 틀림없는 것으로, 부모의 말을 거역할 수 없는 것으로, 국가의 여러 제도를 절대적이고 영원 타당한 것으로 존경하게끔 교육을 받았다. (…) 젊은 사람들은 어떠한 권리가 허락되기 전에 그들이 의무를 가지고 있다는 것, 무엇보다도 절대적인 복종을 의무로 가지고 있다는 점을 배우지 않으면 안 되었다.(츠바이크, 57)

츠바이크의 이야기는 그래도 오스트리아-헝가리 제국의 수도인 빈의 사정이다. 릴케가 다닌 육군소년학교나 그의 가정과 사회는 츠바이크가 말한 것보다 더욱 숨 막히는 분위기였으리라. 특히 11세부터 16세까지 5년간 다닌 육군소년학교가 그러했다. 주목할 점은 그런 분위기에 소년 릴케가 반항하기커녕 열심히 적응했다는 사실이다. 앞의 1장에서 보았듯이 국내외 릴케 연구자들은 릴케가 한 말을 근거로 릴케가 그 시절을 힘들게 보냈다고 말하지만, 이는 릴케가 사춘기에 그곳을 떠나자마자 즉각 반항적으로 변한 뒤 그 시절을 나쁘게 말한 것일 뿐이다. 사춘기라는 시기도 시기거니와 당대의 시대적 분위기도 그런 변화에 크게 작용했으리라. 당시엔 낭만주의적인 바그너의 오페라와 니체의 초인 철학, 그리고 도스토옙스키의 음울한 소설이 막 유행하던 참이었고, 사회에서는 사회

■ * 오스트리아 태생의 독일 시인·소설가·극작가이다. 역사적 인물의 해석에 뛰어났다. 저서에 『세 거장』, 『악령과의 투쟁』, 『운명의 시간』 등이 있다.

주의를 비롯한 노동운동 막 벌어지고 있었다.* 그만큼 당시의 체제는 어둡고 답답했다.

그 상징이 바로 보수반동을 상징하는 당대의 제국수상 메테르니히 (Klemens Wenzel Neopomuk Lothar von. Fürst Metternich, 1773~1859)**였다. 그 정부의 관료들은 일반 시민의 정치참여를 원천적으로 차단하기 위해 검열, 비밀경찰, 번거로운 행정절차를 철저히 사용했다. 당시의 문화는 비더마이어***로 알려진 것이었다. 그 이름은 어느 유머 작가가 만든 작중인물에서 유래****했다.(존스턴, 44) 법을 철저히 준수하며 정직하게 사는 독실한 가톨릭 신자이자 시골선생인 그는 정치에 무관심한 시민계층의 상징이었다. 이러한 비더마이어 문화는 중류계급을 자극해 과거 귀족의 미적 취향을 부활시켰다. 그래서 시민계층은 정치를 외면하고 가족이 함께할 수 있는 글쓰기, 그림그리기, 가정음악 같은 소시민 중심의 예술 활동으로 도피했다.(존스턴, 46)

그런 분위기 속에서 자란 젊은이들은 "문학적 열정에 완전히 도취되어 우리 땅에서 일어나는 이런 위험한 변화들을 별로 눈치 채지 못했다. 우리는 다만 책과 그림을 보고 있었다. 우리는 정치·사회 문제에 대해서

■   * 아직 눈여겨볼 만한 단계는 아니었다. 사회주의운동이나 노동운동의 본격적인 전개는 제1차 세계대전이 끝난 뒤부터다.
    ** 오스트리아의 정치가로 1809년 이후 외상 또는 재상으로서 오스트리아의 국정을 장악했던 인물이다. 빈 회의에서 주도적 역할을 하여 보수 세력의 지도자로서 유럽 제국의 자유주의·민족주의 운동을 탄압하였으며, 신성동맹, 사국동맹을 이용하여 반동적인 메테르니히 시대를 이룩했다가 1848년에 빈의 3월 혁명으로 실각한다.
    *** 메테르니히가 주도했던 경찰국가 체제 하에서 오스트리아 시민들이 무기력하게 생활했던 것을 풍자하는 표현인데, 지금은 19세기 중엽 빈의 문화 현상을 가리키는 것으로 쓰인다.
    **** 루트비히 아이히로트가 1850년 주간신문에 연재한 「슈바벤의 학교교사 비더마이어의 시(詩)」라는 작품에서 유래했다.

메테르니히

성체축일 아침. 비더마이어 화풍을 구현한 페르디난트 게오르그 발트뮐러 작(1857)

는 티끌만큼도 관심을 갖지 않았다. 우리의 인생에 이 시끄러운 싸움들이 도대체 무엇을 의미한다는 말인가? 빈의 거리는 선거 때면 들끓었다. 그러나 우리는 도서관으로 갔다. 대중이 봉기했다. 그런데도 우리는 시를 쓰고 시를 논했다."(츠바이크, 87) 하물며 시골에 살았던 릴케는 더욱더 그러했다. 이러한 반정치적 태도는 릴케의 평생을 지배했다.

어린 시절

인간의 운명은 상당 부분 자신의 의지나 노력과 상관없이 결정된다. 조상과 부모, 나라와 고향, 시대와 문화, 학교와 사회, 애인과 친구 등등 자신을 둘러싼 여러 환경에 의해 대부분의 운명이 결정되니 말이다. 특히 어린 시절이 그렇다. 릴케의 경우도 예외가 아니었다.

릴케는 1875년 말 당시 오스트리아-헝가리 제국에 속한 프라하에서 중류 철도공무원의 외동아들로 태어났다. 그가 태어났을 때 릴케의 아버지는 38세였다. 그는 본래 군인이었으나 군대에서 출세하지 못해 철도공무원이 되었고, 그 뒤에도 귀족 장원의 관리인으로 출세하고자 노력했으나 끝내 실패해 실의에 빠져 지냈다. 릴케는 그런 아버지, 특히 군인 출신의 아버지를 좋아해서 군인 아버지 사진을 늘 지니고 다녔다. 이를 『신시집Neue Gedichte』의 「내 아버지의 젊은 날 초상」에서 다음과 같이 노래한다.

눈에는 꿈이 넘실대고, 이마는 먼 무엇과

교신하는 것 같아. 입주위로는 넘치는

젊음과 미소 짓지 않는 매력이 흐르고,

날씬하게 잘 빠진 귀족 제복의

장식으로 가득한 레이스 장식 앞에는

군도의 칼집과, 전혀 초조한 빛이 없는

조용히 무언가를 기다리는 두 손(전집2, 207-208)

위의 시에서 릴케가 아버지를 '귀족'이라고 한 것은 단순히 제복만을 의미한 것이 아니라 실제로 귀족임을 노래한 것이다. 릴케는 평생 자신이 5백 년 전부터 내려온 귀족의 후예라고 착각했으니 아버지도 당연히 귀족이라고 생각했을 것이다. 그러나 아버지는 물론 귀족 혈통이란 것 자체가 진실이 아니었다. 이러한 귀족 사칭이 속물근성은 아니라고 변호하는 견해(레프만, 24)가 있지만 반드시 그렇게 볼 근거도 없다. 좀 출세하면 대단한 양반의 후손을 자처하며 족보나 조상 묘 꾸미기에 여념이 없는 우리나라 속물들과 다를 바가 전혀 없지 않은가? 여하튼 릴케의 조상은 모두 평범한 사람들이었다.

릴케의 어린 시절을 살펴볼 수 있는 작품으로 1898년에 쓴 자서전적인 단편소설 『에발트 트라기*Ewald Tragy*』가 있다. 그 소설에서 릴케는 늙은 "그의 아버지는 지금도 멋진 사람이지만, 트라기는 그렇지 못했다. 정말 그렇지 못했다. 도대체 누구를 닮은 것일까. 아마 어머니를 닮은 것 같다(그 엄마가 지금은 어디에 숨어 있는지도 모르지만)"(전집8, 139-140)라고 썼다. 그러나 소설에서 트라기는 "사람들과 돈"밖에 모르는 아버지를 존경하지는 않고 그를 떠난다.(전집8, 142) 아버지에 대한 이러한 이중감정은 릴케가 어릴 적부터 가졌던 것으로 평생 지속되었다.

릴케의 조상이나 부모는 평범한 사람들이었다. 그러나 부모의 결혼은 당시로서는 결코 평범한 것이 아니었다. 릴케가 태어났을 때 25세였던 어머니는 아버지보다 13세나 어렸으나 이미 첫 결혼에 실패하고 재혼한 터였다. 릴케는 종종 어머니에게서 프랑스적 기질을 물려받았다고 자랑 삼아 말했다. 어머니의 조상이 알자스—독일과 프랑스의 국경지대로서 그 두 나라 사이를 오간—에서 프라하로 이주해왔다는 이유 때문이었다. 알자스 사람 대부분은 독일어를 쓰는 독일계였는데도 말이다. 당시의 독일계 문인들은 대부분 독일적인 기질보다 프랑스적 기질을 사랑했다. 그러나 어머니 쪽의 유대인 핏줄에 대해서 릴케는 동의하지 않았다. 이 역시 당시의 반유대주의 분위기를 반영하는 것이라고 볼 수 있다.

릴케의 어머니는 대단한 부잣집 출신이어서 가난한 결혼생활에 불만을 품었고, 남편을 전혀 사랑하지 않았다. 남편에 대한 공격심리와 릴케보다 앞서 태어났다가 곧 죽은 첫 딸에 대한 회오로 인해 그녀는 릴케를 일곱 살이 될 때까지 여자아이처럼 꾸몄을 뿐 제대로 사랑하지 않았다. 그래서 릴케는 성인이 되어서도 아버지와 달리 어머니에 대해서는 호되게 비난하고 늘 그녀를 피했으며 그러한 어머니 부재가 그의 시와 삶에 중요한 영향을 미쳤다고 한다. 이를 릴케의 '어머니 콤플렉스'라고도 부른다.(조두환, 12)

그러나 그러면서도 릴케는 항상 어머니를 찾았다. 이 점을 무시하는 전기 작가들이 많지만 조금만 생각해보면 이는 모든 아들에게 다 나타

어린 시절의 릴케 (1876~1878년경)

나는 고유한 특성이 아닌가? 사실 릴케는 앞에서 본『에발트 트라기』에서도 썼듯이 아버지 쪽보다 어머니 쪽의 피를 더 많이 타고났다. 보통 이상으로 크고 붉은 릴케의 입도 어머니에게서 물려받은 것으로 어머니에게 뚜렷하게 나타났던 강렬한 성적 본능을 계승한 것이었다. 육체적으로만이 아니라 정신적으로도 릴케는 어머니를 계승했다. 즉, 시인으로서 명성을 얻고 귀족 저택에서 환대를 받고자 했던 어머니의 욕망이 릴케에게 그대로 이어졌기 때문이다. 그런 이유로 릴케는 어머니를 극도로 싫어한 것이 아닐까? 아버지보다도 더 싫어한 것이 아닐까? 너무나도 닮았기 때문에 너무나도 싫어한 것이 아닐까? 그것이 부모와 자식의 운명 같은 것이 아닐까? 누구에게나 볼 수 있는 보편적인 현상이 아닐까? 그러니 굳이 '어머니 콤플렉스'라고 과장할 필요는 없는 것이 아닐까?

육군소년학교

일곱 살이 된 릴케는 초등학교에 들어가 그곳에서 2년을 다녔다. 열 살때 부모가 헤어지자 릴케는 어머니 밑에 있다가 곧 빈 부근의 육군소년학교에 들어갔다. 흔히 릴케를 연약하고 고독한 시인의 대표로 생각하지만, 앞에서 보았듯이 그는 군인인 아버지를 평생 존경했고 그의 시에도 군인을 찬양하는 표현이 많다. 이에 대해 "사이좋지 않은 부모 밑에서 여자아이처럼 길러지다가 발 들여놓은 군인으로서의 훈련"이 어린 릴케에게 "방황과 당혹"을 초래했다고 보는 견해(김주연, 210)가 있으나, 릴케는 어려서부터 군인 기질이 몸에 배어 있었다고 생각될 만큼 육군소년학교

생활에 잘 적응했다. 당시 학교 교목의 증언에 대한 다음 기록을 보자.

> 교수님의 설명에 의하면 그 소년은 조용하고 진지하며 능력 있는 젊은이
> 로서 늘 혼자서 지내기를 즐겨했으며, 기숙사의 힘든 생활도 끈기 있게 참
> 아내어 4년 뒤에는 다른 학생들처럼 메리시 바이스키르헨에 있는 육군고
> 등학교에 진학했답니다.(편지, 21)

앞에서 보았듯이 릴케는 육군소년학교 입학 전후인 1885년에 자신에
게 "작가적 성향"이 나타났다고 했다. 그러나 당시의 시는 남아 있지 않
다. 우리가 볼 수 있는 것이라곤 그의 1888년도 수첩에 적힌 「무덤」, 「단
념」, 「묘지」 등의 제목이 붙은 유치한 시들이다. 그는 그런 시들을 수업
시간에 낭독할 수도 있었다. 이런 점을 보면 어른이 된 릴케가 그 시절
을 지옥이었다고 회고하고, 그 시절을 도스토옙스키의 『죽음의 집의 기
록Zapiski iz mertvogo doma』에 비유한 것에 문제가 있다고 생각된다. 헤세를
비롯한 다른 작가들이 학교생활을 견디지 못해 그곳에서 뛰쳐나온 정신
의 악몽을 그는 경험하지 않았다. 그가 5년 뒤 그 학교를 그만둔 이유도
건강이 나빠진 탓이었지 결코 정신적인 고통 때문이 아니었다. 이는 학교
를 그만둔 직후에 쓴 다음 시 「외침에 대한 대답」을 읽어보면 더욱 분명
하게 알 수 있다.

> 모든 시대의 고귀한 남성들에게
> 가장 멋진 최고의 보람된 추구는

완벽한 남자와 충실한 아들로서
조국을 위해 싸우고 투쟁하는 것이었지.

비상경보가 그들 모두를 방어태세로 불렀을 때
용감한 대열에 끼지 않은 자는 '아무도 없었어.'
그들은 자랑스러워했지. 영광스러운 전쟁터에서
몸과 피를 조국에 바치는 것을.

그런데 오늘날 투쟁의 노래가 사라지고
비겁한 시대가 새로이 침입한다.
그들은 측은하게 중얼거린다. "'무기를 내려,'
이제 됐다. 됐어, 우리는 전투를 원하지 않아.'

이 민족이, 대포가 발사되었을 때
화염 속에 신이 나 서 있던 그 민족이며,
수많은 전투에서 언제나 꿋꿋이
적의 무리를 물리쳤던 그 민족이란 말인가?

용기를 내라! 언제나 조국을 사랑했던
동지들, 친구들, 형제들이여,
이제 잘 명심해두게. "'무기를 내리는 일은 없어.'
무기 없이는 어떠한 평화도 없기 때문이지!"

그러니 오른손으로는 힘차게 단검을 움켜쥐고

너희들의 손에서 떨어뜨리지 마라,

비상경보가 울리면 너희는 싸울 준비가 끝나,

조국을 위해 죽을 각오가 되어 있으리라.(전집6, 10-11)

여러분은 이 시에서 어떤 느낌을 받았는지 궁금하다. 나는 어린 릴케가 완벽한 군인정신의 소유자임을 충분히 알 수 있었다. 더욱이 위 시는 학교 당국은 물론 누구의 강요에 의해 쓴 것이 아니라 릴케가 자발적으로 쓴 것이다. 여기서 볼 수 있는 투철한 군인정신은 1장에서 읽은 「다섯 노래/1914년 8월」에서도 나타나고, 그 시를 쓴 직후 1916년 징집되었다가 면제를 받자 "나의 몸 속 어디엔가 내가 이렇게 야단법석을 떨고 반항함으로 해서 고통을 받을 옛 군인의 피가 남아 있는 것 같"다고 한 말에서도 읽을 수 있다.(레프만, 58) 더 나아가 나는 릴케 만년의 시에까지 그런 군인정신이 배어 있다고 본다. 릴케는 이런 시를 초기에 더욱 많이 썼으나* 당시의 시들은 정말 보잘것없는 것들이니 더 이상 살펴볼 필요가 없다.

그럼에도 왜 릴케 자신은 물론 릴케 예찬자들은 모두 어린 시절을 비참했다고 말하는 것인가? 이는 시인이 된 뒤에 릴케가 본래 순수해야 할 어린 시절을 파괴한 주범으로 어머니와 학교를 설정하고 평생 그것들을 비난한 탓이다. 그런 단절은 바로 뒤에서 보는 15세의 린츠에서 시작됐

■   * 「애도」(전집6, 84), 「전투」(전집6, 86), 「뇌우」(전집6, 87), 「'30년 전쟁의 역사'로부터」(전집 6, 92), 「방명록에 실린 글」(전집6, 95), 「페허 톨렌슈타인의 방문객 서명록에서」(전집6, 96) 등이다.

다. 따라서 이는 릴케 자신의 실제 경험이었다고 하기보다도 그의 문학적 상상력이 낳은 하나의 날조된 신화다. 릴케는 자신의 과거를 상상력으로 바꿀 수 있을 정도로 탁월한 시인이었다. 실제로 릴케의 시적 성공은 바로 그런 자기변신의 탁월성에 의한 것이었다. 그것을 릴케나 그 애호자들은 내면의 고찰이니 정신의 고뇌니 부르지만, 이는 뒤집어 보면 자신에 대한 끊임없는 이미지 변신의 시도라고 할 수 있다. 자아라는 건 어디로 가거나 변하는 것이 아니지 않는가?

린츠 시절

1891년 15세의 릴케는 린츠의 상업학교*에 입학해 한 해만 다녔다. 그 시절은 릴케가 뒤에 "내 청춘의 결정적인 전환기"라고 회상했을 만큼 그에게 중요한 경험이었다. 당시까지 시골소년이었던 그는 처음으로 마주한 도시에서 미술관과 음악회, 극장과 무도장을 열심히 다니고, 많은 책을 읽고 시를 썼다. 육군소년학교 시절에 익히지 못한 교양과 예술을 스스로 익힌 셈이다. 그리고 무엇보다 중요한 것은 최초의 성경험이었다. 어느 연상의 여인과의 풋사랑이었는데 이러한 연상녀와의 사랑은 뒤에 루 살로메를 비롯하여 몇 번이나 재연된다. 그 사랑으로 인해 그는 상업학교를 그만두었다.

이 모든 것은 5년간의 육군소년학교 기숙사 생활과는 그야말로 천양지

■ 　* 김주연(210)과 홀트후젠(26)은 이를 '대학'이라고 하나 지금 우리의 대학이나 유럽의 대학과는 전혀 다른 직업학교에 불과하다.

차의 급변이었다. 처음에 릴케는 분명히 당황했으리라. 그러나 그는 새로운 변화에 능숙하게 적응했고, 이를 위해 과거를 철저히 부정했다. 그 뒤로 릴케가 5년간의 육군소년학교 시절을 악몽으로 저주한 이유다. 이 같은 단절이 평생 이어졌다는 점에서 린츠 시절은 그의 과거와 결별하는 획기적인 시기로 평가된다.

당시 릴케의 이러한 급격한 변화는 히틀러의 변화와 비교될 수 있다. 린츠에서 16세의 릴케는 바그너의 〈리엔치Rienzi〉*를 보고 감격했는데, 그 10여 년 뒤에 히틀러(1889~1945)도 16세에 린츠에서 마찬가지 경험을 했다. 두 사람 모두 당시에서는 보잘것없던 중류 공무원의 아들로 태어나 외톨이로 자라 군대를 경험한 뒤 밥벌이가 되는 직업을 선택하지 않고 시인과 정치인의 길을 가면서 자신을 드러내는 데 뛰어난 기량을 발휘했다. 아니, 이 점에서는 히틀러보다도 릴케가 훨씬 뛰어났다. 이는 앞의 자기소개에서 보았듯이 젊은 시절 잠시 동안이나마 스스로 시저라는 로마 황제의 이름을 자기 이름으로 쓴 사람이 히틀러가 아니라 20세의 릴케였다는 점에서도 분명하게 나타난다. 두 사람 모두 자신의 과거를 고쳐보려 했고, 몇 달간을 나태와 열정으로 번갈아 보낸 급변하는 생활방식을 취한 점도 유사했다. 또 개, 채식, 차를 즐기며 담배를 피우지 않았다는 취미나 기호 면에서도 일치했다. 물론 이는 당시의 유행이기도 했으나 릴케와 히틀러에게는 유독 극심하게 나타났다.

■　　* 바그너에게 첫 성공을 안겨주었던 대작 오페라이다. 14세기 중반 로마의 실제 역사를 기반으로 완성한 〈리엔치〉는 영국의 문호 에드워드 벌워-리튼의 역사소설 『마지막 호민관, 리엔치』를 원작으로 한다.

당시 릴케가 경험한 급변의 하나로 그때 그가 시인으로 일생을 보내겠다고 결심한 것 같다고 보는 견해(홍경호, 편지10)가 있지만 의문이다. 그 전에 그는 지금 우리의 10대처럼 변호사나 의사 같은 유능한 사람이 되고 싶어 했고, 그 후에도 1895년 프라하 대학에 입학해 법학을 공부하기도 했기 때문이다. 따라서 당시를 누구나 사춘기에 경험하는 방황기나 모색기라고 봄이 옳겠다. 시인이 되고 싶기도 했고 다른 직업인이 되고 싶기도 했던 것이다. 적어도 1894년 첫 시집을 내기까지는 그랬을 것 같다.

프라하 시절

19세기 말 20세기 초 오스트리아-헝가리 제국은 빈, 부다페스트, 프라하를 중심으로 엄청난 문화제국을 형성했는데, 릴케는 프라하에서 20대 초반까지 초년 시인으로 활동했으나 그 문화제국의 일원으로 보통 포함되지는 않는다.* 그럼에도 프라하 시절은 릴케의 형성에 대단히 중요했다.

릴케는 1892년 린츠를 떠나 프라하에 와서 1896년 뮌헨에 가기까지 5년 가까이 프라하에서 살았다. 자신이 어린 시절에 떠난 프라하에 16세의 사춘기 소년으로 되돌아와 학생 신분으로 5년을 보낸 것이다. 그곳은 린츠에 비교할 수 없을 정도로 큰 도시였다. 비록 당시 인구는 20만 명을 겨우 넘는 정도였으나 오스트리아-헝가리 제국에서는 빈과 부다페스트

■　 * 이에 대한 가장 표준적인 저서인 빌리 하스, 김두규 옮김, 『세기말과 세기초 벨 에포크』, 까치, 1994와 윌리엄 존스턴, 변학수 외 옮김, 『제국의 종말, 지성의 탄생』, 글항아리, 2008에는 릴케가 중요 인물로 언급되지 않는다.

다음으로 큰 도시였다. 그러나 수도 빈에서와 달리 프라하에서 독일인은 소수 인종에 속했다. 그럼에도 그들은 그곳에서 지배계층을 형성했으나 주민의 다수인 체코인들이 그들의 민족주의를 서서히 주장하기 시작하면서 그들과의 갈등은 차츰 증폭되었다.

그런 가운데 프라하의 독일인들은 점점 고립되었고 특히 독일어로 글을 쓰는 문인들은 그 독자들이 제한되었으며 독일 본국과는 상당히 떨어져 있었기 때문에 기묘한 문학을 낳았다. 즉, 독일적인 것이 아니라 체코적인 향토성을 추구한 문학이었다. 릴케는 뒤에 이를 '언어의 쓰레기들'이라고 불렀으나 릴케 역시 당시에는 그런 쓰레기를 양산했고, 또 그런 체코의 향토적인 요소가 그 뒤 릴케의 문학에서 러시아적인 신이나 반도시적인 묘사 등으로 계속 바뀌어 나타난다는 점에 주목해야 한다. 따라서 그런 향토주의는 실제로 그의 문학세계의 가장 중요한 본질을 형성했다.

당시 릴케가 취한 이러한 태도는 프라하의 문화적 분위기에 능란하게 적응하는 출세주의자나 기회주의자의 태도로 볼 수 있다. 흔히 릴케를 고독한 은자의 이미지로 떠올리지만 그는 대도시에서 출세를 위해 돌진하는 속물적인 문화상인의 수완을 일찍부터 보여주었다. 뒤에서 우리가 보는 여러 귀족, 특히 귀부인들과의 능숙한 사교는 그런 타고난 요령에서 나온 것이었다.

릴케의 이런 면모는 같은 시대 프라하에서 함께 살았던 카프카와는 전혀 다르다. 프라하는 릴케의 고향이라기보다도 카프카의 고향이자 그가 41년이라는 짧은 평생을 산 곳으로 더욱 유명하다. 그는 릴케보다 8년 뒤인 1883년에 태어나 2년 먼저인 1924년에 죽었다. 거의 같은 시대를 산 두 사람 사이에는 교류가 전혀 없었으나 두 사람의 작품에는 유사한 점이 많다. 특히 두 사람 모두 1930년대부터 실존주의의 선구자로 조명된 점이 그렇다.

그러나 카프카와 릴케는 다른 점도 많다. 우선 카프카는 독일계 유대인 출신이었으나 릴케는 순수한 독일계(어머니 쪽에 유대인 핏줄이 있었지만)였다. 그들은 같은 독일계로 독일어를 공통적으로 사용했으나 뿌리는 전혀 달랐다. 사회적 지위도 유대인은 독일인보다 낮아 그들의 위기의식은 독일인의 그것보다 더욱 컸다. 카프카에게 프라하는 평생 증오와 공포의 대상이었으나 릴케에게는 고향의 따뜻함을 상징하는 곳이 되었다는 점을 보아도 그렇다. 이 점이 카프카로 하여금 프라하로 상징되는 권력에 저항하는 작품을 쓰게 한 반면, 릴케에게는 권력에 순응하고 과거의 위대한 전통에 대한 낭만적인 동경을 낳게 한 것이라고 볼 수 있다.(박홍규, 128) 반면 카프카는 릴케 식의 신낭만주의를 도저히 받아들일 수 없었다.

1892년 5월부터 릴케는 부유한 변호사인 백부의 도움으로 프라하에서 대학입학 자격을 얻기 위한 시험 준비에 3년간 몰두해 1895년 시험에 합격한다. 8년 동안 김나지움에서 배울 라틴어와 그리스어를 가정교사 밑에서 마스터한 것이다. 시험 준비를 하는 사이 릴케는 다시 연상녀와 연애를 하고* 여러 편의 시를 썼으나 여전히 유치했다. 그중 자신이 무신론

■   * 김재혁을 비롯한 많은 사람들은 이를 첫사랑이라고 하나 의문이다.(레프만626)

자임을 고백한 「신앙고백」(1893년 4월)이 시로서가 아니라 그의 종교적 전환을 보여주는 점에서 특히 주목된다.

입으로만 경건한 너희 기독교인들은
나를 무신론자라고 부르고
내 곁을 피해 달아난다.(전집6, 100)

릴케가 무신론을 신봉한 것이 1893년인지 그 앞인지는 알 수 없으나 아무리 빨리 보아도 육군소년학교 수료 후 린츠에 나온 뒤일 것임에는 틀림없다. 앞에서 말했듯이 이는 당시 유행한 니체 등의 영향 때문이었으리라. 그러나 뒤에서 보듯이 릴케를 엄밀한 의미에서 무신론자라고 보기는 어렵고 범신론자라고 함이 옳다. 물론 그 범신론이라고 하는 것도 모든 사물과 존재에 대해 신을 인정하는 것이 아니라 귀족이나 영웅이나 장미 등 릴케가 좋아한 대상에 대해서만 신이 있다고 인정한 꽤나 기이한 것이기는 했지만 말이다. 그러나 그 점은 아직 프라하 시절 분명히 나타나지는 않았다. 반면 니체가 견지한 군국주의나 전통주의가 프라하 시절의 릴케에게도 여전히 유지되었음을 다음 몇 편의 시에서 확인할 수 있다. 먼저 애인에게 바친 1894년의 첫 시집 『삶과 노래*Leben und Lieder. Bilder und Tagebuchblätter*』 중 「늙은 상이군인」에서 릴케는 전쟁의 용감한 병사였던 늙은 상이군인이 손풍금을 켜며 떠돌아다니다 손자의 행진곡 연주를 들으며 죽는 모습을 그린다.

그때 그 노인은 그곳에서

마치 그 옛날 대열을 맞출 때처럼 서 있네.

"이제 나는 고향의 아버지에게 돌아가네.

우리를 승리로 이끄신 아버지에게!"

그는 한창 변용된 명랑한 목소리로

경례자세를 취하면서 외쳤네.

그리고 그 외침이 나지막하게,

나지막하게 잦아들자,

그는 자랑스럽게 외치네. "제가

당신에게 갑니다. 장군님!"

그 순간 노인은 땅으로 사라지네.(전집5, 14)

이런 군국주의적 할아버지와 함께 릴케는 같은 시집의 「할머니가 이야기하시면」에서 다음과 같은 전통적인 할머니 이야기를 찬양한다. 군인인 할아버지의 짝을 이루는 인자한 할머니다.

할머니가 이야기를 시작하면,

야! 그때 우리 뺨들은 빛나고

우리의 영혼은 새로이 충족되었지.

근면과 미풍양속에 관해서,

우리는 끊임없이

할머니가 이야기해주시길

청해도 되었으니까.(전집5, 38)

릴케는 그러한 조부 밑에서 자란 인간을 같은 시집의 「파편」에서 다음과 같이 천재와 위대한 사나이로 노래한다.

> 인간을 이해하는 고귀한 사람들은 한탄하네.
> 천재는 언제나 몰락하기 마련이라고!
> 아니다! 시대가 위대한 사나이를 만들지 않고
> 사나이가 위대한 시대를 창조한다!(전집5, 35)

당시 릴케가 쓴 모든 시가 군국주의적이거나 보수·전통적이거나 남성주의적인 영웅 찬양시는 아니었고 도리어 연애시가 더 많았음이 사실이다. 그러나 나는 이 책에서 강조하는 릴케 시의 근본을 영웅시라고 보기 때문에 그 토대가 되는 이런 시들이 갖는 의의를 무시할 수 없다. 이런 릴케 시의 근본 체질은 그가 죽을 때까지 변하지 않았으나 당시 그가 쓴 시는 여전히 유치했다. 앞의 시들과 마찬가지로 말이다.

영웅주의

지금까지 본 릴케의 몇몇 시는 요컨대 영웅주의의 산물이다. 그리고 앞으로 볼 릴케의 모든 시도 마찬가지로 영웅주의의 산물이다. 따라서 나는 영웅주의를 릴케의 본질이라고 본다. 내 평생 릴케를 영웅주의자라고 본 사람은 없기 때문에 릴케를 사랑하는 수많은 사람들이 나의 견해에 반발하리라. 그러나 위의 몇 시만 보더라도 그가 영웅주의자인 것이 분명하지 않은가? 물론 릴케를 사랑하는 사람들은 그들이 좋아하는 릴케의 사랑시나 장미시를 내걸고는 그를 사랑의 시인, 장미의 시인이라고 하리라. 그러나 나는 그 사랑도 영웅의 사랑이라고 본다. 장미도 영웅의 장미라고 본다.

물론 영웅주의는 릴케만의 전매특허가 아니다. 모든 나라에는 영웅의 전설이 있다. 그리스 로마 신화도 영웅 전설이다. 그러나 독일어권만큼 영웅주의가 지독한 나라가 또 있을까? 그 단적인 보기가 1914년 제1차 세계대전이 터진 몇 달 뒤에 벌어진 영국과의 전투에서 숨진 14만 5천 명 이상의 독일 지원병이리라. 그들 대부분은 대학을 다니며 가입한 애국청년단체에 속한 청년들이었다. 그들은 거의 모두 다 죽으리라는 각오 아래 독일 국가를 부르며 행진했다고 당시의 선전문은 말한다. 거기에는 1백 년 전 나폴레옹 전쟁 중에 쓰인 "행복은 오로지 희생적인 죽음 위에 있다"라는 시가 자주 인용되었다. 바로 3장에서 볼 『기수 크리스토프 릴케의 사랑과 죽음의 노래』의 주제다. 당시의 청년들은 그 책을 애독하고, 그 책을 무거운 배낭 속에 넣고 전장으로 갔다.

그러나 그 주제의 역사는 길다. 전 유럽을 황폐화시킨 7년 전쟁 (1756~1763)* 후 계몽주의 수학자 토머스 아프트는 「조국을 위해 죽는 것」

---

* 1756~1763년에 오스트리아와 프로이센이 슐레지엔 영유권을 놓고 벌인 전쟁. 프로이센은 슐레지엔을 차지하였으며, 프로이센을 지원한 영국은 오스트리아를 지원한 프랑스와의 식민지 전쟁에서 이겨 캐나다와 인도를 얻었다.

이라는 제목의 글에서 "죽음의 기쁨, 그것은 우리의 혼을 유폐된 여왕의 절규처럼 부른다. 죽음의 기쁨, 그것은 최후로 우리의 혈관으로부터 고통 받는 아버지 조국에 피를 집어넣는 것이다. 조국의 대지가 그것을 받아 들여 다시 살 수 있도록"*이라고 말한다. 18세기 독일의 계몽주의자들은 프랑스 계몽주의자들과 달리 국가주의적 군사주의자들이었고, 그 뒤를 이은 19세기 독일의 이상주의자들도 마찬가지였다. 그들에 적대적이었던 독일 낭만주의의 경우에는 두말할 필요 없이 군사주의적 국가주의를 더욱더 강화했다.

전쟁에서 죽음을 무릅쓴다는 국가주의적 영웅주의는 일본의 사무라 이정신 내지 가미카제 특공대에서 그 전형을 볼 수 있다. 전제는 물론 천황숭배다. 그러나 일본의 천황숭배나 사무라이정신이란 실제로 일본의 전통이라기보다 19세기에 날조된 것이다. 당시 일본 학자들은 서양을 모방하면서 서양에서 기독교가 유럽 여러 나라의 국교인 점을 들어 일본에도 국가신도가 필요하다고 주장하여, 그 전에는 자연의 여러 사물처럼 정령신앙의 대상에 불과했던 천황을 유일신으로 숭배하는 종교로 날조했다. 그리고 국민은 천황을 위해 죽어야 한다는 군인 칙유(勅諭)가 날조됐다.

이러한 영웅주의는 전쟁에서 그 힘을 발휘하지만 영웅의 죽음을 정당화하는 명분이 없이는 불가능했다. 18~19세기 독일에서 독일은 정신문화이며 그 적들은 물질문명으로 구분하는 경향이 거세졌던 것처럼 19~20

■　*　Gordon Craig, The Germans, Penguin, 1991, p.234에서 인용.

세기까지 일본에서는 제2차 세계대전이 기계물질문화와 민주주의 및 개인주의 등에 의해 타락한 서양(특히 미국)을 물리치고 일본을 비롯한 동양의 정신문화와 국가주의 및 집단주의가 동양은 물론 서양을 포함한 전 세계에 새로운 질서를 수립하는 것이라는 주장이 나타났다. 즉, 일본의 피와 서양의 지(知)의 전쟁이라고 주장하면서 일본의 피로 수백만 명의 죽음을 요구한 것이다.

첫 시집 『가신에게 바치는 제물』

릴케의 첫 시집은 1894년에 낸 『삶과 노래』이지만, 그것은 『릴케전집』에 첫 시집으로 나와 있지 않고, 그 이듬해 낸 『가신에게 바치는 제물』을 『릴케전집』에서는 첫 시집이라고 한다. 이상한 일이지만 이는 릴케 자신 그 첫 시집이 "스스로 가장 수긍할 수 없다"(전집13, 275)고 하고, "다시 출판되지 않기를 바란"(전집13, 291)다고 말한 탓인지 모른다. 그러나 그렇다고 해서 릴케 사후의 『전집』을 그렇게 편찬한다는 것은 아무래도 이상하다. 아예 『삶과 노래』를 『전집』에서 빼어버린다면 모르지만 말이다. 반면 릴케는 『가신에게 바치는 제물』에 대해서 다음과 같이 자신 있게 상업적인 선전까지 했다.

이 작품이 지닌 힘의 강력한 뿌리는 보헤미아에 있으며, 그것은 일반인의 흥미를 끄는 데까지 폭넓게 위로 솟아 있습니다. 그리고 화려한 장정이라 특별히 선물하는 데 적합합니다.(전집13, 277)

여기서 가신(家神)이란 옛 로마인들이 섬긴 가정과 향토의 보호신으로서 체코 보헤미아를 지켜주는 신을 말한다. 가신이란 표현은 "이 시집의 민중 및 향토와의 연관성을 상징"하고 과거 로마인들처럼 시인은 향토와 민중에게 시를 공물로 바친다고 보는 견해(김재혁, 레프만35-636)가 있다. 여기서 '민중'이라는 말에는 주의해야 한다. 그것은 우리가 흔히 말하듯이 가난한 일반 서민들을 뜻하는 것이 아니라 도리어 '민족' 내지 '향토민'이라는 의미에 가깝기 때문이다. 즉, 그 시집에 실린 시들은 대부분 프라하를 비롯한 보헤미아의 풍경과 체코의 역사 및 인물, 그리고 '백성'의 삶을 순박한 향토 찬양의 입장에서 노래한 것들이다. 「나라와 백성」에 나오는 다음 구절을 보자.

하느님은 오두막들도 마련해주었고, 우리마다
양들이 가득했네. 처녀들은 건강한 나머지
코르셋이 터질 지경이고.

하느님은 씩씩한 청년들의 거친
주먹에는 힘을 쥐어주셨고,
심장에는 고향의 노래를 심어주셨네.(전집1, 30)

릴케의 초기 시 중에서 가장 유명한 「민중의 노래」라는 제목으로 번역된 다음 시도 마찬가지로 「백성의 노래」라고 할 만하다.

내 마음 이토록 사로잡는

보헤미아 사람들의 노랫소리,

가슴에 살며시 파고들면

이 마음 울적해지네.

감자 캐던 아이 나직이

노래 부르면, 그 소리

그윽한 한밤중 그대

꿈결에도 울리리.

멀리 타향으로 그대

떠나가 수많은

세월이 흐른다 해도 그 노래

언제나 귓가에 맴돌리.(전집1, 51)

『가신에게 바치는 제물』과 거의 동시에 릴케는 『치커리』라는 소책자를 발간해 무료로 사람들에게 나누어준다. 그 서문에서 릴케는 "너희는 너희의 작품들을 값싼 판본으로 내놓음으로써 부자들의 구매를 쉽게 만든다. 가난한 사람에게는 너희가 도움이 되지 않는다. 가난한 사람들에게는 모든 것이 너무 비싸다"라고 하면서 부자를 상대로 한 문인들을 비난한다. 이는 『가신에게 바치는 제물』이 "화려한 장정이라 특별히 선물하는 데 적합"하다고 한 것과 모순된 것으로 보이지만, 더욱 중요한 문제는 그것이 아니라 『치커리』에 나오는 시들이 과연 가난한 사람들을 위한 시인가 하는 점이다. 그 첫 시도 「민중의 노래」라는 제목으로 번역되어 있는데 여기서 민중이란 번역어도 '백성' 정도로 이해함이 적절해 보인다. 시골 고향의 서정을 노래한 다음 시를 보아도 알 수 있다.

> 사랑과 고향의 아름다움이
> 손에 쥔 바이올린 활을 누르면
> 시골에 내리는 꽃비처럼
> 은은한 소리가 졸졸 흐르네.(전집5, 137)

릴케 작품에 드러난 민중 멸시와 현실 도피

이처럼 『가신에게 바치는 제물』이나 『치커리』에 나오는 시들은 대부분 유치한 고향 찬양 투의 민요시들이지만 릴케를 이해하는 데 더욱 중요한 점은 거기에 나타나는 민중 멸시의 요소들이다. 먼저 『가신에게 바치는 제물』에 있는 「건축물」을 읽어보자.

> 틀에 박힌 현대의 건축 양식이
> 나는 정말 싫어.
> 여기 이 오래된 집은
> 넓고 여유 있는 석조 테라스와
> 작고 은밀한 발코니를 품을 수 있어.

그리고 크고 둥근 천장은

소리들과, 벽에 만들어진 주위의

벽감들에 정말 잘 어울리고,

그곳에서는 다정한 황혼의

팔들이 너를 향해 뻗쳐오네.

모든 장벽들은 더 두껍고 튼튼하며,

진짜 마름돌의 심으로 되어 있네.

정말이지, 등골 오싹함을 배울 것만 같네.

이 조그맣고 조용한 돌출창에서

임대 연립주택을 내려다보노라면.(전집1, 17-18)

시인은 오래된 집을 찬양하면서 그 밑으로 보이는 임대 연립주택에 등골이 오싹해진다고 느낀다. 이러한 태도는 릴케가 뒤에 파리나 이탈리아, 러시아와 북독일, 북아프리카와 스페인을 여행하면서 보게 되는 거대한 신전이나 스핑크스 등에 대한 찬양으로 이어짐과 동시에 파리를 비롯한 대도시의 서민주택이나 공공건물에 대한 혐오와 짝을 맞추게 된다. 즉, 릴케 시의 중요한 주제의 하나인 도시 혐오다.

또한 시인은 「야만인들」이란 제목의 시에서 바로크시기에 지어진 궁전을 "임대 아파트 단지에 자리를 내놔야 할 운명"이라며 개탄하고 "속된 무리들이 그곳을 덮치고 있"다고 탄식한다.(전집1, 56) 또한 시인은 「돌출창이 있는 구석방에서」라는 제목의 시에서 "일상의 번잡한 일들을 보지 않으려", "그 오래고 오랜 집으로 도망"치고 "더 이상 바깥을 내다보지 않"는다(전집1, 22)고 노래한다. 그래서 시인은 「의심스런 경우엔」에서 당시의 체코민족과 독일민족의 투쟁에 대해서도 다음과 같은 애매한 태도를 보인다.

민족들끼리 싸우는 거친 소리는

내게 한마디도 들리지 않네.

나는 그 어느 편에도 서지 않으리.

정의는 이쪽에도 저쪽에도 있지 않으니까.(전집1, 55)

또한 「자유의 메아리」에서 시인은 법률을 파괴하라고 외치는 투쟁의 시인들을 "그들의 요설로는 그대들을 위한/ 어떤 미래도 지을 수가 없다", "그대들을 행동으로 몰아대는/ 불에서는 무엇이 남겠는가"라고 비판한다.(전집1, 59-60) 여기서 우리는 현실로부터 도피하는 전형적인 시인을 본다. 그러나 이처럼 혁명에 반대하는 릴케가 전쟁만은 찬양한다. 「30년 전쟁에서」에 나오는 '전쟁'은 다음과 같이 시작한다.

세상이 너무나 캄캄해진 까닭에,

사람들은 마을들을 태워 불 밝혔지!

세상이 다시 잿빛이 되자, 사람들은

살인으로 세상을 붉게 물들인다네!(전집1, 67)

이 시집에는 노동자를 노래하는 시가 단 한 편 등장하지만 다음에서 보듯이 그 내용은 그들의 힘겨운 모습을 경멸적으로 묘사하는 데 그치고 있다. 제목인 「스미호프 뒤편에서」의 스미호프란 프라하 교외의 공장지대로 릴케 같은 독일계가 아니라 체코인들이 살던 곳이다.

공장에서 나온 남자와 여자 직공들이
뜨거운 저녁 저편으로 사라져가네.
좁고 활기 없는 이마에는 땀과 그을음이
그들의 생활고를 아로새겨주고 있네.

그들의 몸짓은 흐느적거리고, 눈빛은
흐릿하네. 무거운 신발을 질질 끌며
길을 따라 걸어가면 먼지가 일고, 끊임없는
포효가 그들의 등 뒤에서 운명처럼 울리네.(전집1, 60-61)

이처럼 노동자를 경멸한 릴케가 쓴 시들이 노동자에게 환영을 받을 리 없다. 이를 릴케 자신도 알고 있었다. 그는 『치커리』 2집 후기에서 스스로 다음과 같이 말한다.

평민계급의 친구인 너는 나를 올려다보며 말한다. "자네는 약속을 지키지 않았어. 『치커리』 1권에서 자네는 우리에게 빛과 위안을 주겠다고 약속하고는 여기에서 우리에게 밤과 슬픔을 그리고 있지 않아?"

나는 답변한다. "평민 출신의 친구, 아주 짧은 이야기를 하나 들어보게. 외로운 두 개의 영혼이 세상에서 만났지. 하나의 영혼이 원망을 쏟아내며, 다른 영혼에게 자신을 위로하도록 간청하네. 그러자 낯선 영혼이 조용히 몸을 굽히고 속삭이는 거야. '나도 밤 같은 세상을 살고 있어'라고 말이야." … 이것이 위안이 아닐까? …(전집13, 281)

그러나 그것이 과연 가난한 사람들에게 위안이 되었을까? 릴케는 평생 자신의 시가 가난한 사람들에게도 위안이 되었을 거라고 착각했는지도 모른다. 물론 그 자신은 결코 가난한 사람들이 아니라 부유한 귀족들과 함께 살면서, 아니 그들에게 얹혀살았지만 말이다. 이처럼 노동자를 경멸하는 그의 인생관이나 예술관도 일찍부터 형성되어 그의 평생을 지배했다.

니체의 영향

릴케의 초기 시에 나타나는 보헤미안 정서는 니체의 영향이었다. 이는 릴케가 1895년에 쓴 「뵈멘 지방을 산책한 날들」에서 볼 수 있다. 뵈멘이란 보헤미안의 별칭이다. 릴케는 먼저 "귀족 가문의 태고적 성"(전집11, 18)에 대해 말한 뒤 그런 특이한 탐사를 한 이유를 다음과 같이 설명했다.

청백색(슈바르첸베르크 가문의 색)의 울타리 뒤에서 성장을 한 보병의 경호. 그들은 푸른색 단과 끈이 달린 검정 제복을 입고, 가슴 위로 엇갈리는 하

얀 가죽 장구와—듣기로는— 구식 장총을 들고 있습니다!(전집11, 19)

이하 그런 류의 귀족을 찬양하는 설명이 장황하게 이어지는데, 굳이 여기에 인용할 필요는 없으리라. 그러나 그가 니체를 언급하는 다음 부분만은 인용할 필요가 있다.

나는 니체가 '역사적'이라고 부른 그 사람들의 그룹에 속한다. 즉 현재는 나를 추위에 떨게 하니까 태양처럼 따뜻한 과거로 내 눈길을 돌린다. 이런 과거의 무대가 보헤미안 북부다.(전집11, 24)

여기서 니체가 '역사적'이라고 한 것은 그의 『반시대적 고찰』에서 삶을 '역사적인 것'과 '비역사적인 것'으로 나누고, '역사적인 것'을 과거의 문화유산 없이 인간으로서의 삶은 성립하지 못한다고 말한 것을 뜻한다. 그러나 릴케의 니체 언급보다 더 중요한 니체의 영향은 릴케의 귀족주의다.

이를 보여주는 작품이 1896년 릴케가 쓴 「사도(師道)」라는 산문이다. 「스승의 길」로 번역되어도 충분한데 왜 이렇게 어렵게 번역하는지 알 수 없으나 릴케가 말하는 스승의 길이란 다음과 같은 것이라는 점에 주목할 필요가 있다. 즉, 대화재 희생자들을 위한 모금 자리에서 그들을 돕는 것을 거부한 자가 말하는 다음의 '스승의 길'은 당시 릴케가 니체 류의 초인사상과 다윈 류의 적자생존 법칙에 젖어 있음을 여실히 보여준다.

만약 우리가 우리의 힘을 가련한 자, 억압받는 자, 게으른 자, 어리석고, 돈

없는 무뢰한에게 빌려준다면, 우리는 도대체 어떻게 위로 올라가야 한다는 말입니까?(전집8, 68)

나는 1장에서 한국의 전봉건이 릴케의 사랑을 인인애라고 말한 것이 릴케에 대한 오해에서 나온 것이라고 했다. 릴케는 전쟁과 영웅과 귀족을 찬양했어도 인인애나 인류애 같은 것을 찬양한 적이 없다. 반대로 그는 다윈 류의 적자생존을 철저히 믿었다. 다음 글에서 이를 확인할 수 있다.

> 만약 우리의 조상이 자연적 본능을 그대로 사는 야생동물인 원숭이였다면 (…) 결코 더 나은 발전으로 나아가지는 못할 것입니다. 흐리멍덩하게 이것저것 많이 생각하는 대중은 결코 진보할 수 없습니다. 단지 '한 사람'이, 보잘것없는 무딘 본능을 지닌 미천한 대중들이 증오하는 위대한 자만이 신적인 힘과 승리를 쟁취하고 미소 지으며, 자신의 의지로 단호하게 길을 나아갈 수 있습니다.(전집8, 69)

여기서 우리는 다윈 류의 적자생존설이나 니체 류의 힘에의 의지가 젊은 릴케에게 분명히 나타남을 알 수 있다. 이 같은 정글의 법칙을 믿는 릴케는 다음과 같이 소리 높여 외친다.

> 그대들의 옆 사람들은 오른쪽과 왼쪽으로 쓰러지고 있어요. 쇠약함, 질병, 부도덕, 광기로 인해 쓰러지고 있단 말이요! (…) 그리고 끔찍한 운명이 내

뱉는 총알이라는 것에 그들이 쓰러지게 내버려두시오! 그들이 홀로 가련하게 죽게 내버려두시오. 강해지시오. 두려움을 주시오. 용납하지 마시오. 그대들은 앞으로, 앞으로 가야할지니!(전집8, 70)

그런 다음 릴케는 다음과 같이 강자의 제국을 철저히 수긍하며 결론을 맺는다.

강한 자만이 살 권리가 있는 법. 강한 자는 나아가리니… 앞으로… 그러면 그 대열은 눈에 띄게 될 것이오. 그러나 빛나는 눈으로 새로운 약속의 땅에 다다르게 되는 위대한 자, 힘 있는 자, 신적인 자는 얼마 되지 않을 것이오. 아마도 천년 후에야 비로소 그들은 힘세고 강인하고 억센 팔로 병든 자, 약한 자, 불구자의 시체 위에 제국을 건설하게 될 것입니다. …영원한 제국을!(전집8, 70)

「사도」에는 니체 류의 초인철학이 분명히 나타난다. 릴케는 이미 10대에 그런 초인철학, 강자철학에 매료되었고 그것이 그의 평생을 지배했다. 비슷한 시기에 쓴 「죽음의 무도-우리 시대의 황혼녘 스케치」에서도 비슷한 구절을 읽을 수 있다.

제 마음속에는 위대한 것, 강한 것, 특별한 것에 대한 충동이 있습니다! 저는 이미 소년 시절부터 항상 이 충동을 느껴 왔습니다.(전집8, 81)

그런데 이 충동이라는 것이 다음과 같은 범죄의 충동으로 나타나는 점은 매우 끔찍하다. 다음 인용에서 보듯이 당대에 가장 약한 노동자는 예외라고 하지만, 이는 노동자를 존중해서가 아니라 그들은 죽일 가치조차 없는 허약한 존재라고 하는 이유에서 그렇게 생각한다는 점에 주의해야 한다.

> 저는 종종 범죄를 저지를 뻔했습니다. 저의 이 끔찍한 회색빛 삶에 어떤 사건을 어떻게 해서든 끌어들이고 싶었기 때문입니다! (…) 이따금 저는 주머니에 권총을 넣고 외출하기도 했습니다. 하지만 그런 날에는 쏴 죽이기 싫은 사람들만 만나는 것이었습니다. 거미줄에 걸려 있는 거미처럼 불쌍하고도 힘겹게 삶에 붙들려 있는 위축된 작은 사람들, 또 살 권리를 지니고 있는 거친 손과 검게 그을린 이마를 한 굳센 노동자들 말입니다.(전집 8, 86)

1895년 겨울 학기부터 릴케는 프라하 대학에서 미술사, 문학사, 철학 등을 공부하고 이듬해에는 법학부로 옮겼으나 대학생활보다는 문학 활동에 치중했다. 그럼에도 프라하를 떠나야 했을 정도로 프라하 생활은 무료하기 짝이 없었다. 앞에서 잠깐 언급한 『에발트 트라기』에서 릴케는 아버지를 비롯한 가족 모두가 시인인 자신을 부끄러워한다고 썼다. 그들은 "시인은 사회적 지위도 없고 수입도 없고 사회의 어느 등급에도 속하지 않으며 연금을 탈 권리도 없다. 요컨대 시인이라는 것은 살아가는 것과는 전혀 관계가 없다"(전집8, 159)라고 말했다. 이에 대해 그는 다음과 같이 반발한다. "저는 제 자신의 입법자이자 제왕입니다. 저 외에 아무도 저를 지배하고 있지 않습니다. 하느님도 그러지 못합니다."(전집8, 161) 즉, 시인은 절대자라는 것이다. 이러한 릴케의 인생관은 적어도 『에발트 트라기』를 쓴 1898년 이전에 형성되었다고 볼 수 있다. 나는 그것이 그로 하여금 프라하에서 뮌헨으로 떠나게 한 동기였다고 본다. 이는 흔히들 그러한 인생관이 1902년 파리에서 로댕을 만난 뒤 형성되었다고 본 것과 다르다. 이는 로댕의 영향력을 너무 과장하는 프랑스적 태도가 아닐까 생각한다.

3장

청년 귀족

뮌헨 시절

1896년 겨울, 21세의 릴케는 시인이 되어서는 절대로 안 된다고 하는 부친의 강요와 자신의 시를 알아주지 못하는 프라하를 탈출하다시피 떠나 그곳보다는 선진이라고 생각한 독일의 뮌헨으로 간다. 릴케로서는 최초로 자신의 운명을 창조하기 위해 주체적인 시도를 감행한 것이다. 부모에 의해 결정된 조국과 고향에서의 삶을 벗어나 혼자 타향에서 새로운 삶을 만들어가려는 청년의 의지가 꿈틀거리는 청년기의 시작인 셈이었다.

나는 그 탈출을 백마를 탄 귀족 영웅을 묘사한 1899년의 『기수 크리스토프 릴케의 사랑과 죽음의 노래』에서 읽는 놀라운 속도감으로 느낀다. 이제 그는 확실히 한 사람의 시인으로 출발하여 말을 달리기 시작한다. 그 뒤 25년이 지난 1921년 그는 어느 편지에서 다음과 같이 말한다.

그 당시 저의 부친은 제가 작정을 했던 예술을 부업으로나 하라고 저를 설득했습니다. 즉 장교나 법률가의 직업을 가지라고 말입니다. 물론 저는 완강하고 끈질기게 거부할 수밖에 없었습니다. 그것은 우리가 살았던 오스트리아라는 환경과 내가 성장한 아주 편협한 환경에 전적으로 그 원인이 있었습니다. (…) 저는 그저 무엇인가 시작만이라도 하기 위해서는 고향과 가정이라는 조건으로부터 완전히 떨어져 나가야 했습니다.(홀트후젠, 27-28)

이처럼 뮌헨 행은 릴케 삶의 새로운 전환기였다. 그 이듬해 만난 살로메에게 릴케는 다음과 같이 쓴다.

요즘 나는 거대한 변화를 겪고 있는 듯한 기분이고, 그래서 스스로 자문하고 있는 중이오. 나는 새로운 시대로 들어서고 있는 듯하오. 나는 너무 오랫동안 늑장을 부렸고 이제야 유약하게 키워진 유년의 정원에서 빠져나온 듯하오.(살로메, 25)

뮌헨으로의 탈출은 시골 프라하에서의 탈출이자 『가신에게 바치는 제물』이나 『치커리』에 쓴 대부분 유치한 고향 찬양 류의 민요시들로부터의 탈출이기도 했다. 그래서 릴케는 앞의 『에발트 트라기』에서 보았듯이 꿈속의 왕이자 절대자인 시인을 꿈꾸는 주관주의로 완전히 돌아선다.

뮌헨 대학으로 가서 릴케는 두 학기 동안 르네상스 예술사, 미학, 다윈 이론 등을 공부했으나 프라하 대학 시절처럼 역시 공부보다는 문학에 열중했다. 당시 뮌헨은 독일문학의 중심지로서 전통문학에 대한 여러 가지 반항이 모색되고 있었으나 릴케는 그 어느 것과도 거리를 두고 타고난 보수적 취향과 귀족적 태도를 견지했다. 당시 그가 쓴 시도 여학생 취향의 유치한 것들뿐이다. 1897년에 낸 시집 『꿈의 왕관을 쓰고 *Traumgekrönt. Neue Gedichte*』에서 몇 작품을 읽어보자. "소녀의 크리스마스 선물 탁자에 놓을 책"이라는 선전 문구답게 이 시집에는 우리가 익히 아는 「사랑하기」도 포함되어 있다.

사랑이 네게로 어떻게 왔는가?
햇살처럼 왔는가, 꽃눈발처럼 왔는가,
기도처럼 왔는가? 말해다오.

행복이 하늘에서 반짝이며 내려와
커다란 모습으로 날개를 접고
피어나는 나의 영혼에 매달렸다···(전집1, 111)

나는 솔직히 말해 이 유치한 사랑시가 왜 그리 우리나라에 인기가 있는지 이해하기 어렵다. 이런 사랑의 시를 쓰는 시인이 동시에 노골적으로 민중을 배척했다는 사실엔 주목하지 않은 채 말이다. 같은 시집의 「꿈꾸기」 X에 나오는 첫 구절을 읽어보자.

민중이, 수벌처럼 게으른 민중이
몸에 밴 걸음걸이로 걸어갈 때,

나는 하얀 산책로를 따라서

꽃향기 나는 사냥터를 거닐고 싶다.

신처럼 진지하고 고독한 모습으로.(전집1, 100)

위 시구에는 릴케가 이상적으로 본 시인의 모습이 나타난다. 게으른 민중과 달리 시인은 진지하고 고독한 신이 되고 싶어 한다. 숱한 여성의 사랑을 받는 신이 되고 싶어 한다. 그중 하나가 루 살로메였다.

루 살로메

1897년 5월, 22세의 릴케는 친구 집에서 36세의 루 살로메를 만나자마자 즉각 그녀에게 구애를 했다. 러시아의 귀족 가문에서 태어난 그녀는 이미 니체를 비롯한 많은 남자들과 여자들의 사랑을 받은 지적인 양성애 여인이었다. 1882년 니체는 로마에서 21세의 살로메에게 청혼을 했으나 그녀는 거부했다. 니체는 그 뒤에도 살로메와 친밀한 관계를 유지했고 그 시기는 니체에게 가장 아름다운 시기였으나, 그것도 1년 반 뒤에 끝났다. 그 후 살로메가 니체의 친구와 5년간 동거했기 때문이다. 그럼에도 몇 년 뒤 니체는 말했다. "루는 내가 알았던 가장 영리한 인간이었다."(레프만, 126) 그러나 영리한 것만은 아니었다. 니체의 친구에 의하면 그녀는 "몸 매가 아주 뛰어나고 고대 로마인의 얼굴 표정을 한 금발의 여인"으로 "도 덕적인 면에서나 지적인 면에서나 생각할 수 있는 가장 극단적인 지평까 지 모험하는 대담한" 생각을 지닌 '정신과 감정의 천재'였다.(레프만, 129)

루 살로메

그런 여인을 본 적이 없는 나로서는 상상하기 힘든 여성이지만 여하튼 재색을 겸비했던 모양이다.

그래서인지 그녀는 많은 사랑을 경험한다. 심지어 결혼하고서도 많은 외도를 했다. 살로메는 25세 때 41세의 동양학 교수와 결혼했다. 그가 청혼을 거부당하자 자기 가슴을 칼로 찌르는 자해행위를 했기 때문이었다. 그러나 남편에게는 '우정'만을 허용하되 다른 여자와의 사랑을 허용하고, 대신 자신은 다른 남자와 '사랑'하는 것을 허용한다는 조건을 걸었다. 그녀는 이러한 조건을 빌미로 남편이 죽을 때까지 부부로 지내면서 많은 남자, 그 대부분은 연하인 남자들, 그리고 여자들과 자유롭게 사랑했다. 그리고 남편이 가정부에게서 딸을 얻게 했다.

살로메와의 4년간의 사랑을 통해 릴케는 종래의 과대망상과 열등감을 누르고 문단을 쏘다니던 속물에서 벗어나 몇 달이나 혼자 지낼 수 있는 참된 시인으로 성장한다. 그때까지는 배경에 불과했던 자연을 깊이 경험하게 되었고, 소박한 채식과 맨발로 걷기를 즐기게 되었다. 그녀의 영향이 얼마나 컸는가는 그가 그해 9월부터 세례명 르네를 버리고 독일식으로 라이너로 기명한 것과 필체가 살로메의 것과 같이 우아하게 바뀐 점으로도 알 수 있다. 특히 릴케는 살로메와의 관계를 통해 성적으로도 완전히 해방되었다.(레프만, 135-136) 아마도 더 큰 영향은 살로메처럼 모든 여자를 자유롭게 사랑하게 된 것이었는지도 모른다.

1897년 10월에 살로메가 남편과 함께 베를린으로 돌아가자 릴케도 그곳으로 떠났다. 그리고 피렌체와 러시아를 여행하기 위해 이탈리아어와 러시아어를 배우고 베를린 대학에서 예술사 강의를 들었다.

릴케의 초기 예술론

1897년 11월, 릴케는 「다음 그리고 어제」라는 글에서 초기 예술론의 중요한 명제들을 보여준다. 그중에서 눈에 띄는 것은 "현대 작가는 언어에 대한 믿음을 잃어버렸다"(전집11, 87)라는 명제다.

> 그러면서 그는, 어떻게 언어가 삶의 물물교환 거래 속에서 재래의 통화로
> 유효한가를, 언어에서 생각해본다. 예를 들어 시에서는, 스스로 배경과 영
> 광과 깊이를 주어야 하는 시인의 언어는 이런 소액 화폐와는 정말 아무것
> 도 공유하지 않는다.(전집11, 87)

릴케는 현대 자본주의 사회에서는 언어가 단순히 일상적인 삶의 소통수단으로 전락하고 거기에는 영혼이 끼어들 자리가 없어졌다고 하면서 다음과 같이 노래한다.

> 나는 인간들의 말이 너무 두려워.
> 그들은 모든 것을 그토록 분명하게 표현하지.
> 이것은 개, 저것은 집이며,
> 여기가 시작이고, 저기가 끝이라고.
>
> 그들이 부여하는 의미, 그 조롱 섞인 유희가 날 불안하게 해.
> (…)
> 난 항상 경고하며 지지하고파. 멀리 떨어져 있으라고.

사물들이 노래하는 것을 난 듣고 싶어.

너희들의 손이 닿으면 사물들은 굳어버리고 침묵해.

너희들은 나의 모든 사물들을 죽이고 있지.(김창준, 17)

여기서 우리는 릴케가 사물에 대해 언급함을 주목해야 한다. 그의 사물시라는 것이 1902년 파리에서 로댕을 만나서 난 뒤에 형성되었다고 보는 견해가 일반적이지만, 이미 그 4년 전에 그것은 나름대로 태동한 것이다.

1898년 3월, 릴케가 '현대 서정시'라는 제목으로 프라하에서 한 강연에서도 이러한 초기 문학관이 잘 나타난다. 그는 현대 서정시가 "스쳐가는 사건들의 홍수 속에서 자기 자신을 찾으려는 개인들의 첫 번째 시도"이자 "대낮의 소란스러움 한가운데서 자신의 존재의 가장 깊은 고독 속으로까지 귀를 기울이는 첫 번째 노력"으로서 1292년의 단테로부터 시작되었고 주장한다. 릴케는 특히 단테가 귀족이었음을 강조한다.(전집11, 100) 뒤에 릴케는 두이노의 성에서 살 때 그곳에 단테가 다녀갔다는 표지로 남아 있는 단테의 바위에 자주 앉아 있곤 했다.

이어 릴케는 "예술은 목적이 아니라 다만 하나의 길"이고(전집11, 101) 예술을 목적으로 보는 것은 "낮의 마지막으로 관심을 가장 끄는 현상들에 불안해하며 집착하고, 전쟁을, 왕을 예찬"하는 저널리즘이지 예술은 아니라고 한다.(전집11, 102) 릴케는 예술을 목적으로 보는 톨스토이의 견해를 몇 달 뒤에 쓴 「예술에 대하여」에서 비판한다. 그러나 톨스토이는 전쟁과 왕을 예찬하지 않았다. 도리어 릴케가 그것들을 예찬했다.

「예술에 대하여」는 톨스토이가 1897년에 쓴 『예술이란 무엇인가』에 대한 릴케의 반발이다. 릴케는 예술의 본질은 톨스토이가 말하듯이 주변 세계나 후세에 영향을 미치는 데 있지 않고 단순히 존재하는 데 있으며, 모든 예술은 그 자체가 목적이라고 주장했다. 뒤에 릴케는 톨스토이가 윤리적이고 종교적인 영향력이 없는 예술을 무가치하다고 본 것을 '치욕적이고 어리석은 짓'이라고 비난했다. 대신 예술작품을 다음과 같이 설명한다.

> 예술작품이란 회상, 체험, 또는 사건이라는 구실을 통해서 자기 모습을 드러내는 깊은 내면의 고백이라고 설명될 수 있다. 그것은 작가에게서 떨쳐 나와서 스스로 존립할 수 있다. 예술작품의 이러한 독자성이 아름다움인 것이다.(전집11, 168)

나아가 릴케는 예술을 기쁨에 찬 신뢰의 무의식이라고 하면서 어린 시절에 견주어 다음과 같이 설명한다.

> 특정한 목표를 향한 자기 통제와 자기 한계가 아니라 확실한 목표에 대한 믿음 속에 걱정 없는 자기 해방이다. 조심스러움이 아니라 두려움 없이 사랑하는 지도자를 따르는 현명한 맹목성. 고요하고 천천히 성장하는 소유물의 획득이 아니라 모든 변화 가능한 가치들의 지속적인 낭비이다.(전집 11, 169)

릴케는 이러한 어린 시절의 무의식이 교육에 의해 파괴된다고 본다. 반면 그 무의식을 고독으로 간직하는 예술가는 교육받은 대중과 대립하지만 불멸의 존재로 남는다는 것이다. 그 대립의 보기로 릴케는 과거의 위대한 "군주와 철학자들, 총리와 왕"(전집11, 172) 등을 든다. 그러나 그들 역시 교육을 받은 사람들이 아닌가? 여하튼 릴케에게 위대한 인간이란 그런 과거 귀족 또는 왕족이고, 그들이 장렬하게 죽는 것을 예술로 이상화한다.

『백의의 후작부인』과 『기수 크리스토프 릴케의 사랑과 죽음의 노래』

릴케가 1899년에 쓴 『백의의 후작부인Die weisse Fürstin』과 『기수 크리스토프 릴케의 사랑과 죽음의 노래』는 각각 살로메와 릴케 자신을 영웅화한 작품으로 사랑과 전쟁을 찬양하는 주제 의식이 잘 드러난다.

'백의의 후작부인'은 결혼한 지 11년이 되었어도 아직 처녀다. 그녀는 새로운 애인을 기다리고 있다. 이는 당시 결혼한 지 11년째인 살로메가 남편과의 성관계를 거부하고 릴케와 맺어진 것을 뜻한다. 또한 후작부인은 살로메처럼 위대하고, 그를 사랑하는 릴케는 행복하기 짝이 없다. 후작부인은 아랫사람들에게 말한다.

> 난 너희들이 아무 걱정 없이 지낼 수 있도록 해주고 싶어!
> 도대체 궁핍이나 사소한 일—인생은 이토록 풍요로운데— 같은 것을 생각할 시간이 어디 있어.(전집1, 257)

그러나 저쪽 도시에는 페스트가 만연하고 죽음의 신이 지배한다. "그것은 우리의 죽음이 아니라, 낯선 죽음"이다.(전집1, 271) 그런 죽음에 대립하는 것이 『기수 크리스토프 릴케의 사랑과 죽음의 노래』에 나오는 젊고 씩씩한 귀족 기수 릴케의 장렬하고 '고유한 죽음'이다. 그 본문은 다음과 같이 시작한다.

> 말을 타고 달린다, 달린다, 달린다, 하루 종일, 밤새도록, 또 하루 종일. 달린다.
> 달린다, 달린다, 달린다.
> 이젠 용기도 지쳐버렸고 그리움만 사뭇 커졌다. 더 이상 산도 없고 나무 한 그루 없다. (…) 이제 말을 타고 떠난 지 꽤 오래되었다. 지금은 가을이 되었겠지. 적어도, 우리를 아는 여인들이 슬픔에 젖어 있는 그곳에는.(전집 1, 293-294)

유럽 여러 나라에서 모인 용사들은 "터키의 개자식들"과 싸우고 있다. 그들은 "어머니가 마치 한 어머니인 것처럼" 한 마음이다.(전집1, 295) 즉, 성모 마리아상이다. 모닥불 주위에서 누군가 작은 장미에 입을 맞춘다. 릴케는 18세의 금발이다. 전쟁에 이겨 고향에 돌아가기 위해 그는 계속 말을 달린다. 어느 날 그는 '위대한 장군'에 의해 기수로 임명된다.

그러다 전장에서 "한 젊은 여자가/ 피를 흘리며 알몸으로/ 그를 덮친다. 나 좀 풀어줘요!"(전집1, 300)라고 하면서, 릴케는 그녀를 풀어준다. 그리고 그는 어머니에게 편지를 쓴다. "나의 어진 어머니,/ 자랑스레 여기세요. 제가 깃발을 나릅니다./ 저를 사랑해주세요." 이어 릴케는 백작부인과 뜨거운 사랑을 한다. "이제 그의 몸은 실오라기 하나 걸치고 있지 않다. 그는 마치 성자처럼 벌거벗은 몸이다. 환하고 늘씬하다."밤을 두려워하는 아이들과 별로 다를 바 없이 두 사람은 서로의 몸을 밀착시키고 있다."(전집1, 305) 그때 전투가 벌어져 그는 사랑을 나누던 침상에서 일어난다.

> 그는 불타는 복도들과 시합하듯 달린다. (…) 깃발이 그처럼 당당해 보인 적이 없다. (…) 그러나 깃발은 빛나기 시작하더니, 제 몸을 밖으로 던지며 커지며 붉어진다. (…) 혈혈단신의 몸이다. (…) 그는 눈들이 자신을 붙잡고 있음을 느끼고 남자들을 알아본다. 이내 그것이 이교도 개자식들임을 알아차리고는 그는 말을 그들 한가운데로 몰아댄다. (…) 전투복 상의는 성 안에서 타버렸다. 편지와 낯선 여인의 장미꽃 이파리도.(전집1, 308-309)

『기수 크리스토프 릴케의 사랑과 죽음의 노래』의 마지막은 기수 릴케가 죽은 다음 해 그의 고향에서 "한 늙은 여인이 울고 있는 것을 보았다"는 말로 끝난다. 두말할 필요도 없이 이 작품은 귀족 군인영웅, 전쟁, 어머니, 편지, 섹스, 장미, 사랑 등을 뒤범벅한 극단의 센티멘털리즘이다. 그것으로 청년 릴케의 귀족 환상이 완성되고 릴케는 위대한 시인의 반열로 들어서게 된다.

이 작품은 1899년에 첫 번째 원고가 완성되어 두 번의 수정을 거친 뒤 1906년 말에 출간되었으나 50부 정도밖에 팔리지 않았다. 그러나 제1차 세계대전으로 나아가는 군국주의적 분위기가 점차 익어간 1912년부터는 대성공을 거두었다. 이어 1914년 제1차 세계대전이 터지자 그 책은 더욱

더 인기를 끌어 전장에 나가는 모든 젊은 군인들의 무거운 배낭 속에 들어갔다. 카를 크라우스는 릴케에게 그 낭송회를 중지시키라고 요구했으나 릴케는 무기력한 반응만을 보였을 뿐이다.

『피렌체 일기』

1898년 4월 초순*, 릴케는 피렌체에 도착해 『피렌체 일기』를 썼다. 그것은 루에게 자신의 예술적 역량을 인정받아보려는 시도의 하나였다. 르네상스 화가들 중에서 그는 보티첼리를 특히 좋아했다. 또한 치마부에나 조토를 비롯한 다른 시에나 출신 화가들은 물론 레오나르도 다 빈치에 대해서는 언급하지 않았으나 미켈란젤로에 대해서는 찬양했고 뒤에 그의 시를 번역하기도 했다. "미켈란젤로는 스스로를 의심하기에 이른 지쳐빠진 시대마저도 다시 기운을 차리게 만들 수 있는 예술가라는 것이다."(레프만, 161)

릴케는 자신의 귀족주의적이고 엘리트적인 예술관을, 어디를 가보았다고 표시하는 '교양속물' 여행객과 구별했다는 점에서 니체와 같았다.

> 그들은 눈에 띄지 않는 아름다움을 지닌 많은 것들의 앞을 장님처럼 그냥 지나쳐버리는 대신, 이미 흥미 있는 것으로 정평이 나있는 작품의 주변으로 몰려든다. 그러나 그런 작품은 대부분의 경우 그들을 실망시킨다. 왜냐

■ * 레프만(157)은 중순이라고 하나, 최초의 일기인 4월 15일자에는 2주 전에 도착했다고 쓴다.(르네상스, 9)

보티첼리의 〈동방박사의 경배〉

미켈란젤로의 〈피에타〉

하면 그런 작품들과 자기와의 사이에 어떤 친화감을 느끼는 대신, 그들은 자신들의 초조한 성급함과 미술사학 교수의 화려하고 현학적인 판단과를 떼어놓는 거리를 발견하는 데 지나지 않기 때문이다.(르네상스43)

거짓 예술교육은 모든 관념을 왜곡해버렸다. 이 경우 예술가는 일종의 '아저씨' 같은 것이 되어 그는 조카며 조카딸들(선량한 공중들) 앞에서 일요일의 어릿광대 신파극, 곧 자신의 작품을 연기해 보인다. (…) 속인들은 예술이 표현할 수 있는 고통과 슬픔, 비극, 정열과 과도, 공포와 위협에 찬 모든 것을 겁낸다. 그들의 생활은 이미 그러한 것으로 포화해 있다. 거기에서 아무런 거리낌 없는 태평스러움, 장난, 무해한 것, 무의미한 것, 자극적인 것에의 호감—요컨대 속인을 위한 속인의 예술, 낮잠이나 한 개비의 담배처럼 즐길 수 있는 예술—이 생겨난다.(르네상스43-44)

릴케는 이러한 거짓 예술관을 부정하고 다음과 같이 자신의 예술관을 주장한다.

예술이라는 것은 이렇게 하여 혼자 떨어져 있는 사람, 혹은 고독한 사람에게 자기 자신을 완성하는 길이라는 것을 알아야 할 것이다. 나폴레옹이 바깥을 향해서 한 짓을, 각각의 예술가는 자기 자신의 안쪽에서 그렇게 하는 것이다. 우리는 계단을 오르듯이 승리를 하나하나 쌓아 올려간다. 그러나 나폴레옹은 사람들을 사랑해서 승리를 얻은 일이 있었을까?(르네상스46)

괴테와 스탕달이 찬양한 나폴레옹은 이제 릴케에 의해 부정된다. 그리고 릴케는 예술은 자유에의 길이라고 주장한다.

> 그러므로 예술은 자유에의 하나의 길이라는 것을 알아야 할 것이다. 우리는 모두 쇠고랑이 채워진 채 태어났다. 대부분의 사람들은 자신의 사슬을 잊고 그것을 은이며 금으로 도금하고 있다. 그들과 우리가 다른 것은 우리는 그 사슬을 잘라내려고 한다는 점이다. (…) 때문에 예술가의 길은 다음과 같지 않아선 안 된다. 곧 하나하나 장애를 넘고, 한 계단 한 계단 쌓아올려가서, 최후에 자기 자신의 내부를 볼 수 있도록 하는 것이다. (…) 예술가에게 그가 신뢰를 둘 수 있는 하나의 약속이 있다고 한다면 그것은 고독의 의지다.(르네상스, 46-49)

5월에 릴케는 이탈리아의 휴양지인 비아레조로 간다. 그리고 프라하와 베를린을 거쳐 동해 해수욕장인 조포트로 간다.『피렌체 일기』는 7월 6일 조포트에서 끝난다. 그러나 우리는 피렌체에서 릴케의 안내를 받기 힘들다. 시인답게 매우 시적으로 쓴 책인 탓에 구체적인 여행 내지 미술안내를 하지 않고 있기 때문이다.

이탈리아에서 돌아온 릴케는 시집『강림절Advent』(1898)과『나의 축제를 위하여Mir zur Feier』(1899)를 냈으나 역시 볼 만한 작품은 없다.『나의 축제를 위하여』의 다음 구절에서 보듯이 위에서 본 민중에 대한 시인의 대립만이 울릴 뿐이다.

스스로를 결코 드러내지 않고 완전히 은폐시켜 나는

고독하게 있고 싶다. 완전한 존재들은 그렇게 하니까.

빛나는 창에 맞고 쓰러지듯, 시끄러운 군중이

묵묵히 무릎을 꿇을 때야 비로소

완전한 존재들은 이들의 가슴으로부터

성체(聖體)처럼 심장을 꺼내 은총을 뿌리리라.(전집1, 194-195)

러시아 여행

8월에 이탈리아에서 베를린으로 돌아온 릴케는 여전히 많은 책을 읽었다. 살로메의 영향으로 러시아 여행이 예정되어 있었기에 러시아 작가들의 작품을 주로 읽었다. 그러나 덴마크 소설가 야콥센(Jens Peter Jacobsen, 1847~1895)*의 작품만큼 당시의 릴케에게 영향을 미친 작품은 없었다. 특히 그 뒤 릴케의 중요한 관념이 된 '고유한 죽음'이라는 개념은 야콥센에서 빌린 것이었다. 우리에게는 그다지 친숙하지 않은 야콥센도 릴케처럼 세기말의 니체와 다윈으로부터 영향을 받았다.『젊은 시인에게 보낸 편지』에서 릴케는 자신이 어디를 가든 성경과 야콥센의 책을 들고 다닌다고 하며 상대에게 그의 책을 읽으라고 권했다.(편지, 30)

1899년 4월, 릴케는 살로메 부부와 함께 모스크바에 도착해 톨스토이

---

* 덴마크의 소설가, 시인, 과학자이다. 덴마크의 자연주의 문학 운동인 '근대의 돌파구 (Moderne Gennembrud)' 운동의 창시자 중 한 사람이다.

와 화가 파스테르나크*를 방문했고, 이어 페테르부르크에서 화가 레핀 (Il'ya Efimovich Repin, 1844~1930)**을 만난 뒤 톨스토이를 찾아갔다. 톨스토이를, 적어도 그의 예술론을 싫어한 릴케가 톨스토이를 굳이 찾아간 이유는 무엇일까? 나는 릴케가 좋아한 톨스토이는 반서양 러시아주의자라는 측면의 톨스토이라고 생각한다. 그런 점에서는 도리어 톨스토이보다 도스토옙스키가 훨씬 더 릴케의 취향과 일치했을 텐데 말이다. 특히 『말테의 수기』 이후의 릴케 작품은 도스토옙스키를 방불하게 한다. 두 차례 러시아 여행을 한 뒤인 1900년 1월에 쓴 「러시아의 예술」에서 릴케는 다음과 같이 썼다.

> 동쪽의 그 광활한 나라, 그에 의해 신이 아직 지구와 묶여 있었던 유일한 나라는 여전히 자신의 순교자 시대를 맞고 있다. 왜냐하면 그에게는 이웃 문화들이 허둥지둥 서두르는 발전들 옆에서 좀 더 넓게 호흡할 여유가 남아 있기 때문이다. (…) 엄청난 삶은 우리 서구적 삶의 의미다.(전집11, 243-244)

이어 릴케는 러시아 문학에 등장하는 "군인들의 아버지"의 러시아를 "예술가의 어린 시절과 같은 것"이고(전집11, 244) "러시아 민족은 예술가

---

* 레오니드 파스테르나크는 소설가 보리스 파스테르나크의 아버지다. 보리스 파스테르나크 (1890~1960)는 잡지 《레프(Lev)》를 통하여 서정시들을 발표하였으며, 1958년에 『의사 지바고』로 노벨문학상 수상자로 선정되었으나 국내의 정치적 압력 때문에 사퇴했다.

** 제정 러시아의 화가다. 사회 체제에 대한 비판적 내용을 내포한 그림을 그려 사회주의 리얼리즘의 선구자로 꼽히며, 풍속화에 많은 걸작을 남겼다. 대표작으로 〈볼가 강의 배를 끄는 사람들〉이 있다.

엔스 페테르 야콥센(1879년)

레핀의 자화상

조토 디 본도네의 그림 〈유다의 키스〉

레오니드 파스테르나크가 그린 릴케의 초상화(1928)

가 되고자" 하며 러시아 예술을 "조토(Giotto di Bondone, 1267~1337)* 이전"의 종교적인 이콘화라고 본다.(전집11, 245-246) 우리는 그 예찬을 『기도시집』에서 다시 볼 것이다.

6월에 베를린으로 돌아온 1년 뒤 릴케는 다시 살로메와 함께 석 달 동안 두 번째 러시아 여행을 하여 야스나야 폴라냐로 톨스토이를 방문했다. 1, 2차 모두 다섯 달 동안 러시아를 여행한 것이었으나 릴케는 당시의 러시아 현실에 대해서는 아무것도 보지 못하고 그 환상을 본 것에 불과했다. 그런 환상적인 러시아의 영향이 그의 평생을 지배했다. 가령 만년에 쓴 『오르페우스에게 바치는 소네트』 제1부에 있는 다음과 같은 시에도 러시아의 영향은 강렬하게 나타난다. 이는 릴케 자신 그 시집 중에서 가장 아름다운 시의 하나라고 자부한 것이었다.

주여, 말해다오, 너에게 무엇을 바칠까,
피조물들에게 귀를 열어준 너? —
러시아에서 보냈던 어느 봄날과
그 저녁과 한 마리 말에 대한 추억…

그 백마는 건너편 마을에서 혼자서 달려왔지.

* 이탈리아의 화가·건축가이다. 피렌체에서 당대의 유명한 화가인 '치마부에'에게서 미술을 배웠다. 이탈리아 르네상스 미술의 선구자로서 비잔틴 양식에서 벗어나 피렌체파를 형성했는데, 투시법에 의한 공간의 묘사, 생기 있는 묘사로 종교 예술의 신경지를 개척했다고 평가된다. 동시대의 사람인 단테(1265~1321)는 "치마부에의 시대는 갔다. 지금부터는 조토의 시대다"라고 극찬했고, 보카치오(1313~1375)는 조토가 "수세기 동안 어둠 속에 갇혀 있었던 회화예술에 빛을 던진 사람"이라고 높이 평가했다.

앞 말굽에는 말뚝을 매단 채,

하룻밤을 혼자서 지내기 위해,

헝클어진 갈기는 솟구치는 그의 마음의

박자에 맞추어 얼마나 목덜미를 때렸던가,

내달리다가 비틀대며 거칠게 멈추어 섰을 때.

준마의 핏줄의 샘은 얼마나 치솟았던가!

그 말은 광막함을 느꼈지요, 그리고 그는

얼마나 노래를 부르고 들었던가, 너의 노래의

동그라미가 그의 가슴속에서 마무리되었어.

그 말의 모습을 나는 바친다.(전집2, 515-516)

그러나 위 시에도 러시아는 실제로 없고 영웅을 방불케 하는 백마만
이 등장한다.

러시아 여행은 릴케에게 어떤 영향을 주었을까?

릴케에게 러시아 여행은 그의 삶과 문학에 결정적인 계기가 되었다. 물론
앞에서 말했듯이 릴케는 러시아를 여행하기 전에 러시아 문학을 통해 러
시아의 영향을 많이 받았다. 여기서 러시아란 현실의 러시아라기보다도 19
세기 말 유럽에 형성된 러시아관을 말하는 것임에 주의해야 한다. 동시에

그 러시아관도 사실상 독일 낭만주의에서 비롯된 것임에 주의해야 한다.

러시아를 근대화시킨 공적으로 유명한 피터 대제* 시대에 러시아가 배워야 할 유럽이란 실제로 독일, 더 정확하게 말하자면 프러시아를 뜻했다. 더 구체적으로는 당시 러시아 수도 모스크바에 있던 독일인 지역을 뜻했다. 당시 프러시아에는 당대의 강대국인 프랑스를 숭상하면서도 프랑스의 위협에 저항감을 가지고 있었는데, 그 계기가 된 것이 바로 나폴레옹의 독일 침략이었다. 나폴레옹과의 전쟁에서 패배한 독일 사람들은 강대국인 프랑스를 배워야 한다고 생각했다. 그래서 프러시아의 프리드리히 대왕은 프랑스의 사상을 수입했을 뿐만 아니라 많은 프랑스인을 관리로 수입했다.

그러나 프러시아의 전통적인 반민주적 귀족들은 이에 반발하고 프랑스에 대해 깊은 반감을 품었다. 19세기 독일 낭만주의는 그런 상처 입은 국민감정, 국민적 굴욕의 산물이었다. 그들은 독일인의 열등한 지위를 받아들이기커녕 프랑스인의 문명적 세련에 대해 독일인의 전통적인 심오한 정신적 내면생활, 국민적 영혼에 숨은 시적 정신, 소박함과 고귀함을 대비시키고, 그 독일적인 것을 찬양했다. 그리고 과거 독일민족의 승리와 영광, 민족과 문화의 자부심을 강조했다.

외국군대에 의한 굴욕만이 아니라 자국 정부에 의한 억압까지 초래되는 경우 사람들은 내면생활로 물러서게 마련이다. 내면은 순수하고 단순하며 권력과 세련에 의한 부패로부터 자유롭기 때문이다. 더 이상 정치

---

* 표트르 1세(Пётр I Алексеевич, 1672~1725)의 영어식 발음. 표트르 1세는 러시아 제국 로마노프 왕조의 황제(재위 1682~1725)였다. 표트르 대제라고 불리기도 하는데, 서구화 정책과 영토 확장으로 루스 차르국을 러시아 제국으로 성립했다.

토론이 불가능했으므로 철학과 문학이 정치의 대용품이 된다. 이는 19세기의 독일, 오스트리아, 러시아와 같은 모든 정치적 후진국에 공통된 점이었다. 게다가 엄격한 검열제로 인해 사상과 예술은 순수주의로 치달리고 사상가나 예술가는 예언자를 자처하게 된다. 이는 19세기의 독일 낭만주의의 영향에 의해 러시아에서 더욱 극단적으로 나타난다.

19세기 낭만주의는 18세기의 계몽주의에 대한 반발이었다. 계몽사상가들은 인간의 역사란 더욱 행복하고 합리적인 세계로 진행한다고 보았다. 반면 낭만주의자들은 역사를 고대종교의 가르침에 따라 순수, 타락, 구제의 순환이라고 보고 현재의 자신들은 타락의 극단에 와 있다고 생각했다. 그리고 그 타락이란 진실이 자기로부터 떠나고, 자신은 사회로부터 소외되며 자연과 신으로부터도 멀어졌고 따라서 과거의 유기적 세계가 기계적 세계로 타락한 것을 뜻했다. 반면 그들이 생각한 구제란 통일과 조화를 뜻했다. 그리고 그것은 동시에 타락 이전의 순수한 유기적 통일과 조화를 지향했다.

러시아에서 그 전형은 도스토옙스키와 톨스토이였다. 그들은 합리주의로 인해 부패한 유럽을 구제할 수 있는 것은 러시아라고 생각하고 그 러시아를 상징하는 것이, 유럽식의 지식인이 아니라 그들보다 훨씬 선량한 러시아인이라고 보았다. 이는 톨스토이의 소설 「전쟁과 평화」에서 인공적인 프랑스정신으로 대표되는 유럽의 나폴레옹에 대립하는 인물인 러시아군 총사령관 크투조프로 나타났다. 톨스토이는 그를 자연에 뿌리 내린 러시아의 상징으로 묘사했지만, 실제로 당시의 러시아 장군들이나 장교들은 유럽적 교양을 쌓은 지식인들이었다.

바실리 페로프가 그린 표도르 도스토옙스키 초상화

그러나 도스토옙스키와 톨스토이에게 더욱 바람직한 러시아인의 전형은 독실한 기독교 신자인 농민이었다. 그들은 삶의 비극적 측면을 유럽적 이성으로는 도저히 이해할 수 없고, 러시아 농민이 갖는 마음의 지혜로만 알 수 있다고 주장했다. 그리고 그 지혜를 구현하는 존재인 오로지 신을 두려워하는 러시아 농민만이 신에게 구제를 청해야 한다고 보았다. 그러나 신에 대한 절대적인 숭배를 특징으로 하는 러시아 정교는 실제로 신학의 논의 자체를 거부하고 절대적인 신앙만을 요구한 것에 불과했다. 게다가 그 정교와 결탁한 엄격한 전제주의가 그런 농민의 절대적 신앙을 낳은 것에 불과했다. 즉, 러시아 농민의 신앙이라는 것도 비민주적 전통과 종교에서 비롯된 것에 불과했다는 뜻이다. 릴케는 그런 러시아의 비민주적 전통에 매료되었다.

『기도시집』 제1부

릴케는 러시아에서 돌아와 『기도시집』 1부를 썼다. 이 시집은 그 제목처럼 '신'에게 기도하는 시들의 모음으로 흔히 이해되는데, 그 신이란 기독교의 신은 물론 다른 종교의 유일신도 아니다. 도리어 독일의 전통적인 범신론의 신, 즉 모든 존재에 내재한다고 믿어지는 신이었다. 그러나 앞의 1장에서 말했듯이 릴케의 범신론에서 말하는 신이 내재하는 존재란 제한된 것이다. 특히 릴케의 신은 여성인 경우가 많았는데, 구체적으로 그 시집을 쓸 당시엔 그가 빠져 있던 루 살로메라 할 수 있다. 따라서 이 시집은 루 살로메에 대한 사랑의 기도 시집인 셈이다(물론 릴케가 말하는 신은 여성만이 아니다).

『기도시집』제1부의 제목 'Das Buch vom mönchischen Leben'은 흔히 「수
도사 생활의 서」라고 번역되어 왔으나 「수도사적인 삶에 대한 시집」이라
고 함이 정확하다. 그 수도사적인 삶이란 러시아의 전통 종교화를 그리
는 화가의 그것이다. 그는 릴케가 이탈리아에서 본 르네상스 화가들과
대조적으로 묘사된다.

수도원마다 월계수가 서 있는 남쪽 나라.
그곳에 수도사 복을 입은 나의 많은 형제들이 있다.
그들이 얼마나 인간적으로 마돈나를 그리는지 나는 알고 있다.
그리고 종종 신을 빛나는 광휘 속으로 모셔올
젊은 티치아노 같은 화가들을 나는 꿈꾼다.

그렇지만 내가 나의 내면을 향해 굽어보아도,
나의 신은 어둡고, 마치 소리 없이 물 마시는
수많은 뿌리들이 뒤엉켜 있는 것 같다.
내가 신의 따뜻함을 딛고 스스로를 일으켜 세운다는 것뿐
그 이상은 알지 못한다. 나의 모든 나뭇가지들은
저 아래 깊은 곳에서 쉬다가 바람결에나 손짓할 따름이니까.

우리는 널 마음대로 그려서는 안 된다.
아침을 보내주신 너 여명이여,

러시아의 이콘화인 성 테오토르의 성모 마리아(10세기)　　레오나르도 다 빈치의 〈흰 족제비를 안고 있는 여인〉

우리는 오래된 팔레트에서 지난날 성자가 널 희미하게

그리던 것과 똑같은 선과 똑같은 밝기를 가져온다.(전집1, 316-317)

위 시는 르네상스 회화와 러시아 성화를 보지 않고서는 충분히 이해
될 수 없다. 러시아 성화 이콘*은 르네상스 이전부터 내려온 전통화로 19
세기까지 고정된 형식에 따라 황금색 배경에 그리는 것이었다. 반면 르네
상스 회화는 그 이전의 중세 회화와 달리 전통적인 고정성을 타파하고
살아 있는 인간의 모습을 자유롭게 표현했다. 나는 획일적인 러시아 이
콘화보다 다양한 르네상스 회화를 좋아하지만 릴케는 그 반대였다. 이는
각자의 취향에 따라 다를 수 있겠지만, 릴케는 유독 르네상스에 대해 독
특한 시각을 갖고 있었다. 우리는 이 점에 주의할 필요가 있다. 같은 시
집 제1부에서 릴케는 다음과 같이 말한다.

나무-신의 가지는 이탈리아까지 뻗어

벌써 꽃을 피웠다.

일찌감치

열매로 충만하길 바랐겠지만

한창 꽃을 피우다 지쳐버렸으니

이제 단 한 개의 열매도 맺지 못할 것이다.

■　　*　이콘(icon)은 기독교에서 성모 마리아나 그리스도 또는 성인들을 그린 그림이나 조각을 말
한다. 그림을 성화(聖畵), 조각을 성상(聖像)이라 한다.

신의 봄만이 그곳에 있었다.

단지 신의 아들, 그 말만이

완성되었다.(전집1, 338-339)

즉, 르네상스는 신의 열매를 맺지 못한 '신의 봄(시작)'에 불과했으며, 신
의 아들인 그리스도의 말만을 완성하는 데 그쳤다는 것이다. 따라서 그
는 르네상스가 신의 여름, 가을, 겨울은 없고 그 아들의 말만 완성시켰다
고 본다. 반면 러시아는 신의 여름이 되리라고 릴케는 노래한다.

예전과는 사뭇 다른 나뭇가지로

나무 신은 언젠가 여름을 알리며

성숙의 소리로 속삭일 것이다.

귀담아 듣는 사람들이 사는 곳,

모두들 나처럼 고독한 어느 땅에선가.(전집1, 342)

그 "어느 땅"이 릴케에 의하면 바로 러시아다. 릴케는 원래의 초고에서
는 썼으나 최종 원고에서는 지운, 수도사가 수석 대주교에게 보내는 편지
에서 러시아의 종교적 심오함, 신비주의적 무한성을 찬양하면서 이를 서
구의 자극의 홍수, 미학적 화려함, 궤변적 합리화와 대조했다. 그러한 러
시아와 서양의 대조는 『기도시집』 제2부에서 볼 수 있다.

그런데 『기도시집』 제1부에 대한 종래의 해석은 그 첫 부분에 나오는
다음 시가 제1부의 모토라고 한다.(김창준, 27) 그러나 왜 그렇다는 것인지

이해하기 어렵다.

> 나는 신의 주위를 맴돈다. 태곳적 탑을,
> 나 수천 년이라도 돌고 돌 것이다.
> 하지만 나는 알지 못한다. 내가 매인지, 폭풍인지
> 아니면 한 곡의 위대한 노래인지.(전집1, 316)

릴케의 신이 모든 사물에 존재한다고 보는 식의 범신론적 개념임은 이미 정설이다. 그러나 그 모든 사물에 존재하는 그 신은 시인의 노래에 의해 비로소 완성된다고 릴케는 주장한다. 위 구절보다 앞에 나오는 구절에서 릴케는 다음과 같이 노래한다.

> 내가 바라보기 전에는 완성된 것이 아무것도 없었다.
> 모든 생성은 멎어 있었다.
> 나의 시선은 이제 무르익어, 보내는 눈길마다
> 원하는 사물이 마치 신부처럼 다가온다.(전집1, 315)

이처럼 사물 속에 내재하는 신에 대한 탐구는 훗날 릴케가 파리에 가서 로댕을 만나고 난 뒤 소위 사물시로 나아간다. 그러나 이러한 시인의 자기 시에 대한 자부, 그것도 시인 자신을 신의 경지로 올리는 것을 우리는 어떻게 평가해야 할까?

결혼

1900년 8월, 살로메와 함께 제2차 러시아 여행에서 돌아온 릴케는 북부 독일 브레멘 부근의 예술가 마을 보르프스베데로 갔다가 여러 화가들과 조각가를 만난다. 그중에는 당시 여류화가로 유명해진 파울라 모더존-베커(Paula Modersohn-Becker, 1876~1907)*와 로댕의 제자인 조각가 클라라 베스트호프(Clara Westhoff, 1878~1954)**가 있었다. 릴케는 베커를 '금발의 여류화가', 베스트호프를 '어두운 빛의 여류조각가'라 부르며 두 여자를 사랑했는데 파울라가 화가인 오토 모더존과 결혼하자 좌절한다. 반발이라도 하듯 릴케는 1901년 4월, 베스트호프와 결혼하고 12월에 외동딸 루스를 낳았다.

릴케의 결혼으로 4년간에 걸친 살로메와의 사랑도 끝났다. 릴케가 결혼한 이유를 "루의 치마폭에서 벗어날 필요가 있다고 느껴졌기 때문"이라고 보는 견해(조두환, 22)가 있으나 도리어 결혼 직전에 살로메가 릴케에게 절교를 선언했음에 주목할 필요가 있다. 유부녀로서 릴케는 물론 다른 많은 남녀와 사랑을 했던 살로메가 마흔이 가까워진 나이로 릴케의 22살 신부를 질투한 것은 아니라고 해도 릴케의 결혼에 어느 정도 분노했음은 틀림없다. 비록 절교를 알리는 편지에 릴케의 신부에 대한 이야기는 살짝 언급했을 뿐이고, 그동안 자신이 릴케를 어머니처럼 돌보다 보

■ * 독일의 화가로 독일 표현주의의 선구자로 간주된다. 독일 미술을 현대로 이끈 화가다. 모성과 여성에 대한 통찰과 인간 내면의 감정을 밀도 있게 표현했다. 대표작으로 〈자화상〉, 〈동백꽃을 든 자화상〉, 〈누워 있는 모자의 누드〉 등이 있다.
** 독일의 조각가이다. 1901년 릴케와 결혼했지만, 안정적인 일상을 추구하던 릴케의 계획이 실패로 돌아가자 클라라와 릴케는 자주 만나지 못한다. 18년 뒤인 1919년, 클라라는 딸 루스와 함께 피셔후데로 떠난다.

파울라 모더존-베커의 자화상(1902)　　　　　파울라 모더존-베커가 그린 클라라의 초상(1905)

파울라 모더존-베커가 그린 라이너 마리아 릴케(1906)

니 황폐해져 자신의 길이 보이지도 않게 되어 이제 자신의 길을 찾아가야 한다는 식으로 말하고 있으며, 릴케에게 혹시라도 니체처럼 정신병에 걸리기라도 하면 다시 자신을 찾아오라고 말하기도 했지만 말이다. 따라서 "살로메가 릴케의 문학적인 성숙을 위해서 자신이 떠나는 게 좋겠다고 결정하고 릴케의 곁을 완전하게 떠난"(김상영, 살로메150) 탓도, "살로메의 이성적 결단"(구기성, 307) 탓도 아니었다. 그 뒤에도 살로메와 릴케는 만났고 수많은 편지를 교환했지만 다시 사랑에 빠지지는 않았다. 물론 살로메는 계속 연하의 다른 남자들과 사랑에 빠졌다. 살로메는 1929년 『라이너 마리아 릴케』를 출판했는데, 이 책은 우리말로도 번역되어 있다. 이 책에서도 한두 번 인용되지만 그다지 중요한 책은 아니다.

22세의 신부와 25세의 신랑이었지만 두 사람은 너무나 대조적이었다. 키가 큰 건장하고 활기찬 외모의 젊은 여자와 그녀보다 키가 작고 가냘픈 몸매의 신랑은 누가 보아도 어울리는 한 쌍이 아니었다. 그러나 뒤에 그는 "남자 같은 타입의 여성"은 어릴 적부터 좋아하지 않았다고 했다.(레프만, 534)

두 사람이 각각 반씩 부담하기로 한 시골의 낮은 생활비도 릴케에게는 큰 부담이었다. 당시에 그는 그가 낸 책으로 돈을 벌어본 적이 없었다. 그 전에는 아버지가 주는 용돈과 자신의 작은 벌이로 살았으나 이제는 돈을 벌어야 했다. 그는 출판사에 취직하려고 했으나 실패하고 몇 출판사에서 돈을 빌렸을 뿐이다. 희곡 『일상생활Das tägliche Leben』로 큰돈을 벌려고도 했으나 실패해 릴케는 더 이상 희곡을 쓰지 않았다. 그는 돈을 벌기 위해 서평을 비롯한 여러 글을 썼다. 서재에 틀어박혀 창을 통해 받은 음식을 먹으며 글을 썼을 정도로 열심히 썼다. 당시 일반화된 타자기도 사용하지 않았고, 전화도 가능하면 피했다. 그런 집필 생활 속에서 그는 아내는 물론 어린 딸과도 충분한 시간을 갖지 못했다. 어쩌면 일부러 피한 것인지도 모른다.

그럼에도 아무런 소득이 없자 부부는 1년 만에 예술가촌을 떠나 파리로 간다. 그곳에서 릴케는 로댕의 전기를 쓰고 아내는 계속 조각 공부를 할 계획이어서 겨우 한 살인 딸을 외할머니에게 맡겨야 했다. 아내는 그 뒤로도 여기저기 방황해야 했다. 언제나 자신의 어린 시절을 한탄했던 릴케였지만 그래도 열 살까지는 부모 밑에서 행복하게 자란 처지였음에도 그 자신은 딸에게 철저히 무관심했다. 그의 딸 루스는 따라서 불행한 어린 시절 때문에 평생 고통을 받았다.

릴케에게 가족과의 공동생활이란 그가 절대시한 예술가의 고독을 방해하는 것일 뿐이었다. 그는 결혼 직후에 쓴 『기도시집』 제2부에서 다음과 같이 노래한다.

> 그들은 이렇게 말한다. 나의 인생, 나의 아내,
> 나의 개, 나의 아이라고. 하지만
> 인생, 아내, 개, 그리고 아이―이 모든 것이
> 맹인처럼 손으로 더듬어볼 뿐인
> 낯선 형상들임을 그들은 잘 알고 있다.(전집1, 421-422)

릴케는 결혼 후 4개월 뒤에 친구에게 보낸 편지에서 다음과 같이 말한다.

나는 '결혼' 그 자체는 그 제도의 인습적인 발전을 통해서 생긴 성과 이상으로 그것을 강조할 만한 것은 못 된다는 의견을 가지고 있다. 개개인한테 그가 '행복'하기를 바란다는 그런 생각은 아무도 하지 않고 있다. —그러나 누구든 결혼을 하면 자기가 행복하지 않다는 것에 놀라는 것이다.(홀트후젠, 75)

위 편지글을 보면 릴케 자신도 행복하지 못했던 것 같다. 그래서인지 아니면 그 전부터 생각한 탓인지 그는 "훌륭한 결혼생활이란 결혼생활에서 각자가 상대방의 고독을 지켜주는 사람의 역할을 하고 상대한테 그가 줄 수 있는 최대의 신뢰감을 증명하는 것이다. 두 사람이 함께 산다는 것은 불가능한 일이다"라고 말했다.(홀트후젠, 75)

릴케의 한 친구는 아내에 대한 그의 태도를 "집토끼를 잡아 죽이려고 집토끼의 최후의 은신처까지 쫓아가는 흰 족제비"에 비유했다.(레프만, 244) 릴케는 1902년 이후 아내와 딸을 거의 만나지 않고 편지만을 교환했고, 1918년 이후에는 아내가 자신을 찾아오지 않았더라면 1926년 죽기 전까지 그녀를 보지 않았으리라고 짐작될 정도로 그녀와 멀어졌다. 또 1922년 딸이 결혼하고 그 이듬해 손녀를 낳았어도 죽기 전까지 딸과 손녀를 찾지 않았다.

릴케가 1902년에 쓴 『보르프스베데Worpswede』는 그 내용인 화가들의 전기보다 릴케의 예술관을 보여주는 점에서 주목된다. "풍경은 우리에게 낯선 존재다." 반면 인간이 진화의 마지막 단계라는 점을 이유로 흔히들 인간과 자연의 친화성을 말하지만 그 진화의 근원을 추적해보면 "멸종

된 거대한 동물과 괴물들이 적대감과 증오에 가득 차 살아가는 어두움 속으로 사라져버린다"라는 것을 부정할 수 없다고 한다.(전집10, 12) 마찬가지로 "자연은 우리에 대해 아무것도 아는 게 없다"고 한다.(전집10, 14)

릴케에 의하면 어린이는 "일종의 동류의식을 가지고 자연과 가까워지며 자연 속에서 살아간다." 반면 청춘이 되면 자연과 공감하지 않게 된다. "그들이 슬프다 해도 봄은 온다."(전집10, 15) 그러나 예술가만은 어린이처럼 자연과 함께 산다. 그들은 "자연을 더 이상 자연이 우리에게 가졌던 의미에서 소재로 느끼지 않아도 되었고, 대상으로 거대하게 존재하는 현실로 느꼈다."(전집11, 271) 그래서 "예술은 인간과 풍경, 형상과 세계가 해후하고 서로를 발견하게 하는 매개체다."(전집10, 16) 이는 릴케가 자연에 대해 고유한 가치를 인정하려고 하면서 종래 가졌던 자아의 전능을 포기한 것으로 볼 수 있다. 모든 사물에 존재하는 신을 찾는 시인의 자세를 보여주는 것이다. 그러나 앞에서도 말했듯이 노동자를 비롯한 대중만은 신이 내재하는 존재에서 제외되었다.

『기도시집』 제2부

1901년에 완성해 1905년에 출판한 『기도시집』 제2부 「순례시집」은 북독일의 화가촌에서 화가들이 술에 취해 있는 모습을 보고 느낀 절망감의 표현으로 시작한다. 이는 대중의 모습일 수도 있다. 릴케는 그들을 적대자니 살인자니 하며 비난한다.

나는 흩어졌다. 적대자들로 인해

조각조각 깨어졌었다. 나의 자아는.

오 신이여, 나를 두고 웃었다. 웃는 자들 모두가.

그리고 술꾼들마다 나를 마셔버렸다.(전집1, 381)

나는 불난 뒤의 집이었다.

굶주린 형벌들이

죽음으로 몰고 갈 때까지 가끔

살인자들만이 잠을 잘 뿐인 그런 집이었다.

나는 전염병이 휩쓸고 지나간

바닷가 도시와 같았다.

시체처럼 무겁게 어린아이들의 손마다

전염병이 매달린 그 도시 말이다.(전집1, 381-382)

이어 릴케는 『기수 크리스토프 릴케의 사랑과 죽음의 노래』에 나오는 귀족들이 사는 시대가 아닌, 대중의 시대를 저주한다.

사람들, 목소리들, 잡다한 것들,

일상적인 것, 여러 가지 불안, 보잘것없는 자잘한 행복,

이 모든 것은 우연한 것이다.

이미 어려서 제 모습을 갖춘 복장으로 자라다

성인이 되면 가면을 쓰고, 얼굴뿐인 벙어리가 된다.(전집1, 394)

이어 릴케는 왕들이 늙고 폭도가 판을 치는 도시를 저주한다.

세상의 왕들은 늙었다.
후사 하나 두지 못할 것이다.
아들들은 이미 어려서 죽었고
창백한 딸들은 병든 왕관을
폭력에 넘겨버렸다.
폭도들은 왕관을 잘게 쪼개 돈을 만들고,
이 세상의 새로운 주인들은
그것을 불에 달구어 저희 뜻에
투덜대며 따르는 기계를 만든다.
그러나 행복은 그들과 함께하지 않는다.

금속은 고향을 그리워한다.
작은 삶만을 가르치는
화폐와 바퀴에서 떠나고 싶어 한다.
언젠가 공장과 금고에서 뛰쳐나와
열려진 산들의 핏줄 속으로
다시 들어갈 것이다.
그러면 그 뒤로 산맥은 닫힐 것이다.

모든 것이 다시 커지고 힘을 얻게 될 것이다.

땅은 소박해지고 물은 굽이쳐 흘러서

나무들은 거대해지고 담들은 아주 낮아질 것이다.

그리고 계곡마다 목동과 농부들이

건강한 여러 모습으로 모여들 것이다.(전집1, 410)

　여기서 우리는 릴케가 러시아, 또는 보헤미아의 시골을 이상향으로 그리고 있음을 알 수 있다. 이러한 이상향은 『사랑하는 신의 이야기Geschichten vom lieben Gott』로 이어진다. 릴케는 1893년부터 1898년 사이에 쓴 단편들을 모은 『삶의 저편에서Am Leben hin, Novellen und Skizzen』를 1898년 발간했으나 볼 만한 작품들이 없다. 그러나 개인적인 에피소드를 다룬 그것과 달리 이듬해 나온 『두 편의 프라하 이야기Zwei Prager Geschichten』에서는 릴케의 정치사회관을 엿볼 수 있다. 그러나 릴케 자신 그것을 "『가신에게 바치는 제물』의 쓰다 남은 찌꺼기"라고 하며 무시했다.(레프만, 155) 이는 충분히 이해되는 자평이다. 첫째 이야기인 「보후슈 왕」은 경찰 첩자로 아나키스트 조직을 염탐하다가 그 조직에 의해 살해되는 일종의 탐정소설이고, 둘째 이야기인 「형제자매」는 독일인과 체코인의 화합을 대단히 관념적인 상호 언어의 이해로 도모하는 것에 불과하기 때문이다. 1901년에 나온 단편집 『사랑하는 사람들』도 관념적이기는 마찬가지다.

　앞의 세 작품이 사실상 실패한 작품들인데 비해 1904년에 나온 『사랑하는 신의 이야기』는 최초로 성공한 단편소설집으로 대부분 러시아 여행 중에 쓴 단편들이었다. 그러나 그 내용은 어디에나 신이 있다는 평범한 범신론을 말하는 것에 불과하다.

『형상시집』

릴케는 그 시의 전개과정 가운데 흔히 중기 시의 첫 시집으로 분류되는 『형상시집 *Das Buch der Bilder*』을 1901년의 결혼 전후에 써서 이듬해 출간했고 1906년에는 증보판을 냈다. '형상'이란 그림을 말한다. 이는 릴케가 예술가촌의 화가들에게서 영향을 받았음을 의미하는데, 시를 감정의 분출이 아니라 한 폭의 그림처럼 시각적으로 쓴다는 것이다. 그 단적인 보기로 흔히 다음의 「가을」을 든다.

　　나뭇잎이 떨어진다, 하늘나라 먼 정원이 시든 듯
　　저기 아득한 곳에서 떨어진다,
　　거부하는 몸짓으로 떨어진다.

　　그리고 밤마다 무거운 대지가
　　모든 별들로부터 고독 속으로 떨어진다.

　　우리 모두 떨어진다. 여기 이 손도 떨어진다.
　　다른 것들을 보라, 떨어짐은 어디에나 있다.

　　하지만 이 떨어짐을 한없이 부드럽게

두 손으로 받아내는 어느 한 사람이 있다.

위 시의 제1연에서 낙엽을 바라보는 시인이 떠오른다. 그러나 2연부터는 눈에 보이는 바가 아니라 시인의 감정 속에서 낙엽의 떨어짐이 초자연적인 것으로 나아가 마침내 4연에서는 떨어짐을 받아내는 신의 존재가 노래된다. 그래서 그림은 마치 구상화에서 추상화로 나아가는 듯하다. 릴케의 완벽한 구상화는 뒤의 『신시집』의 '사물시'를 기다려야 한다. 그러나 『형상시집』의 다른 대부분의 시는 '그림시'라고 할 수 없다. 가령 위의 시와 같은 주제를 다룬 대중의 애송시 「가을날」은 반드시 그렇지 않다.

주여, 때가 왔다. 지난여름은 아주 위대했다.
당신의 그림자를 해시계 위에 놓으시고
벌판에 바람을 풀어다오.

마지막 과일들이 익도록 명하고
따뜻한 이틀을 더 주어
그 완성으로 몰아가시고 강한 포도주에
마지막 단맛을 넣어다오.

지금 집 없는 자는 어떤 집도 짓지 않는다.
지금 외로운 자는 오랫동안 외로이 머물러

잠 못 이루어 독서하고 긴 편지를 쓸 것이며

잎이 지면 가로수 길을

불안스레 이리저리 헤맬 것이다.(전집2, 42-43)

유겐트슈틸

내가 보기에 『형상시집』에는 '그림시'라는 측면보다도 도리어 앞에서 본 『백의의 후작부인』과 『기수 크리스토프 릴케의 사랑과 죽음의 노래』와 같은 시들이 훨씬 더 많다. 이는 릴케가 방문한 화가촌의 화가들이 영향을 받은 유겐트슈틸이라는 당대 예술사조의 영향이기도 했다. 유겐트슈틸은 19세기 말부터 전통적인 아카데미즘 예술과의 단절을 선언하고 원시적이고 중세적인 내면의 생명력을 추구한 사조인데, 가장 좋은 보기가 다음의 「석상의 노래」이다. 이는 『백의의 후작부인』 이미지와 상통한다.

소중한 제 목숨을 버릴 만큼

날 사랑할 사람은 누구인가?

날 위해 바다에 빠져 죽을 사람이 있다면

나는 돌에서 풀려나 생명, 생명으로

다시 구원받을 수 있을 것이다.

파도처럼 철썩이는 피를 나는 그린다,

돌은 너무나 말이 없다.

나는 생명을 꿈꾼다, 생명이란 멋진 거니까.

나를 잠에서 깨워줄

용기 있는 사람 없는가?

황금처럼 찬란한 모든 것을 주는

그 생명을 언젠가 얻는 날 나는

(…)

사라진 나의 돌을 슬퍼하며

혼자서 울고 또 울겠다.

포도주처럼 조용히 익는다면 이 피가 무슨 소용인가?

그런 피로는 날 가장 사랑해준 그 사람을

바다에서 소리쳐 불러내지 못할 테니까.(전집2, 16)

『형상시집』에는 이와 유사하게 『백의의 후작부인』 이미지를 보여주는 시들이 더 있다. 가령 위 시 다음에 실린 「광기」나 「사랑에 빠진 여인」 등이다. 또한 위 시에 대응되어 『기수 크리스토프 릴케의 사랑과 죽음의 노래』와 같은 이미지를 풍기는 시로 다음 「기사」가 있다.

검은 철갑의 기사가 바람 소리

세찬 세계를 향해 말을 달린다.

바깥세상에는 모든 것이 있다. 낮과 계곡,

그리고 친구와 적과 큰 방의 식사와

오월과 소녀와 숲과 성배가 있다.

그리고 신조차도 수천 번씩

길거리마다 세워졌다.

그렇지만 기사의 갑옷 안쪽에,

어두컴컴한 고리들 뒷편에

죽음이 쪼그리고 앉아, 생각하고 또 생각해야 한다.

칼이 쇠 칼집을 박차고 나올

날은 그 언제인가,

그렇듯 숱한 웅크린 날들을

보내야 했던 나의 비좁은 움막에서

나를 끄집어내

마침내 내가 사지를 펴고

악기를 켜면서

노래 부를 수 있게 해줄 낯선 그 칼이.(전집2, 12-13)

위 시 제2연의 "죽음이 쪼그리고 앉아, 생각하고 또 생각해야 한다"라
는 것은 릴케의 독특한 개념인 '고유한 죽음'을 연상시킨다. 기사는 그런
죽음을 위해 한 판의 결사적인 전투를 기다리고 있다. 그 전투는 시인이
노래 부르는 것과 같다고 마지막 행은 말한다. 즉, 시인이 기사다. 시인은
또한 소년으로도 등장한다. 「소년」을 보자.

사나운 말을 타고

밤을 뚫고 달리는 사람이고 싶다.

질주하는 바람 속에

헝클어진 머리카락처럼 횃불 펄럭이며.

당당한 모습, 높이 솟은 깃발되어

뱃머리에 서듯 앞장서련다.

쉼 없이 빛나는 황금투구를 쓴

검은 모습으로 가리라. 뒤로는

나와 똑같은 열 명의 어둠의 장정이 따르리라.

(…)

그러면 집들은 우리 뒤에서 무릎을 꿇고

골목들은 우리를 향해 황급히 허리를 구부린다.

도망치던 광장들은 곧 우리 손아귀에 잡히고

우리가 탄 말들은 빗줄기처럼 쏴쏴 소리를 낸다.(전집2, 28)

여기서 주목해야 하는 것은 집, 골목, 광장으로 상징되는 민중의 삶에
대한 시인의 정복욕이다. 우리는 뒤에서 릴케가 제1차 세계대전이 터지
자 전쟁에 열광하는 시를 볼 터인데, 그런 열광은 이미 「소년」에서 충분
히 나타난다. 같은 시집에 나오는 「스웨덴의 카를 12세가 우크라이나에
서 말을 달리다」, 「아들」, 「차르」, 「왕족의 아내 앞에서 노래꾼이 노래 부
르다」, 「콜론나가 사람들」 등의 영웅을 찬양하는 시들도 마찬가지다. 사
실 『형상시집』의 대부분은 그런 시들로 채워졌다고 해도 과언이 아니다.

따라서 그 제목은 차라리 『영웅시집』이 맞을지도 모른다는 생각이 든다.
적어도 제1권과 제2권 제1부는 그렇다.

소외된 사람들

『형상시집』에는 영웅 찬양 일변도의 시만 나오는 게 아니라 거지, 장님,
술꾼, 자살자, 과부, 백치, 고아, 난쟁이, 문둥이, 눈먼 여인 등에 대한 시
들도 나온다. 그런데 시인은 그들을 동정하기커녕 시인이 멸시하는 시민
적인 것과 떨어져 있다는 점에서 시인과 같이 고귀하다고 노래한다. 가
령 「고아의 노래」 제4연을 보자.

> 내가 지닌 것은 단 한 벌의 이 옷뿐,
> 그마저 닳을 대로 닳아 색이 변해간다.
> 그러나 이 옷도 신 앞에서는
> 영원을 누릴지 모를 일이다.(전집2, 104)

마찬가지 내용인 「문둥이의 노래」 제2~3연을 보자. 문둥이는 사람들
에게 자기를 알려 피하도록 하기 위해 딸랑이를 달아야 한다. 그런 문둥
이의 슬픈 운명을 시인은 도리어 신의 축복으로 예찬한다.

> 나의 딸랑이 소리가 퍼져나가는 그곳에서
> 나는 편안하다. 어쩌면 너는 나의

딸랑이 소리를 그리도 크게 하여,

지금 내 가까운 곳에서 도망치는 사람이

멀리 있는 내 쪽을 향하지 못하게 한다.

그리하여 나는 아주 오랫동안

소녀나 여인이나 사내

또는 아이의 눈에 띄지 않고 갈 수 있다.

나는 짐승들도 놀래키고 싶지 않다.(전집2, 106)

릴케는 가난한 사람들에 대해서도 마찬가지 입장을 취한다. 나아가 그 가난을 벗어나게 하기 위한 어떤 사회 개혁적인 노력도 부정한다. 이러한 보수적인 입장을 그가 단순히 시인이기 때문에 그렇다고 볼 수 있을까? 릴케는 다른 동시대 독일시인들과 마찬가지로 하이네(Heinrich Heine, 1797~1856)*의 영향을 많이 받았지만 그것은 연애시 정도에 그쳤고, 하이네의 사회 개혁적 의지는 전혀 수용하지 않았다.

■ * 독일의 낭만파 서정 시인이다. '청년 독일파'의 지도자로 독일 제국주의에 대항했으며, 풍부한 인간성을 옹호하는 풍자시와, 예민한 감성 및 근대적인 풍격을 지닌 비평문과 기행문 등을 남겼다. 작품에 「하르츠 기행」, 시집 『노래의 책』, 『독일, 겨울 이야기』 등이 있다.

4장

파리의
반도시주의 영웅

대도시 파리를 혐오하다

1902년 8월 릴케는 파리로 갔다. 앞 장에서 본 1896년 프라하에서 뮌헨으로 간 것이 그의 삶에 첫 전환기였다면, 1902년의 파리 행은 두 번째 전환기였다. 앞 장 처음에서 그 첫 전환을 살로메에게 편지로 알렸듯이 릴케는 두 번째 전환에 대해서도 1903년 말 살로메에게 편지로 알렸다.

나는 나 자신을 위해 세상의 우울함을 떨쳐버렸소. 내 시속의 운율은 변화무쌍해졌고 나는 간결한 문체를 지니게 됐소. 나는 이제 동물들을 분간할 수 있고 꽃들은 자신의 모습을 드러내고 있소. 나는 고통 속에서, 천천히, 어떤 것이 단순한 것인지를 구분하는 단순한 진리를 배웠소. 그리고 단순한 것에 대해 말할 수 있을 만큼 충분히 성숙해졌소.(살로메, 26)

위의 글에서 "단순한 것에 대해 말할 수 있을 만큼 충분히 성숙해지는 것"은 사실 뮌헨 시절부터 그의 중요한 목표였다. 살로메에게 1897년에 보낸 다음 편지에서도 이를 알 수 있다. "내 고백은 내가 당신을 더 단순하게 그리고 당신이 더 단순하게 이해하는 그 시간이 올 때까지 더 단순해지고 세련되어진다."(살로메, 26) 그러나 대도시 파리는 릴케에게 큰 고통을 요구했다. 위 편지를 쓰기 몇 달 전에 살로메에게 보낸 다음 편지에 그런 고통이 여실히 드러난다.

> 내게 파리는 옛날의 군사학교와 비슷한 곳이오. 나는 다시 두려움을 느끼고 있소. (…) 어린 시절 나는 또래들 속에서 늘 혼자였소. 그리고 지금은 이 많은 사람들 속에서 또 혼자요. 나는 우연히 만나는 사람들 때문에 내가 느끼는 것을 부정해왔소. (…) 서둘러 길을 가는 사람들은 내게 관심이 없소. 미움으로 가득 차 있는 그들은 길가에 있는 물웅덩이라도 보는 것처럼 나를 힐끗 보고 지나칠 뿐이오.(살로메, 52)

릴케는 시를 처음 쓸 때부터 도시를 싫어하지는 않았다. 가령 프라하에서 그는 노동자와 그들이 사는 임대 연립주택은 싫어하면서도 오래된 교회와 궁전이 있는 도시의 다른 부분은 좋아했다. 피렌체에서도 호텔과 그곳의 부자들을 찬양하면서 군중만을 싫어했다. 그러나 파리에서 그는 도시를 별안간 반인간적인 공간 자체로 격렬하게 증오한다. 왜? 파리에도 그가 좋아한 루브르와 수많은 성당이 있고 자신이 그렇게도 존경한 로댕의 곁에서 행복하지 않았던가? 물론 우리는 그가 파리에서 가난하고 고독했음을 알고 있다. 그러나 그가 살았던 파리 제5지역이란 소르본 대학을 위시하여 수많은 고건물들이 웅장하게 서 있는 곳이 아니었던가?

그러나 파리는 프라하나 피렌체와는 다른 대도시였다. 이러한 릴케의 대도시 혐오는 초기 시의 중요한 주제였던 향토나 러시아 농민이 사는 농촌에 대한 찬가에 당연히 대립되어 표리일체를 이루는 것이었다. 그러나 이러한 대도시에 대한 혐오 역시 서양의 전통사상 중 하나였음을 주의해야 한다. 가령 구약성경에 나오는 바벨탑의 이야기다. 릴케의 대도시 혐오는 니체와 함께 릴케에게 영향을 미친 바그너에서 비롯되었다. 프랑스, 특히 파리를 혐오한 바그너에게 파리로 상징되는 대도시는 영혼을 상실한, 비인간적이고 욕망에 찌든 사악한 동물들의 동물원에 불과했다.

그러나 나는 릴케가 대도시를 무조건 싫어한 것은 아니라고 본다. 앞에서 릴케와 비교한 적이 있던 히틀러도 대도시 베를린을 싫어했으나, 그것은 어디까지나 당시의 베를린이었다. 그는 그 베를린을 대규모 군사행진과 대집회가 가능하도록 대규모로 개혁할 계획을 수립하고 그 이름을 게르마니아로 바꾸려고 했다. 물론 그것은 시민의 자유나 평등, 민주주의, 개인주의를 극복한 순혈의 전체주의 대도시였다. 즉, 그의 목표는 독재 숭배의 터전이 되는 반민주적 도시의 창조였다. 릴케는 그런 도시를 구체적으로 꿈꾸지는 않았으나 뒤에서 보듯이 이집트를 비롯한 중동 여행 뒤에 그가 거대한 건조물들이 있는 카이로를 찬양했음을 보면 같은 착상을 했을지도 모른다.

표범 예찬과 흑인 혐오

1902년 8월 파리에 간 릴케는 1906년 4월 로댕과의 불화로 그와 헤어지기 전까지 3년 반을 로댕과 가까이 지냈다. 27세의 릴케는 무명시인이지만 62세의 로댕은 유명한 조각가였다. 릴케는 로댕에게 배울 것이 많았지만 로댕은 릴케에게 배울 것이 없었다. 릴케는 작업을 통해 진정한 예술가의 삶을 추구하는 법을 배워 언어대사전을 펴놓고 언어를 체계적으로 연구하기 시작했다. 그 뒤 그 백과사전은 서서 글을 쓸 수 있는 높이의 책상, 그리고 세로가 긴 푸른 빛 편지지와 함께 그의 필수품이 되었다.

> 꿈을 꾸고, 계획하고, 분위기를 잡는 것 따위에 머물러 있지 말고 언제나 온 힘을 다하여 모든 것을 예술 사물로 바꾸는 것이 중요하다. 로댕이 그렇게 했듯이 말이다.(레프만, 280)

로댕은 처음 본 릴케에게 동물원에 가서 보는 법을 배우라고 말했다. 그렇게 해서 쓴 것이 다음 「표범」이다.

> 스치는 창살에 지쳐 그 눈길은
> 이젠 아무것도 붙잡을 수가 없다.
> 그 눈길엔 마치 수천의 창살만이 있고
> 그 뒤엔 아무런 세계도 없는 듯하다.
>
> 아주 조그만 원을 만들며 빙빙 도는,

사뿐한 듯 힘찬 발걸음의 부드러운 행보는

하나의 커다란 의지가 마비되어 있는

중심을 따라 도는 힘의 춤과 같다.

가끔씩 눈동자의 장막이 소리 없이

걷히면 형상 하나가 그리로 들어가

사지의 긴장된 고요를 뚫고 들어가

심장에 이르면 존재하기를 그친다.

동물원에서 우리 속을 배회하는 동물을 본 사람이라면 누구나 이 시를 이해하리라. 자신을 그 동물과 같이 느껴본 사람도 많으리라. "수천의 창살"에 갇혀 "의지가 마비되어" 사는 듯한 느낌은 우리의 일상에서도 자주 찾아오지 않던가?

이 시는 소위 '사물시'의 최초 작품이자 대표작으로 평가되는데, 이 '사물시'라는 말은 참으로 사물적이다. 보통 시란 서정시와 서사시로 구분된다고 하는데 사물시라니, 그것도 서정시의 대표인 릴케의 시가 사물시라고 하니, 처음 이 말을 들었을 때는 참으로 황당했다.

그 특징이 시인의 주관을 배제한다는 점이라고 하지만 시인이 시를 쓰는 행위 자체가 이미 주관적이라는 점에 문제가 있다. 가령 이 시를 쓸 무렵 릴케가 로댕이라는 거인 앞에서 얼마나 왜소함을 느꼈을까, 또는 이 시가 실린 『신시집』에서 보듯이 파리라는 추악한 대도시에서 그가 얼마나 소외감을 느꼈을까 하는 점들을 자연스레 짐작할 수 있다. 적어도

아틀리에의 로댕, 알란 외스터린트 작(1885)

시 자체에서 시인의 존재는 분명히 배제된다. 그 전의 시에서는 '나'라는 시인의 존재가 분명히 나타났고, 그 '나'의 감정이 실렸는데 말이다. 그러나 위 시에서 표범을 보고 그 날렵함을 예찬하는 시인도 분명히 우리 앞에 존재한다.

그런데 시인이 유독 표범을 노래한 이유는 무엇일까? 내가 앞에서 릴케 시의 본질이라고 설명한 영웅주의의 표상으로 표범을 선택한 것은 아닐까? 가령 앞에서 보았던 『기수 크리스토프 릴케의 사랑과 죽음의 노래』에 나오는 젊고 씩씩한 귀족 기수 릴케의 "말을 타고 달린다, 달린다, 달린다, 하루 종일, 밤새도록, 또 하루 종일. 달린다"라는 표현은 「표범」의 "아주 조그만 원을 만들며 빙빙 도는,/ 사뿐한 듯 힘찬 발걸음의 부드러운 행보"와 연관되는 이미지가 아닐까?

여기서 시인은 동물원의 표범을 비롯한 동물들에 감정이입을 하면서도 그것들이 살았던 아프리카에서 온 흑인에 대해서는 노골적인 불만을 드러낸다. 가령 『형상시집』에 나오는 「아샹티의 여인들」을 읽어보자. 아샹티란 중서 아프리카 가나공화국 내의 지방이다.

낯선 고장에 대한 어떤 환상도 없다.
흘러내리는 옷에 아랑곳없이 춤추는
갈색 여인들의 감정도 없다.

어떤 거칠고 낯선 선율도 없다.
피에서 흘러나오는 노래들도 없다.

깊은 곳에서 외쳐대는 피도 없다.

나른한 열대 기후 속에 비로드처럼
사지를 쭉 뻗은 갈색의 소녀들도 아니다.
병기처럼 타오르던 눈길도 없다.

그리고 크게 웃어줄 큰 입만 있고
그리고 백인들이 지닌 허영에 대한
놀라운 동의만이 있을 뿐이다.

내겐 바라보는 것이 너무나 두려웠다.
오 철장 속에서 어슬렁대는
짐승들이 얼마나 더 충실한가,
자기들이 알지 못하는 낯설고 새로운
것들의 나댐에 아랑곳하지 않으니.
그리고 그들은 조용한 불꽃처럼 살며시
자신을 다 태우고 속으로 사그라진다,
새로운 모험에는 아무런 관심도 없어
그들의 위대한 피와 함께 있을 뿐이다.(전집2, 38-39)

이처럼 릴케가 흑인들을 짐승보다 못하다고 노래하는 것을 어떻게 이
해해야 할까? 흑인들에게 "백인들이 지닌 허영에 대한/ 놀라운 동의만이

1905년의 로댕(게르트루드 케제비어 작)

있을 뿐이다"라는 구절은 백인들의 제국주의 침략에 대한 어떤 비난도 없이, 또 그 침략으로 인해 흑인들이 어쩔 수 없이 그렇게 동의한 사정에 대한 어떤 이해도 없이 흑인들을 비난하는 소리에 그치고 있다.

여하튼 우리는 이 시기에 릴케가 사물시라는 새로운 탐구를 시작했다는 점만 받아들이자. 그러나 그 새로운 탐구는 쉽지 않았다. 그래서 그는 모든 책임을 어릴 적 자신을 제대로 교육시키지 않았던 어머니에게 돌리곤 했고, 이것이 그의 작품 해설 어디에나 등장하는 어머니 콤플렉스의 신화로 나타난다. 물론 이것은 터무니없는 책임 전가다. 따라서 릴케의 삶과 예술을 올바로 이해하는 데 필요한 단초가 되지 않는다.

『로댕』

릴케는 거의 매일처럼 로댕을 만나며 전기를 집필해 1903년 3월에 『로댕 *Auguste Rodin*』을 출간했다. 그 전기는 그러나 로댕에 대한 어떤 기본적인 전기적 자료도 제공하지 않으므로 여기서 몇 가지 기본적인 사실을 언급한 뒤에 릴케의 책을 살펴보자.

1840년 가난한 집에서 태어난 로댕은 13세에 미술학교에 들어가 드로잉과 모형 제작을 배웠다. 17세 이후 에콜 데 보자르 입학시험에 세 차례나 떨어지자 그는 다음해(1858)부터 석조 장식 일에 종사했다. 1864년 로댕은 처음으로 살롱 전에 〈코가 깨진 남자〉를 출품했으나 아카데미즘에 젖은 살롱 측의 거부로 낙선한다. 그 뒤 1875년 이탈리아에 가서 미켈란젤로와 도나텔로에게서 감명을 받고 돌아와 1877년 살롱 전에 출품한

로렌초 기베르티의 〈천국의 문〉

윌리엄 블레이크의 〈요정들과 춤을 추는 오베론, 티타니아, 그리고 퍽〉(1786)

〈청동시대〉는 너무나도 사실적인 표현 때문에 살아 있는 사람 몸에 틀을 떠서 만든 것이 아니냐는 비난을 받기도 했으나 3년 뒤부터는 인정을 받기 시작했다. 그 후 정부로부터 의뢰받은 장식미술관의 청동문 제작을 위해 노력했으나 1917년 그가 죽을 때까지도 결국 완성하지 못했다. 그 문은 주제를 단테의 『신곡』에서 따왔기 때문에 〈지옥의 문〉이라고도 불렸다. 처음의 구상은 15세기 이탈리아의 조각가 로렌초 기베르티(Lorenzo Ghiberti, 1378~1455)*가 피렌체 성당에 세운 〈천국의 문〉에서 따왔으나, 1881년 런던에서 본 라파엘 전파(前派)의 많은 회화와 소묘들, 특히 윌리엄 블레이크(William Blake, 1757~1827)**의 환상적인 작품들을 보고 로댕은 사랑·고통·죽음에 괴로워하며 몸부림치는 인간군상을 만들기로 결심한다. 그 일부인 〈생각하는 사람〉은 원래 문의 윗부분에 놓일 단테의 좌상으로 구상된 것이었다.

　로댕은 무절제한 사생활로도 유명했다. 우리에게도 영화와 책으로 소개된 카미유 클로델(Camille Claudel, 1864~1943)***만이 아니라 여러 여인을 사랑했다. 또 미술기관과 일반대중, 심지어 국회와도 자주 충돌했다. 빅토르 위고와 오노레 드 발자크 등의 기념상도 비평가들의 심한 공격을 받았다. 그러나 1900년 파리 세계박람회에서 조각 150점과 수많은 드로잉들이 특별 전시되어 그의 국제적인 명성을 증명했으며, 그곳에 전시되

■　* 르네상스시대 이탈리아 피렌체공화국의 조각가이다. 당대 최고의 조각가로 피렌체 세례당의 청동문을 장식하는 부조를 조각했다.
　** 영국의 시인이자 화가로 활동했다. 신비적 향취가 높은 삽화와 판화 및 여러 시작(詩作)으로 영국 낭만주의의 선구를 이루었다. 작품에 시집 『결백의 노래』, 『경험의 노래』 등이 있다.
　*** 프랑스의 조각가이다. 시인이자 외교관인 폴 클로델의 누나이며, 1884년경 로댕의 아틀리에에서 조수로 일하게 된다. 이후 로댕과 연인 관계로 발전했다.

오귀스트 로댕의 〈지옥의 문〉

었던 작품들은 1896년에 그가 뫼동에 사 두었던 집으로 옮겨졌다. 그 작업장에서 릴케 등 여러 사람과 비서들이 그를 도왔다. 릴케가 그를 방문한 20세기 초부터 로댕은 전 세계에 이미 널리 알려져 그 후 현대의 미켈란젤로이자 조각의 거장 또는 비범한 천재성의 화신으로 오랫동안 추앙받았다.

릴케의 로댕 전기는 지금 『전집』에 포함되어 있는 『로댕론』의 1부에 해당된다. 우선 그 부분을 보자. 전기는 성당에 장식된 사람과 동물 조각을 보면서 로댕이 조각 공부를 시작했다는 서술로 시작한다. 릴케에 의하면 "힘겨운 신앙의 보이지 않는 심판에 대한 불안감을 모면하려고 사람들은 이러한 가시적인 대상으로 도피"했다.(전집10, 158) "대성당은 신비로운 어두움을 둘러싸고 운집하여 어떤 유기체에 의해 결속되고 거기 적응해 있었으며, 그에 복종하도록 만들어져 있었다. 인간이 곧 교회가 되었던 것이다."(전집10, 164) 여기서도 우리는 서양의 근대에 반대하는 릴케의 중세적인 유기체 찬양을 볼 수 있다.

그러나 릴케는 로댕이 기독교세계에서 오랫동안 옷으로 가려졌던 인체를 탐구했고, 특히 인체의 표면에 집착했음을 지적한다. 또 릴케는 로댕이 단테의 『신곡』과 보들레르의 시를 읽었고, 친구도 없이 고독하게 살았음을 특히 강조했는데 이는 그의 예술관과 합치되었기 때문이다. 릴케에 의하면 1864년 〈코가 깨진 남자〉의 살롱 낙선 이후 그는 "자신을 폐쇄"하고 "자신과는 상관없는 시대로부터 어떠한 영향도 받지 않"으며(전집10, 167) "그의 작품은 오로지 자기 자신에 의해서만, 그리고 위대하고 영원한 자연과 더불어서만 순결하게 성장해갔다."(전집10, 168) 이렇게 로댕을 서술하는 릴케는 마치 자신을 서술하는 듯하다. 릴케는 로댕을 위대하게 만든 것이 "온전히 혼신의 힘을 다해 자기 연장의 미천하고 엄격한 본질 속에 몰입하는 것 외에는 어떤 것도 바라지 않았던 한 사람의 노동자였다는 사실"이라고 단언한다.(전집10, 226) 즉, 로댕에게서 어떤 사회적인 사상이나 영향이 없었음을 강조한 것이다. 그러나 로댕을 반드시 그렇게만 보아야 할까?

1903년 『로댕』 전기가 나온 뒤 릴케는 1905년 드레스덴과 프라하에서 로댕에 대한 강연을 했다. 그것이 『로댕론』 2부이다. 로댕은 사람들이 기대하는 영감이란 것을 거부하고 "영감이란 것은 없다고, 영감이란 것은 없고 오로지 노동만이 있다"라고 말했다고 소개하면서 오스카 와일드(Oscar Fingal O'Flahertie Wills Wilde, 1854~1900)*가 로댕과 나누었을 대화를 다음과 같이 묘사한다.

"당신의 삶은 어땠습니까?" "좋았소."
"적은 있었나요?" "그들은 내가 작업하는 것을 방해할 수 없었소."
"그럼 명성은요?" "그건 내게 일할 의무를 부과했소."
"그럼 친구들은 있었습니까?" "그들은 나에게 작업할 것을 요구했소."
"그럼 여자들은?" "작업하면서 난 여자들을 경탄하는 걸 배우게 되었소."
"그런데 당신도 젊었던 적이 있지요?"
"그때 난 평범한 젊은이였소. 젊을 때는 아무것도 이해하지 못해요. 그건

■　* 아일랜드의 시인이자 소설가, 극작가로 활동했다. 19세기 말의 유미파를 대표한다. 작품으로 희곡 「살로메」, 동화 「행복한 왕자」, 장편 소설 「도리언 그레이의 초상」이 있다.

카미유 클로델

로댕이 만든 발자크 동상

나중에 가능하지요. 서서히."(전집10, 253)

영국의 시인이자 극작가인 오스카 와일드는 동성애 문제로 감옥에 간혔다가 당시 파리로 망명해 있었다. 릴케는 "새로 시작한다는 희망이 어쩌면 다시 한 번 반쯤은 짓이겨진 그의 가슴 속에서 꿈틀거렸는지도" 모른다고 한다.(전집10, 253) 실제로 와일드는 1900년 파리에 와서 로댕의 〈지옥의 문〉을 보고 로댕과 대화를 나누었다. 따라서 위의 대화 묘사는 릴케의 단순한 '상상'(레프만, 287)이 아니라 실제일 가능성이 높다.

와일드는 자신의 삶을 예술작품처럼 아름답게 만들고자 시도했다. 반면 로댕은 예술가의 삶이란 그 전체가 오로지 아름다운 예술작품의 창조 작업에 바쳐질 때만 아름답다고 말했다. 릴케는 삶 자체가 아름다워야 한다고 생각하지 않고, 로댕처럼 예술작품의 창조에만 예술가의 삶을 완전히 바치고 그 밖의 모든 것은 포기해야 한다고 생각했다. 로댕에게 영향을 받은 탓이리라. 로댕이 조각을 신이라고 하듯이 릴케는 시를 신이라고 생각했다.(전집10, 262)

1903년 초 릴케의 심정은 당시 처음 쓴 『젊은 시인에게 보내는 편지』에 잘 드러난다. "쓰고 싶다는 욕구가 당신의 가슴 깊숙한 곳에서부터 뿌리를 뻗어 나오고 있는지를 알아보시고, 만일 쓰는 일을 그만둘 경우에는 차라리 죽기라도 하겠는지 스스로에게 물어보십시오."(편지, 24-25) 글쓰기와 죽음을 등치시키는 릴케의 말은 비장하다. 그러나 이 말은 철저한 글쓰기에 대한 표현 치고는 너무나 비장하여 나에게는 영웅주의의 냄새가 난다.

룩셈부르크에 있는 위고의 청동 흉상. 로댕의 작품이다.

『기도시집』 제3부

1903년 3월, 『로댕』을 탈고한 릴케는 두 번째 이탈리아 여행을 떠난다. 철저히 혼자서 하는 여행이었다. 완벽한 고독만이 영감을 준다고 생각한 탓이다. 그 결과 휴양지 비아레조에서 『기도시집』 3부 「가난과 죽음에 관한 시집」을 1주일 만에 완성했다. 그 시집에서 그는 먼저 떠나온 대도시 파리의 악몽과 그 파괴의 희망을 노래한다.

> 태초의 폭풍이신 신이여 일어나
> 당신 앞에 있는 도시들을 콩깍지처럼 날려버려라.(전집1, 428)

> 주여, 대도시들은
> 타락하고 파멸된 곳이다.
> 가장 큰 도시는 타오르는 불길에서 도망치는 것과 같다.
> 제 스스로를 위로해줄 위안은 하나도 없고
> 하찮은 시간만이 흘러갈 뿐이다.(전집1, 430)

> 그러나 도시는 제 것만을 원해서
> 모든 것을 제 쪽으로 잡아끈다.
> 속이 빈 나무 조각처럼 짐승들을 쪼개버리고
> 많은 종족들을 불쏘시개로 다 태워버린다.

> (…)

허위가 매일같이 그들을 조롱하는 듯하다.

그들은 결코 더 이상 자기 자신들일 수 없다.

돈은 점점 자라나, 온갖 힘을 얻고

동풍처럼 커져만 가는데, 인간들은 실상 보잘것없고

(…)

그리고 너의 가난한 자들은 이들로 인해 고통을 겪고

눈에 보이는 모든 것으로 마음이 거북해져

열병에 걸린 듯 덜덜 떨며 불덩이처럼 타오르고

찾아가는 집마다 내쫓기는 신세가 되어

한밤중의 낯선 주검들처럼 이리저리 헤맨다.

(…)

사람들은 이들에게 침을 뱉고 너의 가난한 자들은

모든 우연과 창녀들의 번쩍이는 장신구와

차와 가로등에 놀라 비명을 지른다.(전집1, 452-453)

이처럼 릴케가 극단적으로 저주하는 도시에 사는 사람들이 위 시를 읽고 황당해 했을 것임은 충분히 이해된다. 그래서 그들 중 누군가가 현실세계의 문제들을 이미지의 폭포 속에서 매장시킨 릴케의 시를 패러디 하여 다음과 같이 자조하는 내용의 시 「60초 동안의 60개의 이미지 또는 매분마다 하는 기도시집」을 쓴 것도 충분히 이해된다.

네 아버지는 등꽃 색 백합

그리고 네 어머니는 달.

하지만 우리는 시든 파슬리처럼

돌투성이 도시에 사는

가족에 지나지 않는다.(레프만, 297)

여하튼 릴케가 저주하는 끔찍한 대도시에서는 삶만이 아니라 죽음도 위조된다. 그래서 그는 '고유한 죽음'이나 '위대한 죽음'이 와야 한다고 노래한다.

이 삶은 죽음을 낯설고도 힘겹게 만들기에,

그 죽음은 우리의 죽음이 되지 못한다.

미처 성숙하기 전에 우리를 덮치는 죽음이다.(전집1, 433)

오 주여, 저마다 고유한 죽음을 다오.

사랑과 의미와 고난이 깃든

삶에서 나오는 그 죽음을 다오.

우리는 껍질과 잎에 지나지 않는 까닭이다.

저마다 가슴 깊이 간직한 위대한 죽음,

그것은 그 주위로 온갖 것이 감싸고 있는 열매다.(전집, 1-432)

그러나 릴케가 말하는 '고유한 죽음' 혹은 '위대한 죽음'이 어떤 것인지는 분명하지 않다. 이에 대해 '죽음'은 "삶의 궁극적·결정적인 사건이며 절정"이고, '고유한 죽음'은 "인간적 삶, 특히 예술적 자기실현의 목표"라고 보는 견해가 있다.(김재혁, 전집1, 478 주149) 그러나 나는 릴케가 죽음을 자연의 죽음 그 자체라고 보고 '고유하고 위대한 죽음'과 그렇지 않은 죽음(가령 위 시 구절에서 말하는 "성숙하기 전에 우리를 덮치는 죽음")을 구분했다고 본다.

여기서 더 중요한 문제는 '고유하고 위대한 죽음'이 구체적으로 어떤 것이냐 하는 점인데, 니체의 전기 작가 레프만이 말하는 것처럼 앞에서 본 『기수 크리스토프 릴케의 사랑과 죽음의 노래』에 나오는 기수 릴케의 죽음, 그리고 뒤에서 볼 『말테의 수기』에 나오는 말테 아버지의 죽음이 그렇다고 본다. 물론 마지막 9장에서 볼 릴케 자신의 죽음도 그렇다고 할 수 있다. 릴케는 야콥센 소설의 주인공처럼 뜬눈으로 서서 의사가 권하는 진통제를 쓰지 않고 죽었다. 또한 '고유하고 위대한 죽음'이란 모든 피안적인 것을 거부하고 동시에 익명적으로 죽어가는 것을 거부한다는 뜻이기도 하다.(레프만, 298)

『기도시집』은 성 프란체스코에 대한 찬양으로 대미를 장식한다.

아, 그는 어디로 갔는가, 소유와 시간에서 벗어나
위대한 가난으로 그토록 강해져서는
시장 한복판에서 옷을 벗어던지고
주교의 법의 아래 벌거벗은 모습으로 유유히 나타난 그 자는
누구보다도 마음씨 곱고 사랑으로 가득한 사람.

그는 세상에 나와 마치 맑은 새해처럼 살았다.(전집1, 454)

그리고 릴케는 "기다리는 가난한 자들은 왜 그를" 느끼지 못하는지 개탄한다.(전집1, 456) 그것이 릴케의 가난한 자들에 대한 유일한 호소이다. 그런 릴케가 어떤 사회 개혁에도 반대한 것은 주지의 사실이다. "한 인간의 상황을 변경하고 개선하려는 것은, 그 사람 자신이 이미 단련되어 있는 여러 가지 어려움들 대신에 다른 어려움들을 제공하는 것을 뜻할 뿐입니다. 아마도 그 사람은 그 새로운 어려움에 더욱 당혹해 하겠지요."(레프만, 295) 그렇다면 썩어빠진 세상은 그냥 그대로 두는 것이 옳은 것이 된다. 더 천박한 도시도 참혹한 가난도 바꿀 필요가 없어진다. 그러면 시인은 왜 그것을 부당하다고 노래하는 것인가? 천박함과 참혹함을 노래해서 어떻게 하자는 것도 아니라면 차라리 노래조차 하지 않는 것이 옳지 않겠는가? 아니다. 릴케는 신의 경지에 이른 자신의 완벽한 시에 의해서만 세상이 바뀔 수 있다고 보았다. 그러나 어떤 시인이 시로 세상을 바꾸었는가? 시로 세상을 바꾼다는 것은 시인의 환상에 불과한 것 아닐까?

여하튼 시인으로서 릴케는 자신이 느끼는 고통을 정화하여 문학으로 승화시키는 것이 자신의 사명이라고 생각했다. 이를 위해 고독에 빠져 자신도 모르게 머리에 떠오른 수많은 이미지를 쏟아내는 것이 위대한 시인이고 그 이미지의 모음이 시집이라고 생각한 것이다. 『기도시집』 제3부가 그렇다.

로마와 북구

릴케는 1903년 3월 말부터 한 달 정도 휴양지에 머물면서 파리를 증오하는 시를 쓴 뒤 파리로 돌아갔다. 그러나 대도시에 대한 증오는 더욱 커질 뿐이었다. 그 무렵 그는 2년 만에 다시 살로메에게 편지를 쓰기 시작했다. 7월 초 릴케는 대도시 파리를 잊기 위해 어린 딸이 있는 시골인 보르프스베데로 갔다. 그러나 처갓집에서 그는 다시 고통을 느낄 수밖에 없었고 딸과 해후하는 시간도 몇 주로 끝내야 했다.

1903년 9월에 로마에 도착한 릴케는 대도시 파리로부터의 무한한 고통을 더 이상 느끼지 않게 되었다고 기뻐했으나 그것은 잠시였을 뿐, 그가 보고 싶어 했던 고대문화 대신 근대적 바로크문화만이 득실대는 사치스러운 로마에 크게 실망한다. 릴케는 이듬해 6월까지 그곳에 머물다가 북구로 갔다. 덴마크는 릴케가 좋아한 소설가 야콥센의 조국이었고, 스웨덴은 파리에서 편지를 교환하기 시작한 페미니스트이자 교육운동가인 엘렌 케이(Ellen Karolina Sofia Key, 1849~1926)*가 있는 곳이었다. 살로메의 친구이기도 한 케이는 1900년에 쓴 『어린이의 세기』에서 아이들의 자기실현을 강조하고 실적 지향적인 교육을 거부했다. 1902년 릴케는 그 책의 서평에서 케이가 개혁을 통한 진보가 아니라 "아이들 자체가 진보"이니 "아이들을 믿으라"라고 했음을 강조했다.(전집11, 333) 그러면서 아이들의 노예성을 지적했다. "그들의 노예성은 힘들고 끔찍하다. 그들이 태어나기도 전에 시작해서는 그들이 마침내 어른이 되고 부모가 되면서, 다

■　*　스웨덴의 여류 사상가이며, 교육자다.

엘렌 케이(오른쪽)

시 말해 새로운 아이들의 압제자가 되면서 끝난다." 릴케는 예수가 아이들처럼 되라고 한 말을 인용하면서 부모나 학교가 아이들을 노예로 만든다고 비판했다.(전집11, 334)

> 학교는 인격에 대한 체계적인 투쟁이다. 학교는 개개인의 소망과 동경을 무시한다. 그리고 학교는 자신의 과제를 개개인을 대중의 수준으로 내리누르는 것이라고 본다. (…) 위대한 관념들은 학교에서 생동감을 몽땅 잃어버렸다. 그것들은 추상적이고 지루해져버렸다. 교육하려는 의도적인 것이 있기 때문이다. 도대체가 사람들이 '보편적인 교육'이라고 부르는 것은 지나치게 늘어나고 사무적이 되어버린 지식의 창고이고, 회화 사전처럼 생동감이 없고 내적 연관도 없다. (…) 수년간의 학교시절 내내 사람들은 아이 스스로가, 그의 욕구와 근심과 그리고 희망들을 말하도록 단 한 번도 내버려두는 적이 없다. 그리고 오로지 가능한 한, 시험재료로 긴장해가면서, 완벽하게 반복해야 하는 완성된 상투어와 공식의 복제기계로서만 아이를 사용한다.(전집11, 335-336)

위 문장은 현대의 어떤 교육학자의 주장보다 강렬한 학교교육에 대한 비판이다. 그러나 우리는 그것이 릴케의 보수적인 사고 속에 있는 것임을 주목해야 한다. 또한 어린이를 시인과 동격의 신성한 존재로 보는 그의 독특한 견해에서 비롯된 것임도 주목해야 한다. 그는 학교교육 외에 다른 어떤 현대사회의 문제점도 비판하지 않았다. 즉, 학교교육의 문제점이 사회체제의 구조적인 문제임을 전혀 알지 못했던 것이다.

릴케가 특히 케이가 아이와 예술가를 나란히 세워놓은 점을 마음에 들어 한 것도 바로 그런 이유에서였다. 그러나 케이는 릴케와 같은 예술 가가 아니라 여성운동가이자 사회운동가였다. 따라서 몇 년이 지나지 않아 두 사람은 틀어질 수밖에 없었다. 비록 그 후 1909년 케이의 60세 생일을 축하한 글에서 릴케는 그녀를 칭송했지만 그 글에서도 그는 칭송해야 할 점은 "그녀의 영향력이 아니라 내면의 보이지 않는 영웅적 태도"라고 말하는 것에 그쳤다.(전집13, 62)

사회개혁을 항상 부정했던 릴케였지만 케이가 1901년에 세운 새로운 형태의 학교에 대해서는 관심을 보였던 것도 그의 어린이에 대한 특별하고 독특한 가치 부여 때문이었다. 그곳은 시험도 경쟁도 없이 자유롭게 기술을 배우는 곳이었다. 특히 종교수업이 없는 점이 릴케의 마음에 들었다. 그래서 그는 그 학교를 독일에 소개했을 뿐 아니라 자신이 독일에 그런 학교를 세울 계획까지 세웠다. 물론 그것은 계획으로 끝났을 뿐이다. 릴케에게는 그것을 실천할 의지도, 재정도 아무것도 없었다.

『신시집』

릴케는 1905년 9월 파리에 가서 로댕을 다시 만나 그의 비서로 일했다. 아침에 두 시간 정도 편지를 정리하는 일이 전부였지만 조건이 매우 좋아서 생활비의 반 정도를 충당할 수 있었다. 그러나 릴케는 비서 이상, 즉 로댕을 신처럼 숭배하는 태도로 그를 대했다. 훨씬 뒤에 그는 자신의 비서 시절을 무시했지만 당시의 그는 결코 그렇지 않았다.

우리가 앞에서 본『로댕론』2부에 실린 강연은 1905년 10월과 이듬해 봄에 행해졌다. 그 무렵 그의 아버지가 죽었는데 릴케는 아버지의 임종을 보기 위해 서두르지 않았다. 아버지의 장례식을 치른 뒤 돌아온 릴케가 답장을 주제넘게 썼다는 이유로 로댕은 릴케를 해고한다. 그 뒤 로댕에게 보낸 편지에서 릴케는 두 사람의 성격 차이로 빚어진 오해에서 불화가 생겼다고 썼다. 그리고 1907~1908년에 낸『신시집』을 로댕에게 바쳤다.

『신시집』에 포함된 시들은 우선 제목부터 다르다. 가령『형상시집』에 나오는 「불안」, 「한탄」, 「고독」과 같은 제목이 아니라 「눈먼 사람」, 「여인」, 「노파」 등의 제목이다. 여기서 우리는 릴케의 사물시라는 새로운 시도를 다시 보게 된다. 또한 시인의 '주관적인 감정'으로 표현된 이미지가 아니라 사물에 대한 '객관적인 지식'이 상징으로 나타난다. 아울러 일상의 삶이나 사회현상도 전혀 등장하지 않는다. 그 지식에는 심리학과 생리학도 포함된다. 가령 제우스의 섹스를 묘사한 「레다」가 그렇다.

> 더 이상 참을 수 없게 된 그 신이 백조를 기습했을 때,
> 신은 너무나 아름다운 백조의 모습에 놀랄 지경이었다.
> 신은 정신이 아득한 상태로 백조의 몸속으로 사라졌다.
> 신의 속임수는 벌써 신을 행동으로 옮겨주고 있었다.
>
> 시험해보지 못한 존재의 감정을 미처 신이
> 살펴보기도 전에, 그리고 마음을 연 그녀는
> 백조의 모습에서 이미 다가오는 그 신을 알아보고

그 신이 한 가지를 부탁할 것임을 알고 있었다.

아득한 상태에 빠져 아무리 발버둥 쳐도 그녀가

숨길 수 없는 한 가지를, 신은 내려와

그의 목에 가녀린 손의 보듬을 받으며

사랑하는 여인의 품속으로 들어갔다.

그때 비로소 신은 기쁘게도 그의 깃털을 느꼈으며

그녀의 품속에서 정말로 백조가 되었다.(전집2, 250-251)

이 시에 표현된 섹스는 앞서 본 『기도시집』에 나오는 성교시와 다르다. 그러나 우리는 백조로 가장해 유부녀와 섹스를 하는 자가 시인임을 눈치 챌 수 있다. 시인은 「1906년의 자화상」에서 다음과 같이 자신을 찬양한다.

둥그런 눈썹에 굳게 아로새겨진

옛날 오랜 귀족의 혈통.

눈길에 얼비치는 어린 시절의 두려움과 파란 빛

여기저기에 깃들인 겸허, 하인의 것이 아니라

섬기는 자와 여인의 것 같은 겸허.

크고 정확하게 지어진 입 같은 입,

설득하지는 않으나 바른 것을 말하는

입. 사악의 기색 하나 없고

아래쪽을 조용히 내려다보아 그늘진 이마.

이것들이 연관을 지닐지는 예감에 불과하다.

고뇌의 한가운데서나 성공 속이나 나의 상은

아직도 지속적인 융합을 위해 합쳐진 적은 없다.

하지만 여기저기 흩어진 것들로써

진지하고 진실된 것이 멀리서 계획된 듯하다.(전집2, 208-209)

세잔과 유대인

1906년 12월부터 이듬해 5월까지 릴케는 나폴리 부근의 카프리에 있는 귀족 별장에서 세 명의 귀족여인들과 함께 에로틱하게 살았다. 당시 그곳에는 막심 고리키(MaksimGor'kii, 1868~1936)*를 비롯한 많은 작가들이 살았으나 릴케는 그들과 거의 사귀지 않았다. 릴케는 고리키를 별안간 방문한 적은 있으나 러시아가 혁명과는 무관하다고 생각했기에 고리키를 좋아하지 않았다. 고리키의 사치와 극단적인 언사에도 질려했다. 우리가 아는 「어머니」를 쓴 사회주의 작가 고리키의 이미지와는 상당히 다르다.

이어 6월에서 10월까지 세 번째의 파리 체류 중에 그는 『신시집』에 실릴 여러 편의 시를 썼고 세잔(Paul Cézanne, 1839~1906)**의 추모전을 보았다.

---

* 제정 러시아의 작가다. 사회주의 리얼리즘의 창시자로, 어린 시절의 비참한 체험을 바탕으로 노동자 계급에 대한 애정과 그들의 현실을 담은 작품을 발표하여 프롤레타리아 문학에 크게 공헌했다. 작품에 희곡 「밑바닥」, 소설 「유년 시대」, 「소시민들」, 「어머니」 등이 있다.
** 프랑스의 화가. 처음에는 인상파에 속했으나 뒤에 자연의 대상을 기하학적 형태로 환원하는 독자적인 화풍을 개척한다. 작품에 〈빨간 조끼의 소년〉, 〈목욕하는 여인들〉 등이 있다.

막심 고리키와 안톤 체호프

세잔이 자신과 같이 사물예술을 추구했고, 작업에 열중한 나머지 어머니의 장례식에도 참석하지 못한 점에 공감하면서.

그런 사이에 차츰 릴케의 이름이 알려지기 시작했다. 몇 사람이 그를 비평한 것이다. 그러나 릴케는 그런 비평을 무시했다. 또 여러 곳에서 릴케의 낭송회가 열렸으며, 로댕과도 화해했다.

앞에서 보았듯이 릴케는 어릴 적부터 기독교를 부정했지만 유대인에 대해서만큼은 그들의 종교성을 강조했다. 그는 유대인을 노골적으로 배척하지는 않았지만 그렇다고 옹호하지도 않았다. 1907년에 쓴 "유대인 문제의 해결 방안"이라는 설문조사에 대한 답에서 그는 유대인들이 "종교성과 하나가 되어 있다는 사실 위에 확립하도록" 해야 한다고 주장했다.(전집13, 38) 따라서 이를 릴케가 종교문제가 아니라 개인문제로 파악했다는 견해(전집13, 177, 주18)는 잘못이다.

폴 세잔의 〈목욕하는 여인들〉

5장

반도시주의자
영웅 말테

❚

『말테의 수기』는 어떤 책인가?

릴케는 1904년부터 쓰기 시작한 『말테의 수기』를 1908년부터 집중적으로 집필하여 1910년에 출간했다. 말테는 덴마크 귀족 출신의 가난한 청년 시인으로 파리에 살고 있는데, 그가 릴케 자신임은 물론이다. 나이가 28세인 것도 1903년의 릴케 나이와 같다. 그가 쓴 71개의 '수기'란 그냥 쓴 '기록' 같은 것이어서 서로 연결되지 않는다. 그 서설의 원제인 'Die Aufzeichnungen des Malte Laurids Brigge'에서 'Die Aufzeichnungen'은 '기록'이라는 뜻인데, '수기'라고 해서 이상할 것은 없으나 '수기'란 일반적으로 쓰는 말은 아니다.

이 작품은 형식만이 아니라 내용의 난해함도 문제다. 지금까지 누구도 그 내용을 크게 나누지 않았지만 나는 71개의 '수기'를 전후 편으로 나

눌 수 있다고 본다. 그 전편은 말테가 현대 대도시의 비참함을 묘사하는 제23장까지이고, 후편은 그 비참함에 대한 나름의 극복 방안으로 삼은 '새롭게 보는 법'에 의한 '새로운 글쓰기'다. '새롭게 보는 법'의 대상은 말테의 어린 시절과 그 시절에 읽은 책들에 대한 재조명, 그리고 현대 대도시의 비참함을 재조명하는 것으로 다시 나누어진다. 가령 처음에는 대도시의 빈민을 싫어하다가 그들을 '새롭게 보는 법'에 의해 성자와 같은 존재로 본다는 식이다. 그러나 그런 물질적인 귀족에서 정신적인 귀족으로의 전환을 방불케 하는 자의식의 전환만으로 현대 대도시의 비참함을 과연 극복할 수 있을까? 나로서는 도저히 이해할 수 없다.

그러나 20세기가 막 시작되었을 때의 엄청난 근본적인 혼란기에서 릴케는 그런 정신의 전환, 보는 방법의 전환으로 시대의 위기가 극복될 수 있다고 믿었다. 그 백 년 뒤인 21세기에도 그렇게 믿는 사람들이 있다. 가령 자본주의나 민주주의나 사회주의 같은 이데올로기로서는 안 되고, 결국 인간의 마음, 특히 인간의 욕망을 통제할 수 있어야만 빈곤이나 환경파괴나 정치체제 문제도 극복할 수 있다고 믿는 사람들이 있다. 물론 그런 의견을 반드시 부당하다고 볼 수는 없다. 그러나 마음의 정화만으로 과연 모든 문제가 해결될 수 있을까?

나는 릴케와는 달리 그러한 욕망의 통제와 함께 이데올로기의 전환도 필요하다고 믿는다. 그러나 여기서 중요한 것은 릴케의 '새롭게 보는 법'의 구체적인 내용 자체가 아니라 '새롭게 보는 법'이라는 안목의 쇄신 자체이다. 물론 이러한 '새롭게 보는 법'을 릴케가 처음 주장한 것은 아니다. 인류 역사상 많은 사람들이 그것을 모색했다. 『말테의 수기』 역시 그중 하나에 불과하다. 이 책을 읽는 참된 의의는 우리도 릴케와 마찬가지로 '새롭게 보는 법'을 나름대로 모색하는 데 있다.

두 가지 죽음

소설은 이렇게 시작한다. "그러니까 사람들은 살기 위해 이 도시로 온다. 그런데 내 생각에는 사람들이 여기서 오히려 죽어가고 있는 것 같다. 나는 밖으로 나갔다. 많은 병원을 보았다."(전집12, 9) 그 병원처럼 그가 사는 대도시는 소란하기 짝이 없다.

> 전차가 미친 듯 경적을 울리며 내 방을 가로 질러 달려간다. 자동차는 내 위를 지나간다. 문 닫히는 소리가 들린다. 어디선가 유리창이 깨져서 떨어진다. 큰 유리조각들은 껄껄거리고 작은 조각들이 킥킥거리는 소리가 들린다.(전집12, 10)

그러다 개가 짖고 닭이 우는 소리를 듣고 그는 흐뭇해하며 겨우 잠든다. 이는 시골에서 온 귀족 청년의 예민한 감수성의 표현이지만 전차나 자동차로 상징되는 현대문명에 의해 부정되는 인간의 삶을 극단적으로 표현한 것이기도 하다. 이러한 새로운 상황에 적응하며 살아가기 위해 말테는 "나는 보는 법을 배우고 있다"(전집12, 11)라고 말한다. '사는 법'이 아니라 '보는 법'을 배운다고 한 것은 그가 여전히 로댕의 영향 아래 있음을 보여주는 것이지만 결국 그 두 가지는 마찬가지다. 말테가 보는 법을 배운 중요한 대상은 병원에서 이루어지는 대량의 죽음이다(그가 본 병원은 천 년 이상 된 거대한 병원이다).

> 지금은 559개의 침상에서 사람들이 죽어간다. 공장에서처럼 대량생산방식이다. (…) 오늘날 훌륭하게 완성된 죽음을 위해 무언가 하려는 사람이 아직도 있겠는가? 아무도 없다. 이제 자신만의 고유한 죽음을 가지려는 소망은 점점 희귀해진다. (…) 맙소사, 이게 전부라니. 사람들은 세상에 와서 기성품처럼 이미 만들어져 있는 삶을 찾아서 그냥 걸치기만 하면 된다.(전집12, 15)

'고유한 죽음'과 그렇지 못한 '대량 죽음'의 대비는 앞에서 보았듯이 릴케의 중요한 개념이다. 릴케, 즉 말테는 여기서 단순히 죽음만을 말하는 것이 아니라 죽음에 이르는 삶 자체를 말한다. 우리의 삶이 죽음에 이르기까지 기성복처럼 되어버렸다는 것이다. 특히 죽음을 "병에 딸려 있는" 것이 되었다고 본다. "사람들이 모든 질병을 알게 된 이래로 여러 가지의 죽음은 인간이 아니라 질병에 속한다는 것을 알게 되었기 때문이다. 말하자면 병자는 할 일이 아무것도 없다."(전집12, 15)

이러한 죽음의 '병원화'를 서양의 "맹목적인 합리성이 가져온 전도 현상"(김창준, 64) "이성 중심의 역사관이 낳은 강박관념"(김창준, 66)이라고 하고 이에 대해 말테는 "계몽주의 이래로 점점 득세하게 된 인과성에 대한 맹신을 비판하고 있다"(김창준, 67)라고 보는 견해가 있다. 그러한 견해를 부정할 필요는 없다. 그러나 여기서 주의해야 할 점은 집에서 맞는 고유한 죽음은 훌륭한 상류층의 것이고, 그렇지 못한 대량 죽음은 가난한 사람들의 죽음이라고 릴케가 보고 있다는 점이다.(전집12, 16)

> 그러나 집에서 죽음을 맞이한다면 당연히 훌륭한 계층에 어울리는 점잖은 죽음을 선택하는 게 마땅하다. 그러면 죽음과 함께 상류층의 장례 절차가 시작되고 그들의 매우 멋진 관습들이 뒤따라 이어진다. (…) 물론 이 모든 격식이 없는 가난한 이들의 죽음은 보잘것없다. 그들은 자신에게 대충 들어맞는 죽음이면 기뻐한다.(전집12, 16)

과연 그럴까? 고유한 죽음은 가난한 사람들에게 구경거리일 뿐이고, 가난한 사람들은 대량의 죽음을 맞아도 되는 것인가? 고유한 죽음이 인간적인 죽음이라면 누구에게나 주어져야 하는 것 아닌가? 여기서도 나는 반민주적 릴케를 본다.

여하튼 그런 고유한 죽음의 보기가 말테의 할아버지인 시종관의 "두 달이나 계속된" "요란한" 죽음이다.(전집12, 17-22) 그러나 그렇게도 장황하게 묘사되는 그 별난 죽음이 결코 훌륭한 죽음이라는 생각은 들지 않는다. 심지어 인간의 죽음이라기보다 동물의 죽음 같아 릴케가 말하는 그 죽음이 왜 대량의 죽음보다 가치 있다는 것인지 이해하기 어렵다. 이는 장례식을 별나게 꾸미는 우리 왕족이나 양반네의 그것과 얼마나 다른 것일까? 반면 대량 죽음은 과연 무의미한가? 아무리 시시한 죽음이라도 그 하나하나에는 고유한 삶과 가치가 들어 있게 마련이다. 그것을 병원에서의 대량 죽음이라고 무시하는 것이 과연 시인의 감수성인가? 또 모든 존재에 신성이 있다고 보는 범신론을 믿는 자의 태도인가?

이에 대해 그 별난 죽음이 "충격과 새로운 성찰을 요구하는 특이한 체험", "온갖 요구를 해대고, 신음하고 비명을 지르며 주변의 모든 사람과 물건까지도 지배하는 것", "모든 익숙한 질서를 뒤흔들어놓는 것", "삶의 완성이자 존재의 최종적인 열매", "평생 자신 속에 지닌 채 키워왔던, 지독하고도 위엄 있는 죽음"이라고 보는 견해(김창준, 69)가 있다. 말테와 마찬가지로 나도 그런 요란한 죽음을 본 적이 있다. 그러나 그것이 주변 사람들을 '지배'하여 못살게 군 '충격'이라는 기억 외에 '성찰'이나 '완성'이나 '위엄'이라는 느낌을 받은 적은 없다.

시인과 빈민

자신에게는 두려움인 '대량의 죽음'에 맞서서 말테는 "밤새 앉아서 글을 썼다."(전집12, 23) 별난 죽음에 대해 글을 썼기에 그는 행복해진다. "보는 법을 배우고 있는 지금 나는 무엇인가 시작해야 한다고 생각한다"(전집12, 25)라는 말로 시작되는 제14장은 일본인들이 특히 좋아하는 동양적인 것이라고 하는 견해(조두환, 162)가 있으나 의문이다. 어떤 근거에서 그렇게 말하는 것인지 알 수 없다. 여하튼 말테는 시인으로 시를 쓴다. 그러나 "아아, 젊어 쓴 시는 별로 대단치가 못하다"(전집12, 26)라고 개탄한다. 릴케 자신 젊어서 쓴 시에 대해 그렇게 생각했듯이 말테는 다음과 같이 말한다.

시를 쓰기 위해서는 오랫동안 기다려야 한다. 평생을, 가능하다면 오래 살아서 삶의 의미와 달콤함을 모아야 한다. 그렇게 하면 아마도 마지막에 열 줄의 훌륭한 시를 쓸 수 있을 것이다. 시란 사람들이 말하듯 감정이 아니라 (감정은 이미 젊어서부터 충분히 가지고 있지 않은가) 경험이기 때문이다.(전집12, 26)

그렇게 말하는 릴케 자신 열 줄의 훌륭한 시가 아니라 수천 편의 시를 썼다. 그 수천 편이 모두 훌륭한 시인지는 모르지만 말이다. 여하튼 시란 감정이 아니라 경험이란 말테의 말은 당연하다. 그러나 문제는 어떤 경험인가 하는 것이다. 가령 한 줄의 시를 쓰기 위해 알아야 할 "도시와 사람들"이 병원에서 시시하게 죽는 것이고, 이를 시인이 멸시한다면 그것이 제대로 된 경험이라고 할 수 있는가?

그러나 시인은 자부한다. "수많은 발명과 진보에도 불구하고, 문화와 종교 그리고 세상의 지혜를 가졌음에도 불구하고 사람들은 다만 삶의 표면에만 머물러 있었다"(전집12, 29)라고 하면서. 그러나 릴케는 아무리 많은 도시와 사람과 사물과 동물을 보고 경험해도 언제나 자기 자신의 환상에만 사로잡힌 자로서 그 어떤 현실도 직시하지 않았다고 나는 생각한다. 예컨대 앞서 본 그의 프라하 체류나 러시아여행이 그렇고, 뒤에서 볼 북아프리카나 스페인 여행이 그렇다. 『말테의 수기』에 나타난 파리에 대한 서술도 마찬가지다.

"도시와 사람들 그리고 사물을 보아야 하며 동물들을 알아야" 시를 쓸 수 있다고 하는 말테는 고작 병원만을 기웃거리다가 대부분의 시간을 국립도서관에서 시집을 읽는 것으로 보낼 뿐이다. 그리고 그것을 너무나 좋아한다. "아아, 책을 읽고 있는 사람들 사이에 있는 것은 얼마나 좋은가. 사람들은 왜 언제나 이렇게 못할까?"(전집12, 44) 그러나 사람들이 왜 언제나 그렇지 못한 이유를 시인은 정말 모를까? 대부분의 사람들은 먹고살기 위해 그렇게 하지 못한다는 것을 정말 모를까? 시인은 시집을 읽는 것을 "얼마나 대단한 운명인가"라고 한다. 반면 그곳의 다른 사람들 삼백 명은 시집을 읽지 않는다고 하면서 "삼백 명의 시인이란 존재하지 않기 때문이다"(전집12, 45)라고 한다. 반면 자신은 자신만의 시인을 가지고 있다고 자부한다. "내 비록 가난하고, 매일 입고 다니는 옷은 한두 군데 해지기 시작하고, 내 신발에 대해 이런저런 말을 할 수 있지만 말이다. 그렇지만 내 옷의 칼라는 깨끗하다"라고 하면서 말이다. 그래서 아무 제과점에 들어가서 과자를 집어도 남들이 이상하게 여기지 않는다고 자부한다. "적어도 내 손은 좋은 가문 출신인 데다가 매일 네다섯 번씩 씻고 있기 때문"이라는 것이다. "특히 손목이 흠잡을 데 없이 깨끗하다. 가난한 사람들은 거기까지 닦지는 않는다"(전집12, 45)고 한다. 도대체 무슨 소리인가? 손목의 깨끗함 여부만이 문제가 아니다. 말테는 빈민에 대한 극단의 경멸을 표시한다.

그들은 거지일 뿐 아니라 내던져진 자들임이 분명하다. 아니 원래는 거지가 아니다. 그 차이를 분명히 해야 한다. 운명이 뱉어버린 인간의 찌꺼기이며 껍질이다. 그들은 운명의 침에 흥건히 젖어 벽과 가로등과 광고탑에 달라붙어 있는 것이다. 아니면 어둡고 지저분한 흔적을 남기며 골목길을 천

천히 흘러내려가기도 한다.(전집12, 46)

　여기서 빈민은 인간이 아니라 아예 물건으로 표현된다. 그리고 "언젠가는 그들이 내 방을 찾아올 작정을 할지도 모"(전집12, 48)른다고 시인은 터무니없이 두려워한다. 그러나 도서관의 시인은 그들로부터 안전하다고 주장한다. "이 도서관 안으로 들어오려면 특별한 입장권이 있어야 한다. 이 입장권을 가졌다는 점에서 나는 당신들보다 우월하다"(전집12, 48)라고 생각하기 때문이다. 그는 그곳에서 소녀들만을 생각해 너무나 행복해한다. 이는 도대체 무슨 터무니없는 자위인가?

　19장에 나오는 진료소에서도 그는 빈민에 대한 혐오를 표시한다. 그곳에 자신이 보내졌음에 대해 그는 그것이 "내가 이들 내버려진 자들에 속한다는 최초의 공식적인 증명"임을 알면서도 저항한다. "나는 아주 좋은 옷을 입고 의사를 찾아갔고 명함까지 건네주지 않았던가?"(전집12, 63)라고 말하면서. 그리고 여러 환자들에 대한 끔찍한 묘사가 여러 쪽(전집12, 63-70)에 걸쳐 이어진다. 이 장면은 앞에서 본 병원의 '대량의 죽음'과 유사하다.

　21장 축제 장면에서도 빈민은 여전히 오로지 혐오의 대상일 뿐이다. 이처럼 현실에서 그는 언제나 불안하다. 특히 민중 때문에 불안해한다. "나는 텅 비어 있었다. 나는 텅 빈 종이처럼 집들을 따라 대로를 다시 되돌아 올라왔다"(전집12, 79)라고 하면서 말이다.

새롭게 보는 법

앞에서 말테는 감정이 아니라 경험에 의해 글을 써야 한다고 말했다. 그러나 『말테의 수기』 18장에서 말테는 자신이 경험한 것과 그것을 쓰는 자신의 주관적 글쓰기 사이에 차이가 있음을 인지하고 이렇게 말한다. "그런데 그게 중요한 일일까? 설사 그게 중요하다고 해도 그 일 전체가 내게 어떤 의미를 갖는가가 문제되는 게 아닐까?"(전집12, 52) 그렇다. 우리는 어떤 사건을 경험하고 그것에 대해 글을 쓰는 경우 그것을 객관적으로 완벽하게 묘사할 수는 없다. 어떤 식이든 결국 자신에게 의미가 있는 것만 쓰게 된다.

이를 말테는 간이식당에서 본 한 남자의 죽어가는 광경을 바탕으로 다음과 같이 묘사하면서 보여준다. "아마도 혈관이 터졌거나 오랫동안 두려워하던 독이 이제 막 심장에 이르렀거나, 세계를 변화시키는 태양과 같은 커다란 종기가 그의 뇌 속에서 부풀어 오른 것 같았다." 이는 말테가 그 순간 자기도 모르게 갖게 된 상상일 뿐이다. 이를 그는 "나를 모든 것으로부터 멀어지게 만들고 떼어놓기 시작하는 무엇인가가 내 속에서도 일어나고 있었기 때문에 그 남자를 알아볼 수 있었다"라고 상상한다.(전집12, 58) 이를 경험한 말테는 다음과 같이 미래의 글쓰기를 말한다.

내 손이 나에게서 멀어져서 내가 무엇인가를 쓰려고 하면 생각지도 않은 다른 말을 쓰게 될 날이 올지도 모른다. (…) 그러나 나는 이 모든 공포에도 불구하고 무언가 위대한 것 앞에 서 있는 사람과 같은 심정을 느낀다. 전에도 종종 내가 글을 쓰기 시작하기 전에 이와 비슷한 느낌을 가졌던

게 기억난다. 그러나 이번에는 내가 쓰는 것이 아니다. 내가 쓰일 것이다. 나는 변화해가는 인상이다.(전집12, 60)

이러한 변화의 신비를 우리는 쉽게 이해할 수는 없으나 그것을 릴케의 만년 시기에 등장하는 다다이스트*나 초현실주의**자들이 주장한 무의식에 의한 자동적인 글쓰기와 유사하다고 볼 수 있다. 그 경험 이후 22장에서 말테는 "내 성격까지는 아니더라도 내 세계관과 내 삶에 일정한 변화가 생겼"다고 고백한다.(전집12, 80) 그는 그것을 보들레르의 「시체」라는 시에서 보들레르가 "이 끔찍하고, 겉보기에 불쾌하게만 보이는 것 속에서 모든 존재에 필적하는 존재를 발견해내는 것이 바로 그의 과제였"고, 또 플로베르가 『성 줄리앵』을 쓰면서 나환자 곁에 누워서 사랑을 나눈 것에 비유하여 말한다.(전집12, 81)

이어 24장에서 말테는 베토벤에 대해 다음과 같이 말한다. "그 자신의 소리 말고는 아무런 소리도 존재하지 않게끔 하기 위해, 소음에 흐려지고 혼란에 빠지지 않게 하기 위해 신이 귀를 막아버린 사람", "세계를 완성하는 사람"인 그의 음악은 "우리를 위해서가 아니라 세계를 위해서 존재해야 했다", "오로지 우주만이 견딜 수 있는 것을 우주에다 돌려주기

■　* 다다이즘을 신봉하거나 주장하는 사람을 일컫는다. 다다이즘(dadaism)은 모든 사회적·예술적 전통을 부정하고 반이성(反理性), 반도덕, 반예술을 표방한 예술 운동으로 제1차 세계대전 중 스위스 취리히에서 일어나 1920년대 유럽에서 성행했다. 브르통·아라공·엘뤼아르·뒤샹·아르프 등이 여기 참여했는데, 후에 초현실주의에 흡수되었다.

　** 제1차 세계대전 뒤에 다다이즘의 격렬한 파괴 운동을 수정하여 발전시킨 예술 운동이다. 인간을 이성의 굴레에서 해방하고, 파괴와 창조가 함께 존재할 수 있는 '최고점'을 얻으려고 했다. 문학의 경우에 이성의 속박에서 벗어나 비합리적인 것이나 의식 속에 숨어 있는 비현실의 세계를 자동기술법과 같은 수법으로 표현했다. 쉬르레알리슴 혹은 초사실주의라고도 한다.

시작했으리라"(전집12, 85)고 말이다. 그리고 베토벤을 듣는 현대의 대중을 간음자라고 비판한다. 그러나 다음 글을 쓸 때 릴케는 자신이 실제로 간음하는 자라고 생각했을까?

> 이제 누가 그대를 탐욕스러운 귀에서 구해줄 것인가? 간음을 하지만, 결코 수태하지 못하는 불임의 청각을 지닌 이들을 누가 연주회장에서 쫓아낼 것인가. 그들에게 음악의 정액이 뿌려지면 그들은 창부처럼 누워서는 그것을 가지고 장난한다.(전집12, 86)

26장에서 말테는 입센(Henrik Johan Ibsen, 1828~1906)*을 '완고한 자'라고 부르면서 고독한 예술가는 대중의 명성을 경계해야 한다고 주장한다.(전집12, 89)

어린 시절, 사랑, 시간

말테는 정신병원에도 다니고 어린 시절로 도피하기도 한다. 어린 시절은 대도시의 불안한 삶과는 반대되는 조화와 개성의 시기라고 여기지만, 이해할 수 없는 불안이 그때부터 자신을 지배했음을 깨닫는다. 20장에서는 "이불 가장자리에 삐죽 나와 있는 짧은 털실이 강철 바늘처럼 딱딱하고 날카롭지는 않을까 하는 불안"부터 수백 가지의 불안이 악몽처럼 회

■ * 노르웨이의 극작가다. 산문극을 창시하고, 여성 문제와 사회 문제를 주로 다루었다. 작품에 「인형의 집」, 「유령」, 「민중의 적」, 「사랑의 희극」 등이 있다.

상된다.(전집12, 71-72)

> 내 어린 시절이 돌아오기를 바랐고 그것은 마침내 되돌아왔다. 어린 시절
> 은 그때와 마찬가지로 여전히 무겁게 내리눌러서 나이를 먹은 것도 아무
> 런 소용이 없음을 느낀다.(전집12, 72)

이어 23장에서는 공포에 떠는 자신을 지켜주던 어머니가 등장하지만 그것도 순간적인 것에 그친다. 어린 시절의 회상으로 인한 새로운 보기에 대한 모색 중에 가장 중요한 것은 30장의 '손 이야기'다. 어린 시절 말테가 책상 밑에 떨어진 색연필을 주우려고 책상 아래로 손을 뻗치자 손이 멋대로 움직이고 또 벽 쪽에서 커다란 손이 나와 움직이는 것을 보고 공포를 느꼈다는 것이다.

이 에피소드에 대해 여러 학자들이 그럴듯하게 설명했으나 그 어느 것이나 완전한 것이 아니라고 생각된다. 이는 자아라고 하는 것이 얼마나 허약한 것인가, 우리의 몸은 자아와 별도로 놀 수 있다는 것을 보여주는 비유다. 그런데 당시 말테는 "인생은 단지 한 사람을 위해서 정해진 일들로 가득 차 있으며 그것은 말로 표현할 수 없는 특별한 것임을 막연히 예감했"고 "그처럼 은밀한 것들을 가슴에 가득 안고 묵묵히 인생을 살아가야 하리라고 상상했다"(전집12, 104)라고 한다.

그럼에도 33장에서 말테는 그런 자기만의 세계에서 빠져나와 공동의 삶, 즉 "약속된 경계"(전집12, 109) 안에서 사는 것에 사람들은 위안을 느낀다고 말한다. 33장에서 회상되는 다른 유년의 에피소드인 거울 앞에서

가스파라 스탐파

의 옷 바꾸어 입기와 가면 놀이를 통해서도 그런 "약속된 경계"가 무너지는 데서 오는 공포의 체험을 묘사한다.

이제 말테에 의한 사랑의 재해석을 살펴보자. 『말테의 수기』에 나오는 여인 중에 말테가 어려서부터 사랑하여 지금까지 편지를 쓰는 아벨로네가 있다. 38장에서 처음 등장하여 제70장까지 나온다. 말테가 이상으로 삼는 여인상은 16세기 이탈리아의 여류시인 가스파라 스탐파(Gaspara Stampa, 1523~1554)*와 17세기 포르투갈의 수녀 마리안나 알코포라도(Marianna Alcoforado, 1640~1723)**다. 그들은 자신을 버린 남자에 대한 사랑을 간직하여 남자를 넘어섰다는 점에서 말테의 찬양을 받는다.

> 여인들은 수백 년 동안 모든 사랑을 혼자서 이루어야 했고, 언제나 혼자서 양쪽의 대화를 이끌어왔다. 남자는 언제나 여자의 말을 따라야 할 뿐이었는데 그것도 서툴렀기 때문이다. (…) 그럼에도 불구하고 여자들은 밤낮으로 참고 견뎌내며 사랑과 고뇌를 증가시켰다. 그리하여 그들 속에서 마침내 끝없는 고난의 무게를 딛고 사랑하는 위대한 여인들이 생겨났다. 떠나간 남자를 부르는 동안 여인들은 그 남자를 넘어섰다.(전집12, 144)

여기서 우리는 말테의 사랑 이야기가 지극히 한정된 부류의 매우 특별한 여인들에게 국한되는 것임에 주의를 기울여야 한다. 따라서 여류시인

---

* 이탈리아의 여류시인
** 포르투갈의 수녀로 세상에서 가장 아름다운 다섯 편의 편지 중 하나로 간주되는 「포르투갈 수녀의 편지」의 작가이기도 하다.

이나 수녀의 사랑이라고 일반화해서는 안 된다. 그러나 말테는 그런 일반화에 빠져 남자들에게 다음과 같이 요구한다.

> 이제 많은 것이 달라지고 있으니 우리 남자들이 변해야 할 차례가 아닌가? 우리를 조금 발전시켜서 사랑하는 일에 더 많이 참여하도록 노력해야 하지 않을까? 우리들에게는 사랑의 온갖 고난이 주어지질 않았다. 그래서 사랑은 우리들에게 기분 풀이가 되어버렸다.(전집12, 145)

아벨로네는 56장에 다시 등장하고 57장에는 베티네, 58장에는 12세기 프랑스 수녀 엘로이즈와 사포가 나온다. 66~68장에는 그 유사한 더 많은 여자들이 등장하지만 우리로서는 알 수 없는 사람들이고 알 필요도 없다.

마지막으로 말테에 의한 시간의 재해석을 살펴보자. 『말테의 수기』 49장에서 말테는 페테스부르크에서 만난 러시아의 하급관리 쿠스미취에 대해 이야기한다. 그는 어느 날 자신이 앞으로 50년을 더 살 것이라고 생각하고 그것을 시, 분, 초까지 계산해보고 놀란다. "시간은 금이라는 말은 평소에 많이 들었지만, 이렇게 엄청난 시간을 소유한 사람을 경호도 하지 않는 사실에 놀랐다. 그렇다면 얼마나 쉽사리 도둑을 맞을 수 있겠는가."(전집12, 181) 그래서 그는 철저히 시간을 절약하는 바쁜 생활을 하지만 일요일에 와서는 절약한 시간이 조금도 남아 있지 않음을 깨닫는다.

그래서 그는 이제 시간을 저금하려고 시도한다. "일종의 시간은행 같

마리안나 알코포라도

은 국가기관이 있어서 거기에서 적어도 이 쓸모없는 초 단위의 일부를 큰 단위로 바꿀 수 있으리라는 생각이 들었다."(전집12, 183) 그러나 그것이 곧 착각임을 깨닫는다. "나는 숫자에 빠져버렸구나 라고 그는 자신에게 중얼거렸다. (…) 숫자란 말하자면 질서를 위해서 국가가 설치한 장치 같은 것일 테니까. (…) 나는 순전히 방심해서 시간과 돈을 혼동해버린 것이군. (…) 시간은 귀찮은 물건이었어."(전집12, 184)

그러자 그는 "무엇인가가 그의 얼굴을 스쳐간 것"을 알게 되고 그것이 "진짜 시간임을 이해"한다.(전집12, 184) 그러나 그는 비참한 기분에 빠져 눈을 감고 누워서 장시를 낭송하게 된다. 이는 굳이 말하자면 "시간은 돈"이라는 현대의 합리주의나 자본주의의 시간관을 비판하는 것이라고 볼 수도 있겠지만 역시 황당무계하다는 느낌을 지울 수가 없다.

대중, 고독, 빈민

53장에서 말테는 대중은 고독한 사람을 본 적도 없으면서 미워해 고독한 사람은 이웃에 의해 지치게 마련이라고 말한다. 그래도 고독한 이가 개의치 않으면 대중은 그에게 명성을 안겨주어 저항했다고 한다. 그 보기로 말테는 앞에서 베토벤과 입센의 경우를 들었는데, 이어 어린 시절에 읽은 역사적 영웅에 대한 재해석을 시도하며 이를 설명한다. 즉, 어린 시절에 읽었던 역사상의 영웅, 러시아의 가짜 황제 그리샤 오트레피오트와 샤를 대공, 그리고 샤를 6세를 불러낸 것이다.

무소륵스키(Modest Petrovich Musorgsky, 1839~1881)*의 오페라 〈보리스 고두노프〉에 나오는 가짜 황제의 이야기 자체는 말테의 관심이 아니어서 전혀 설명되지 않지만 우리로서는 최소한의 지식이 필요하다. 16세기 말 러시아에서 황제가 죽고 난 뒤 어지러운 정치 상황 속에 자신을 죽은 황제의 아들, 즉 황태자라고 주장하는 그리샤가 나타난다. 가짜 황태자의 어머니가 그를 진짜라고 말해 그는 황제가 되지만, 그 어머니가 다시 그를 가짜라고 하는 바람에 결국 처형당한다. 이 이야기 중에서 말테는 황태자의 어머니가 그를 진짜라고 말하는 순간 그의 몰락이 시작되었다고 본다.

> 그의 변신의 힘은 바로 그가 어느 누구의 아들도 아니라는 데 있었다고 나는 믿는다. (⋯) 반면에 황제의 어머니가 그를 아들로 인정한 이 의식적인 기만은 그를 약하게 만드는 힘을 지니고 있었다. 어머니는 상상으로 가득 찬 세계에서 그를 끄집어내어 피곤한 모방의 세계에 묶어버렸다. 어머니는 그를 자신이 아니라 다른 사람을 모방하는 이로 격하시켜 사기꾼으로 만든 것이다.(전집12, 200)

무슨 소린가? 사기꾼은 처음부터 사기꾼이지 타인에 의해 사기꾼이 아니라고 인정받음으로써 사기꾼이 된다니 도대체 무슨 소리인가? 이는 앞에서 본 입센이나 고독한 자의 명성, 또는 뒤에서 보는 『말테의 수기』 마

■ * 제정 러시아의 작곡가다. 러시아 국민악파 5인조의 일원으로 러시아 고유의 선법(旋法)과 대담한 화성(和聲), 변칙적인 리듬 따위를 구사하여 프랑스 인상파 음악에 영향을 주었다. 작품에 피아노 모음곡 〈전람회의 그림〉, 오페라 〈보리스 고두노프〉, 교향시 〈민둥산의 하룻밤〉 등이 있다.

지막에 나오는 돌아온 탕아의 재해석과도 마찬가지로 "집을 떠난 모든 젊은이", 즉 사랑받기를 거부해 집-사회를 떠나 고독하게 살아야 한다는 릴케의 인생관을 적용한 것이지만, 대단히 억지스러운 궤변의 냄새가 난다. 또한 가짜 황제의 처절한 처형 장면은 릴케가 말하는 '고유한 죽음'으로 묘사되지만, 여기서도 역시 영웅주의의 냄새를 맡을 수 있다.

이어 55장에서 회상되는 샤를 대공이나 61장에 나오는 샤를 6세에 대한 말테의 해석도 마찬가지로 황당무계하니 여기서 언급할 필요는 없겠다. 샤를 6세는 14세기 프랑스 왕으로 미쳐서 죽었는데, 그에 대해 말테는 "나는 추위에 떨며 그를 믿고 있다. 영광은 한 순간이고 비참함보다 더 오래가는 것은 그 어떤 것도 본 적이 없기 때문이다. 그러나 그 왕은 영원할 것이다"라고 한다.(전집12, 226) 도대체 무슨 소리인가? 말테가 '영원할 것'으로 내세우는 것은 왕의 처참한 죽음, 즉 말테가 말하는 '고유한 죽음'이고, 또 그 직전의 왕에 대한 백성의 환호, 즉 말테가 말하는 '사랑의 신비'다.(전집12, 229) 실제의 역사에서 샤를 6세는 방탕한 왕으로서 그 방탕 때문에 미쳤다. 그러나 말테는 그런 역사를 완전히 무시하고 그가 주변 상황으로 인해 불행해진 왕이었으며 백성의 끔찍한 사랑을 받았다고 하는 거짓 해석을 붙인다. 물론 말테는 이를 자신의 '새롭게 보는 법'의 하나라고 주장하지만 말이다. 이처럼 기이한 '새롭게 보는 법'은 빈민을 성인화하는 것으로까지 나아간다.

우리는 앞에서 말테가 빈민을 극도로 혐오했음을 보았다. 그러나 59~60장에서는 그 빈민이 성인으로 미화된다. 이는 『기도시집』 3부에서 본 성 프란체스코에 대한 릴케의 찬양과 같다. 이는 말테가 말한 '새롭게 보는 법'의 최고 경지를 뜻하지만 이미 릴케에 의해 그 전부터 추구된 것이었다. 게다가 59장에 이르면 거지가 성인으로 변모한다.

> 아아, 신이여, 당신이 이렇게 존재하신다는 생각이 격렬하게 나를 덮쳤다. 당신의 존재를 증명하는 여러 증거가 있다. 그런데 나는 그 모든 것을 다 잊어버렸고, 누구에게도 그 증거를 요구하지 않았다. 당신의 존재에 대한 확신에는 엄청난 의무가 들어 있기 때문이다. 그런데 이제 내게 그 장님의 모습을 통해 증거가 제시되었다.(전집12, 223)

이어 60장에서 말테는 "나는 그들의 강함도 그들의 자제력도 지니고 있지 않다", "그들은 마치 영원한 존재처럼 지탱해나간다" 등등 찬사를 늘어놓는다.(전집12, 224) 심지어 "아무런 저항도 없이 그들의 상태로 넘어가는 이들도 있다. 그들은 한 번도 사랑을 받은 일이 없는, 강하고 마음 속 깊이 순결한 이들이다"라고 하며 "아아, 신은 아마도 내가 모든 것을 버리고 그 처녀들을 사랑하기를 바라시는 것 같다"라고 말한다.(전집12, 225) 도대체 무슨 소리들인가?

소유하지 않는 사랑

우리는 앞에서 릴케의 '소유하지 않는 사랑'이라는 독특한 사랑관을 보았다. 이는 『말테의 수기』에서도 되풀이되는데, 그 절정이 69장에 나오는 다음 노래다.

그대여, 나 그대에게 말하지 않으리오.

울며 밤을 지새운다고

요람처럼 흔들어

나를 지치게 한다고도 말하지 않으리오.

그대 역시

나 때문에 잠 못 이루어도 말하지 않겠지요.

이 찬란한 침묵을 버리지 말고

마음속에 간직한 채

견디는 게 좋겠지요.

저 사랑하는 연인들을 보세요.

사랑의 고백이 끝나자마자

벌써 거짓말을 하잖아요.

나를 고독하게 만드는 그대

그대를 나는 무엇으로든 바꿀 수 있어요.

그대는 잠시 그대 모습이었다가

다시 살랑거리는 바람소리가 되고

마르지 않는 향기가 되지요.

아아, 내 품안의 모든 것을 잃어버렸지만

그대만은, 그대만은 언제나 내 안에서 새롭게 태어나지요.

한 번도 나 그대를 붙잡지 않았기에

나는 그대를 고이 간직하고 있어요.(전집12, 260-261)

말테는 사랑받는 것과 사랑하는 것을 구별한다. "사랑받는 것은 불타오르는 것이다. 그러나 사랑하는 것은 마르지 않는 기름으로 타오르며 빛을 내는 것이다. 사랑받는 것은 무상하지만, 사랑하는 것은 영원하다"(전집12, 263)라고 하면서. 이에 대해 사랑을 받는다는 것은 어떤 구체적인 대상에 대한 일정한 성취를 추구하는 것이니 당연히 그것이 소멸될 수밖에 없지만, 사랑을 한다는 것은 삶의 일상을 넘어서서 무한한 존재인 신을 추구하기 때문이라고 보는 견해가 일반적이다. 말테 자신도 "신은 사랑의 대상이 아니라 사랑의 방향일 따름"이라고 했다.(전집12, 262) 따라서 사랑의 궁극적 대상으로 여겨지는 그리스도는 부정된다.

돌아온 탕아

이제 『말테의 수기』 마지막 장인 71장을 살펴볼 차례다. 이는 신약성경 누가복음 15장 11~32절에 나오는 돌아온 탕아 이야기에 대한 재해석이다. 돌아온 탕아는 릴케의 독특한 사랑론, 즉 "사랑받기를 바라지 않았던 이의 전설"(전집12, 263)로 재해석된다.

> 그가 어린아이였을 때 집안의 모두가 그를 사랑했다. 그는 그렇게 사랑을 받으며 자라났다. 아직 어렸기 때문에 다른 것을 알지 못했고 사람들의 부드러운 마음에 익숙해졌다.(전집12, 263-264)

"그러나 소년이 되었을 때 그는 그 습관을 버리려 했다"라고 한다. 밖에 나갈 때 개를 데리고 가지 않은 것은 개들도 그를 사랑했고, 자신도 개들을 사랑해야 했기 때문이라고 한다. "당시 그는 마음속에 진실한 무관심을 얻고자 했다"(전집12, 264)는 것이다. 그래서 자연에 파묻히고 공상에 젖었지만 집에만 돌아오면 "오래전부터 식구들이 그의 조그만 과거에다 자신들의 소망을 섞어서 하나의 삶을 만들어준 그의 모습으로 돌아와 있었다"(전집12, 265)라고 말한다. 그래서 그는 가출한다. 가출 이유를 말테는 다음과 같이 재해석한다.

> 그는 집에 머물러 있으면서 그에게 정해진 대강의 삶을 거짓으로 살고, 얼굴까지도 그들 모두를 닮아갈 것인가. 그의 의지에 깃든 부드러운 성실성과 그 진실성을 망치는 졸렬한 사기 사이에서 분열될 것인가. 그는 가족 중의 마음이 약한 사람에게 상처를 주는 존재가 되는 것을 포기할 것인가.(전집12, 266)

그래서 그가 떠났다고 말테는 본 것이다. "그 누구도 사랑받는다는 끔찍한 상태에 빠뜨리지 않기 위해서 결코 사랑하지 않겠다"라고 결심하면서(전집12, 266) 집을 떠났다는 것이다. 즉, 가난하게 살면서도 그에게는 "사랑의 응답을 받는 것이 가장 끔찍한 일이었다"라고, "살아 있음을 사랑하는 것 외에는 아무것도 사랑하지 않았다"(전집12, 268)라고 말한다.

말테에 의하면 목동으로서 탕아는 "신을 향한 기나긴 사랑을, 그 적막하고 목적 없는 작업을 시작"하고 "신이 아득히 멀리 떨어져 있음을 깨달았다."(전집12, 269) 그런 그가 집에 돌아온 이유는 다음과 같이 재해석된다.

> 그는 내적인 삶을 성취하는 데 몰두했다. 모든 것 속에 그의 사랑이 깃들어 점점 커지고 있음을 확신했기에 그는 어느 것 하나 소홀히 넘기지 않았다. (…) 그는 무엇보다도 어린 시절을 생각했다. 조용히 생각하면 할수록 어린 시절은 더욱더 완수되지 않은 것처럼 여겨졌다. 어린 시절의 모든 추억은 그 자체로 예감처럼 모호한 데가 있었다. 그리고 그 추억들이 지나간 것으로 여겨진다는 사실이 어린 시절을 마치 미래의 일로 만들었다. 이 모든 것을 다시 한 번 그리고 이번에는 진실로 체험해보려는 것이 바로 그가 집으로 다시 돌아온 이유다.(전집12, 271)

우리는 이미 앞에서 말테가 어린 시절을 재해석하는 과정을 보았다. 그것을 말테는 마지막에서 탕아의 귀가에 비유하고 있는 것인데, 이는 기독교에서 그리는 탕아의 귀환―집을 나갔던 아들이 속죄하면서 돌아와 공동체로 귀환하고 식구의 사랑을 되찾는 것―과 완전히 반대된다. 도리어 그는 "집안 식구들의 발밑에 몸을 던지고 더 이상 사랑해주지 말기를 애원"했다(전집12, 272)고 한다. 물론 식구들은 그를 사랑했으나 그는 그 사랑이 자신과는 무관하다는 것을 깨닫는 것이다. 말테에 의하면 "그는 단지 한 분만이 자신을 사랑할 수 있음을 느꼈다. 그러나 그 분은 아직 그를 사랑하려 하지 않았다."(전집12, 273)

여기서 한 분이란 신이겠다. 그러나 릴케의 범신론은 모든 존재에 신이

렘브란트의 〈돌아온 탕자〉(1669년경)

내재해 있다고 본 것이 아닌가? 수많은 여성도 그에게는 신이 아니었던가? 그렇다면 당연히 식구도 신이 아닌가? 그 식구를 왜 사랑할 수 없다는 것인가? 식구를 사랑하는 것과 식구처럼 변하는 것은 전혀 다른 문제가 아닐까? 여기서 릴케는 자신의 범신론을 포기하고 기독교식의 일신론으로 돌아간 것일까? 여하튼 소유하지 않는 사랑을 추구한 여러 여인들에 대한 언급과 함께 돌아온 탕아 이야기로 『말테의 수기』는 끝난다.

『말테의 수기』의 주제인 불안한 삶은 오늘 우리의 삶과 크게 다르지 않다. 고독하게 사는 삶과 소유하지 않는 사랑을 추구한다는 점에도 우리는 공감할 수 있다. 그런 주제는 『기도시집』 3부에서 본 것과 크게 다르지 않다. 『기도시집』 3부에서 노래한 성 프란체스코의 가난 예찬은 『말테의 수기』에서는 빈민의 성자화로 나타난다. 그러나 이 장의 맨 앞에서도 말했듯이 이러한 것으로 불안한 삶을 과연 극복할 수 있는 것일까라는 의문은 여전히 남는다. 여하튼 릴케는 자신의 '새롭게 보는 법'에 따라 완벽한 자기만의 '새로운 글쓰기'를 위해 고독한 성주의 길을 간다.

6장

두이노의
성주 영웅시인

두이노 성

1910년 4월 릴케는 두이노 성에 갔다. 1장에서 소개했듯이 두이노는 "바위와 바람과 바다의 장엄한 자연 풍경 속에 우뚝 솟은 중세적·봉건적 성"(레프만, 427)으로 대도시 파리와는 극단적인 대조를 이룬 곳이었다. 이어 죽을 때까지 살았던 뮈조트 성의 성주였던 것처럼 릴케는 여러 중세 성에서 성주로 살았다. 두이노 성에서는 손님이었지만 자유자재로 드나들었으니 성주와 다름이 없었다. 귀족 성주 영웅으로서의 릴케의 꿈은 그렇게 완성되었다.

두이노 성 이후 릴케는 다시금 허물을 벗었을 만큼 그 일은 중요했다. 앞 3장에서 본 1896년 프라하 탈출, 4장에서 본 파리 탈출에 이어 세 번째 탈출이자 변용이었다. 그 후 그는 로마에도, 1901년 아내와 딸을 만났

가까이에서 본 두이노 성

던 북부 독일에도 다시 가지 않았고, 고향 프라하도 1911년 이후 다시 찾지 않았다. 그 무렵 아내는 이혼을 생각했을 정도로 부부관계는 흔들렸다. 그 전부터 두 사람은 이미 멀어진 터였으나 시간과 돈이 든다는 이유로 끝내 이혼하지는 않았다. 릴케가 그렇게도 싫어했던 시민적 삶에 마침내 종지부를 찍은 것이다.

독일의 볼노우를 비롯하여 많은 사람들은 릴케가 1910년부터 키르케고르의 책을 읽은 것이 릴케에게 결정적인 전환이었다고 주장해왔다. 즉, 청년시대의 무한히 몽환적인 인생 도취로부터 벗어난 계기가 되었다는 것이다. 그러나 이러한 견해에는 찬성할 수 없다. 키르케고르의 영향을 일부 인정할 수는 있지만 그것이 그의 삶을 결정적으로 바꾸었다고 생각하지는 않기 때문이다. 도리어 스스로를 성에 유폐하다시피 했을 정도로 그는 중세—반현대—에 더욱더 깊이 숨어들었다고 봄이 옳다. 그 결과 릴케의 최대 걸작이라고 칭해지는 『두이노의 비가』가 나온 것이다. 그러나 그 전에 그는 『기도시집』을 쓰기 전에 러시아 여행을 떠났듯 이슬람을 여행했다.

이슬람 환상

릴케는 1910년 11월부터 3월까지 북아프리카를 여행했다. 릴케의 애인이었던 라사르트는 "그의 이집트 여행은 실망만을 남긴 것이었다. 한마디로 실패한 시도였다"(라사르트, 23)라고 했으나 반드시 정확한 판단은 아니다. 여행에서 그가 본 것은 러시아 여행에서 보았던 것과 같은 식민지의 비참한 현실이 아니라 고대의 환상이었다. "납작하고 하얀 도시는 제 주변에 평야와 무덤들만 데리고 그곳 둥근 지붕을 한 누벽들 속에 마치 하나의 환상처럼 누워있"(레프만, 433)었다고 묘사했듯이 말이다. 릴케는 그 환상을 현실로 착각했다.

> 여기에 오니 그 종교가 지닌 단순성과 생동하는 분위기를 여실히 느낄 수 있구려. 즉 예언자는 옛날의 예언자 같으며 이 도시는 그들의 나라와 같소.(홀트후젠, 158)

여기서 우리는 당시 유럽의 격렬한 식민지 쟁탈전의 무대였던 비참한 북유럽의 현실 대신 북아프리카를 코란이 그대로 반영되어 있는 환상의 대지로만 느낀 릴케의 오리엔탈리즘을 엿볼 수 있다. 그래서 그는 이집트의 사자(死者) 숭배에 공감했고, 이는 뒤에 『두이노의 비가』에 고스란히 나타난다. 릴케는 비가의 천사가 기독교의 천상의 천사와는 아무런 관계도 없고, 도리어 이슬람교 천사와 더욱 관계가 깊다고 말했다.(홀트후젠, 163)

릴케는 7비가에서 이집트 신전의 "기둥들, 탑문들, 스핑크스"를 그가 어릴 적부터 찬양한 "사라져가는 또는 낯선/ 도시 위로 우뚝 솟아 버티는 대성당의 잿빛 지주들"과 함께 '기적'이라고 노래한다.(전집2, 473) 이어 이집트를 "죽은 이들의 의식의 사막 같은 맑은 세계"로(홀트후젠, 161) 노래한 10비가에서는 스핑크스를 다음과 같이 묘사한다.

카르나크 신전

카르나크 신전 기둥

엄숙한 모양의 스핑크스,

말 없는 묘혈의 얼굴.

그리고 그들은 왕관을 쓴 머리를 보고 놀란다.

그 머리는 무게를 재려고 사람의 얼굴을

별들의 저울에 올려놓고 있었다. 조용히 그리고 영원히.(전집2, 486)

스핑크스 등에 대한 찬양 이상으로 무엇보다 이슬람 세계가 릴케를 충동질한 것은 영웅과 전쟁의 세계였다. 우리는 이미 그것이 릴케의 초년 시절부터 그에게 뿌리박힌 가장 원초적인 세계였음을 보았다. 『두이노의 비가』도 근본적으로 그런 영웅 찬가이다. 6비가도 영웅에 바친 노래인데, 그 영웅은 바로 이집트 카르나크 옛 신전에 새겨진 영웅, 즉 전투 장면을 묘사한 부조 속에 있는 영웅이다. 다음 구절을 보라.

이들은 영웅들이거나 일찍 세상을 뜰 운명을 가진 자들이다,

이들의 혈관을 정원사 죽음의 신은 각각 다르게 비틀어 놓았다.

이들은 돌진해간다. 자신들의 미소보다 앞서간다, 마치

카르나크 신전에 부드럽게 새겨진 움푹한 부조에서

마차를 끄는 말들이 승리에 취한 왕을 앞서가듯이.(전집2, 467)

이러한 카르나크에 대한 환상은 『오르페우스에게 바치는 소네트』 2부 22가에서도 다음과 같이 반복된다.

오, 날마다 무감각한 일상에 맞서

절굿공이를 치켜드는 청동의 종이여,

아니면 그 '한' 기둥, 카르나크 신전의 기둥, 기둥이여,

영원한 신전보다도 거의 더 오래 살아남는 기둥이여.(전집2, 539)

아랍은 릴케에게 새로운 영웅만이 아니라 새로운 고대의 노동에 대한 찬양도 가능하게 했다.『두이노의 비가』9가에서 릴케는 천사에게 "사물에 대해 말하라. 그는 놀라워하며 서 있으리라, 네가 로마의 밧줄 제조공 옆에, 나일 강의 도공 옆에 서 있었듯이"라고 노래한다.(전집2, 481)

이상 이슬람에 대한 릴케의 이해는 오늘날 우리가 아는 이슬람 가운데서도 가장 원리주의적이고 근본주의적인 공격적 무력주의 내지 폭력주의 이슬람을 연상케 한다. 이슬람은 본래 그런 영웅주의적이고 군사주의적이며 반민주적인 것이 아니었는데, 오랫동안 이슬람과 적대하며 전쟁을 반복해온 유럽에서는 이슬람에 대한 그런 편견이 굳어졌다. 이는 이슬람에 대한 오리엔탈리즘적 왜곡이라고 할 수 있는 허위이자 허구로서 지금까지도 부시 류의 서양제국이 이슬람을 공격하는 근거가 되었다. 따라서 이슬람과 서양의 평화를 위해서는 그런 오리엔탈리즘적 왜곡을 그만두고 이슬람의 평화주의를 정확히 이해해야 한다. 그런데도 서양에서는 그것이 여전히 유지되고 있다. 이런 마당에 참된 평화가 가능할까?

릴케는 그런 왜곡된 이슬람의 공격적 군사주의를 예찬한다. 이는 그가 자신의 반민주적 사고가 이슬람의 그것과 일치한다고 믿었기 때문이다. 그러나 이러한 릴케의 오리엔탈리즘은 그 자체가 허위일 뿐 아니라 그것

엘 그레코의 〈옷이 벗겨지는 그리스도〉

이 동서양의 평화를 파괴하는 무서운 허구라는 점에서 더욱 가공스럽다. 이 점에서도 릴케는 세계평화를 파괴하는 데 앞장선 사람이라고 평가하지 않을 수 없다.

이러한 문제점은 릴케가 1912년 11월부터 이듬해 2월까지 스페인을 여행하며 엘 그레코(El Greco, 1541~1614)*에 감동한 점에서도 찾을 수 있다. 그레코를 통해 릴케는 그레코와는 전혀 반대로 '광포한 반기독교'에 젖었기 때문이다. 이미 『그리스도 환시』에서 릴케는 중개자로서의 그리스도에 반대하여 그리스도가 신과 인간 사이의 대화를 방해할 뿐이라고 주장했다. 1922년 「젊은 노동자의 편지」에서 그는 스페인이 기독교를 극복했다고 주장하며 이슬람교를 다시 칭송했다. "프로테스탄트들과 미국의 그리스도들은 아직도 2천 년 묵은 그 차갈탄으로 차를 재탕 삼탕 달이고 있습니다. 마호메트는 어쨌든 가장 가까이 간 사람이었습니다."(레프만, 439)

1912년 릴케는 『두이노의 비가』를 쓰기 전에 『마리아의 생애』를 썼으나 이는 그가 초기에 쓴 마리아에 대한 시와 마찬가지로 성녀 마리아가 아니라 인간 마리아를 노래한 것이었다. 즉, 인간으로서 경험한 사랑과 성과 출산, 상실과 고통과 죽음을 노래한 것이었다. 그러나 릴케 자신이 말한 대로 시로서의 가치는 물론 기독교에 대한 해석으로서도 거의 가치가 없는 것이니 이 책에서는 더 이상 언급을 회피하겠다.

■ * 그리스 태생의 에스파냐 화가로 대담한 구도와 광택 있는 색조를 써서 독자적인 종교화를 완성했다. 작품에 〈라오콘〉, 〈성가족(聖家族)〉 등이 있다.

제1비가

릴케는 그의 대표작인 『두이노의 비가』를 1912년부터 썼다. 대단히 난해한 시로 알려져 있어서 이 시에 대한 연구서 역시 국내외에 수없이 많이 나왔으나 그것들은 더욱더 난해하다. 릴케 자신 "모호한 부분이 있으면, 그것은 해명이 아니라 복종을 요구하는 종류의 것"이라고 했다.(레프만, 452) 시인은 신과 같이 군림하면서 독자에게 복종을 요구한다는 것이다. 그러나 나는 시인을 신이라고 믿지 않는다. 따라서 복종이 아니라 해명을 요구한다. 이를 위해 1비가 처음부터 읽어보자.

> 내가 이렇게 소리친들, 천사의 계급 중 대체 누가
> 내 목소리를 들어줄까? 한 천사가 느닷없이
> 나를 가슴에 끌어안아도, 나보다 강한 그의
> 존재로 인해 나 스러지고 말텐데. 아름다움이란
> 우리가 간신히 견디어내는 무서움의 시작일 뿐이므로.
> 우리가 이처럼 아름다움에 경탄하는 까닭은, 그것이 우리를
> 파멸시키는 것 따위 아랑곳하지 않기 때문이다. 모든 천사는 무섭다.(전집
> 2, 443)

여기서 천사란 귀여운 아기가 아니라 계급화한 군인 같이 우리를 억압하는 무서운 존재이고 그렇기에 아름답다고 시인은 노래한다. 위 1행에서 '천사의 계급'이란 기독교에서 말하는 천사들의 9계급을 말한다고 볼 수 있다. 계급의 원어인 'Ordnung'이란 조직이나 질서 등을 뜻하기도 하

여 그렇게 보는 견해(전광진, 46)도 있으나, 2행에 나오는 천사를 볼 때 어느 계급의 천사를 뜻한다고 보는 것이 옳겠다. 4행의 '아름다움'과 '무서움'이란 우리가 천사를 처음 볼 때는 아름답다고 느끼다가 천사가 인간보다 강력한 존재임을 깨닫는 순간 두렵다고 느끼는 것을 의미한다고 보는 견해(전광진, 47)도 있으나 '아름다움'과 '무서움'이란 천사에 대한 우리의 느낌을 함께 표현한 것이라고 생각된다. 도리어 우리가 천사의 "아름다움에 경탄하는 까닭은, 그것이 우리를/ 파멸시키는 것 따위 아랑곳하지 않기 때문"이라는 부분이 『두이노의 비가』 전체를 관통하는 시각이라고 할 수 있다. 천사나 신은 우리를 파멸시키는 무서운 존재이지만 시인은 그것을 두려워하지 않겠다고 한다. 그래서 『두이노의 비가』는 '천사=신'에 맞서는 인간 영웅인 시인과 천사와의 대결로 나아간다.

릴케는 앞에서 말한 바와 같이 이 천사를 기독교의 천사가 아니라 이슬람교의 천사라고 했다. 이에 대해 후대 학자들은 그것이 근거가 희박하고 의문시되는 것이라고 한다. 그 이유로 "릴케는 성서의 진가를 높이 평가해서 성서는 그의 애독서 가운데 하나이기도 했다"(전광진, 43)는 점을 들고 있다. 릴케가 평생 성서를 애독했음은 사실이다. 그러나 그렇다고 해서 그가 기독교에 충실했다고 볼 수 없는 것과 마찬가지로 기독교의 천사를 '두이노의 천사'로 그렸다고 볼 근거도 희박하다. 단, 우리가 읽는 구약성경의 천사란 대체로 무서운 존재이므로 그런 점에서 굳이 기독교의 천사일 수도 있다는 점을 부정할 필요는 없으리라. 여하튼 중요한 것은 1비가 처음부터 등장하는 천사가 대단히 무서운 존재라고 강조된다는 점이다.

위 구절에 이어 릴케는 "나 이러한 심정으로 어두운 흐느낌의 유혹의 소리를/ 집어 삼키는데, 아, 대체 우리는 그 누구를/ 필요로 하는가? 천사들도 아니고 인간들도 아니다"라고 하고서 "영리한 짐승들은 해석된 세계 속에 사는 우리가/ 마음 편치 않음을 벌써 느끼고 있다"라고 말한다. 여기서 릴케가 '영리한 짐승'이라고 함은 그가 좋아한 개를 가리키는 것이라고 보는 견해도 있지만 군이 그렇게 볼 필요는 없다.

릴케가 '해석된 세계'에 사는 인간의 불편함을 짐승이 느낀다고 한 부분에 대해서는 설명이 필요할 수도 있으나 좀 더 읽다 보면 충분히 알 수 있다. 즉, '해석된 세계'란 릴케가 이어 말하는 "우리에게 남은 건 어제의 거리와, 우리가 좋아하는/ 습관의 뒤틀린 맹종"(전집2, 433)이고 "그저 몸을 합쳐 그들을 가리고 있는 밤"(전집2, 444)이라고 개탄하는 세계다. 이는 앞에서 본 릴케의 모든 글에서 릴케가 개탄한 것인데, 짐승이 이를 느낀다는 것은 시인다운 소리일지 몰라도 이는 그런 "해석된 세계"가 동물에게는 없다는 의미라는 점에 주의해야 한다. 이어 릴케는 우리에게 마치 새처럼 그런 거짓 세계를 떠나 훌훌 날아가라고 권유한다.

너는 아직 그것을 모르는가? 우리가 숨 쉬는 공간을 향해
한 아름 네 공허를 던져라. 그러면 새들은
더욱 당차게 날갯짓하며 넓어진 대기를 느낄지도 모를 일이다.(전집2, 444)

이어 릴케는 "해석된 세계"가 아닌 봄과 별이라는 자연, 과거, 길을 지날 때 듣는 바이올린 소리 등 그 모두가 우리에게 느껴졌어야 할 '사명'이

었다고 하면서 "너는 그것을 완수했는가"라고 묻고, '소유하지 않는 사랑'을 한 여인들을 노래하고 영웅을 숭배하라고 주장한다. '소유하지 않는 사랑'을 한 여인들이란 『말테의 수기』부터 끝없이 찬양된, 역사상 위대한 버림을 받은 여인들이다.

꼭 하고 싶거든, 위대한 사랑의 여인들을 노래하라, 하지만
그들의 유명한 감정도 그리 오래 지속되지는 못하리.
네가 시기할 지경인 그 사람들, 너는 그들이 사랑에
만족한 이들보다 훨씬 더 사랑스러움을 알았으리라.
결코 다함이 없는 칭송을 언제나 새로이 시작하라,
생각하라, 영웅이란 영속하는 법, 몰락까지도 그에겐
존재하기 위한 구실이었음을, 그의 궁극적 탄생이었음을. (전집2, 444)

영웅이란 죽어서도 영원하다든가, 죽음을 초개같이 여기는 영웅은 삶과 죽음을 초월한다는 식의 이 구절은 왠지 진부하지만, 이 영웅에 대한 찬양은 '영웅 찬가'라고도 불리는 6비가에서만이 아니라 『두이노의 비가』 전체에서 되풀이된다. 1비가에서 시인은 위 구절에 이어 『말테의 수기』에서도 찬양한 가스파라 스탐파의 불행한 사랑을 다시 찬양하며 '소유하지 않는 사랑'을 영웅의 사랑으로 노래한다.

언젠가 이처럼 가장 오래된 고통들이 우리에게
열매로 맺지 않을까? 지금은 우리가 사랑하며

연인에게서 벗어나, 벗어남을 떨며 견딜 때가 아닌가?

발사의 순간에 온 힘을 모아 자신보다 '더 큰' 존재가 되기 위해

화살이 시위를 견디듯이. 머무름은 어디에도 없으니까.(전집2, 445)

이처럼 릴케는 영웅과 여인들에 이어 신의 목소리를 듣는 성자를 노래하며, 어려서 죽은 자들의 목소리를 자신의 마음으로 들으라고 요구한다.

목소리, 목소리들, 들어라, 내 가슴아, 지난날 성자들만이

들었던 소리를, 엄청난 외침이 그들을

땅에서 들어 올렸지만, 그들, 불가사의한 자들은

무릎 꿇은 자세 흐트리지 않고, 그에 아랑곳하지 않았으니,

바로 '그렇게' 그들은 귀 기울이고 있었다. '신'의 목소리야

더 견디기 어려우리. 그러나 바람결에 스치는 소리를 들어라,

정적 속에서 만들어지는 끊임없는 메시지를.

이제 그 어려서 죽은 자들이 너를 향해 소곤댄다.(전집2, 445)

위 3행의 "땅에서 들어 올렸"다는 것은 그야말로 문자 그대로 공중부양을 뜻하는 것이다. 위 구절에 이어 릴케는 자신이 언제나 추구한 모든 버림, 즉 관습, 결혼과 미래의 상징인 장미, 부모와 친구들의 사랑 등을 버리라고 노래한다. 그렇지 못한 "살아 있는 자들은 모두/ 너무나 뚜렷하게 구별하는 실수를 범한다"(전집2, 446)라고 하면서.

천사들은 살아 있는 자들 사이를 가는지 죽은 자들

사이를 가는지 때때로 모른다(이렇게 사람들은 말한다).

영원한 흐름은 두 영역 사이로

모든 세대를 끌어가니, 두 영역 모두를 압도한다.(전집2, 446)

　이처럼 죽은 자와 산 자 모두를 천사는 압도하고, 죽은 자는 우리를 필요로 하지 않지만 우리는 그들을 필요로 한다고 릴케는 노래한다. 삶과 죽음을 초월한다는 것이다. 그래서 시인이 고대하는 존재는 다음과 같은 "신에 가까운 젊은이"의 전설이다.

언젠가 리노스를 잃은 비탄 속에서 튀어나온 첫 음악이

메마른 침묵을 꿰뚫었다는 전설은 헛된 것인가.

거의 신에 가까운 한 젊은이가 갑작스레 영원히

떠나버려 놀란 공간 속에 비로소 공허함이 우리를

매혹시키고 위로하며 돕는 소리를 내기 시작했다는 것은.(전집2, 447)

　리노스란 그리스 신화에 나오는 인물로 젊어 죽은 운명을 상징하는데, 이는 우리가 이미 앞에서 본 『기수 크리스토프 릴케의 사랑과 죽음의 노래』의 영웅찬가를 다시 연상하게 한다. 동시에 리노스는 위대한 음악가로서, 릴케가 『오르페우스에게 바치는 소네트』에서 노래한 오르페우스의 형제라고도 불렸다. 슬픔 속에서 음악을 창조한 인물로 찬양되는 그는 『두이노의 비가』 마지막인 10비가 끝부분에 다시 등장한다. 흔히 존재의 비밀을 해명했다고 풀이되는 1비가는 결국 영웅찬가에 불과한 것이다. 아니 1비가만이 아니라 『두이노의 비가』 전체가 영웅찬가임을 우리는 계속 살펴볼 것이다.

제2비가

『두이노의 비가』 2비가도 1비가와 크게 다르지 않다. 1비가를 쓰고 며칠 뒤에 쓴 2비가에서 천사는 더욱 무서운 존재로 그려지는 반면 인간은 더욱더 무상한 존재로서 천사에 대비된다.

　　무섭지 않은 천사는 없다. 하지만, 슬프게도,

　　너희들, 영혼의 거의 치명적인 새들을, 알면서도,

　　나 노래로 찬양했다. 토비아의 시절은 어디로 갔는가?

　　찬란한 천사들 중의 하나 길을 떠나려 약간 변장하고

　　수수한 사립문 옆에 서 있던, 조금도 두렵지 않은 그 시절은.(전집2, 448)

　기독교를 오랫동안 믿어온 독일인들에게는 쉽게 이해될지 모르는 토비아란 경외 성서*인 『토비트서』에 나오는 인물로 길을 가다가 만난 천사를 전혀 두려워하지 않고 오히려 친구로 삼았다는 자다. 그러나 이제 그 시절은 지나가고 그 천사는 우리를 죽이려고 하는 무서운 존재가 되었는

■　* 정경(正經)에 속하지 않는 구약의 제2경전으로 '토비트', '유딧', '에스델', '지혜서', '집회서', '바룩서', '다니엘서', '마카베오상', '마카베오하'이다.

데 그 천사의 본질은 완전한 자연과 같은 것이라고 릴케는 노래한다.

이제는 위험스러운 천사, 그 대천사가 별들 뒤에 있다가
우리를 향해 한 걸음만 내디뎌도, 하늘 높이 고동치며
우리 심장의 고동은 우리를 쳐 죽일 텐데. 너희들은 누군가?

일찍 성취된 것들, 너희들 창조의 응석꾸러기들,
모든 창조의 산맥들, 아침노을 드리운
산마루, 꽃피는 신성의 꽃가루,
빛의 뼈마디, 복도들, 계단들, 왕좌들,
본질의 공간들, 환희의 방패들, 폭풍처럼
날뛰는 감정의 봄빔, 그리고 갑자기 하나씩 나타나는
'거울들'. 제 몸속에서 흘러나간 아름다움을
다시 제 얼굴에 퍼 담는.(전집2, 448)

릴케는 천사란 먼저 "일찍 성취된 것들, 너희들 창조의 응석꾸러기들,/ 모든 창조의 산맥들, 아침노을 드리운/ 산마루", 본질의 공간들, "폭풍처럼 날뛰는 감정의 봄빔", "갑자기 하나씩 나타나는 '거울들'. 제 몸속에서 흘러나간 아름다움을 다시 제 얼굴에 퍼담는" 등이라고 노래하는데 이는 모두 "일찍 창조된 것들"을 말한다고 한다. 그러나 "꽃피는 신성의 꽃가루,/ 빛의 뼈마디, 복도들, 계단들, 왕좌들,/ 환희의 방패들"이란 무엇을 말하는 것인지 애매하다. 물론 이것들도 "일찍 창조된 것들"의 이미지로

느끼는 것으로 충분할지도 모르겠지만 그 뜻을 생각해볼 필요는 있겠다. 가령 "꽃피는 신성의 꽃가루"란 섹스를 상징하고 "빛의 뼈마디"란 정신을 상징한다고 볼 수 있겠다. 이 둘을 나란히 놓은 것은 종래 정신과 육체를 구분한 이원론에 대한 릴케의 비판을 뜻하는 것이라고 생각된다.

그러나 "복도와 계단"이란 무엇을 뜻할까? 1비가에서 천사나 영웅은 삶과 죽음을 초월하는 자로 노래되었다. 따라서 복도와 계단이란 각각 삶과 죽음을 수평으로, 수직으로 잇는 것을 뜻하고 왕좌란 삶도 죽음도 아닌 통일의 세계인 '본질의 공간'을 뜻한다고 볼 수 있다. 그리고 '환희의 방패'란 그 공간을 지키는 것을 말하겠고, '거울'이란 그런 황홀경에 젖은 천사를 말한다고 볼 수도 있겠다. 또는 영웅을 말한다고 볼 수도 있겠다. 그런데 다음 구절에서 시인은 이러한 완전한 존재인 천사와 인간이 조금은 섞일 것을 희망하기도 한다.

> 천사들은
> 정말로 저희들 것만, 제 몸에서 흘러나온 것만 붙잡나,
> 아니면, 가끔 실수로라도 우리의 본질도 약간
> 거기에 묻혀 들어갈까?(전집2, 449)

그러나 시인은 천사가 우리와 섞이지 못하고 "그들은 제 속으로의 귀환의 소용돌이/ 속에서 그것을 알아채지 못한다"(전집2, 449)라고 하는 아쉬움을 노래한다. 반면 우리 인간은 너무나 나약하다고 한다.

우리는 다만 들며 나는 바람처럼

모든 것 곁을 지나칠 뿐이다. 그리고 모두가 하나 되어

우리에게 침묵하는구나. 한편으로 수치스럽다고 여겨서인지,

한편으로는 말할 수 없는 희망에서 그런지 몰라도.(전집2, 449-450)

모든 사물도 인간을 수치스럽다고 여겨서 무시하는지 우리에게 침묵한다는 것이다. 그런 인간의 전형적인 모습을 시인은 '소유하는 사랑'이라고 한다.

그리하여 너희들은 포옹으로부터

영원을 약속한다. 하지만 너희들이

첫 눈길의 놀람과 창가의 그리움을 이겨내고, 단 한 번

정원 사이로 걸었던 너희들의 함께 한 '첫' 산보를

이겨낸다면, 그래도 너희들은 '그대로'인가?

반면 영웅은 태어나면서부터 '소유하지 않는 사랑'을 추구한다고 한다. 그래서 남녀를 비롯한 모든 세속의 대립을 초월하고 새로운 상승으로 돌진한다고 한다. 릴케에 의하면 사랑의 경우 그것은 끝없이 이별하는 사랑이 된다. 릴케는 이를 그리스 아티카의 묘석에 그려진 사랑과 이별의 가벼움으로 묘사한다. "사랑과 이별이, 마치 우리와는/ 다른 소재로 만들어진 듯, 그토록 가볍게 어깨 위에/ 걸쳐 있지 않았던가?"(전집2, 451)라고 하면서 말이다.

제3비가

앞에서 본 1~2비가의 중요한 주제 중 하나는 릴케의 '소유하지 않는 사랑'이다. 이어 다음과 같이 시작하는 3비가는 사랑과 섹스(하신)의 갈등을 노래한다. 즉, '소유하지 않는 사랑'의 중요한 요소가 섹스의 긍정이다. 섹스의 긍정은 앞에서 본 『기도시집』의 성교시에서도 중요한 주제였음을 이미 보았다.

> 사랑하는 여인을 노래하는 것과, 슬프다, 저 숨겨진
> 죄 많은 피의 하신(河神)을 노래하는 것은 완전히 다른 일.
> 그녀가 멀리서도 알아보는 그녀의 젊은 애인은
> 욕망의 신에 대해서 무엇을 알고 있을까. 욕망의 신은 빈번히
> 이 쓸쓸한 젊은이로부터—처녀가 젊은이를 달래기도 전에,
> 거의 매번 그녀가 눈앞에 없는 것처럼— 신의 머리를 들어올렸다.
> 아, 알 수 없는 것을 뚝뚝 떨구며, 밤을 끝없는 소용돌이 속으로
> 몰아가며.(전집2, 452)

위 구절의 6행에 나오는 "신의 머리"란 남성의 성기를 말하니 그다음 7행의 의미는 독자들이 충분히 상상할 수 있으리라. 이어지는 넵투누스(포세이돈)의 비유도 마찬가지로 섹스의 혼란을 뜻한다. "오 피의 넵투누스여, 오 무시무시한 삼지창이여, 오 나선형 소라를 통해 그의 가슴에서 들려오는 어두운 바람이여!"(전집2, 452) 심지창과 소라는 넵투누스의 상징인데 이 역시 섹스를 뜻한다. 이어 릴케는 그러한 섹스의 혼란과 대립

안젤로 브론지노의 〈넵투누스〉

하는 별의 세계를 노래한다.

> 스스로를 퍼내며 비워대는 밤의 소리에 귀 기울여라. 너희 별들이여,
> 사랑하는 남자가 자기 애인의 용모에서 느끼는 기쁨은 너희들에게서
> 온 것이 아닌가? 그녀의 순수한 얼굴에 대한
> 그의 은밀한 통찰은 순수한 별자리에서 온 것이 아닌가?(전집2, 452)

이처럼 사랑과 섹스의 갈등을 제시한 뒤 릴케는 2연에서 그의 특유한 '소유하지 않는 사랑'을 다시 노래한다. 릴케는 여성에게 "그대는 정말로 그대의 부드러운 접근이 그를 그렇게도/ 뒤흔들어 놓았다고 생각하는가" 라고 묻고서 이를 부정한다.

> 그를 불러보아라… 그대는 그를 그 어두운 교제에서 완전히 해방시킬 수
> 는 없다.
> 물론 그는 '도망치고 싶어 하고' 실제로 도망친다. 안심하며 그는 그대의
> 은밀한 가슴에 길이 들어서 뿌리를 내리고 그 자신이 되기 시작한다.
> 그러나 그는 실제로 그 자신이 되기 시작한 적이 있는가?(전집2, 453)

이어 릴케는 남성의 과거를 찾아가 그가 어렸을 때 어머니는 그를 "작게 만들었"(전집2, 453)고 "그의 불안스런 미래는/ 금방 구겨지는 커튼의 주름에 순응했"으며 "그는 자신이 보호를 '받는 것' 같았"으나 "그의 내면에서는 그 누가 그의 혈통의 홍수를 막거나 다른 곳으로 돌릴 수 있

을까?"(전집2, 434)라고 물었다고 한다. "그는 더욱 오래된 피를 향해, 깊은 계곡을 향해 내려갔다. 그곳엔 공포스러운 것이 아버지들을 먹어치우고 배불러 누워 있었다."(전집2, 455) 그리고 마지막 연에서 릴케는 다시 여성에게 말한다.

오 부드럽게, 부드럽게
그를 위해 사랑의 하루를 시작해라. 믿을 만한 하루를.
그를 정원으로 인도하여 그에게 넘치는 밤들을
베풀어라…
그를 자제시켜라…(전집2, 456)

이처럼 릴케는 육체의 사랑, 섹스를 긍정한다. 마지막 연에서 "자제시켜라"라고 한 것은 다른 번역에서는 "그를 잡아놓아라"(구기성, 29)로 나오는 부분이다. 그래서 후자로 본다면 사랑으로 또는 섹스로 남성을 잡아두라는 것이 되겠다. 그러나 어쩌면 이는 '소유하지 않는 사랑'이라는 시인의 사랑철학에 반하는 것이 될지도 모른다. 이와 달리 '자제'라고 본다면 이는 섹스의 본능을 자제시킬 필요가 있다는 뜻일까? 아니면 피에서 연유하는 모든 두려움을 섹스로 자제시키라는 뜻일까? 아마도 후자로 봄이 옳으리라.

릴케는 이상 세 편의 비가를 제1차 세계대전 전에 썼다. 그리고 나머지 비가 7편은 전쟁 이후에 썼다. 우리는 그 사이에 전쟁이 있음을 주목할 필요가 있다. 뒤에서 보는 그의 전쟁 찬양시는 우리나라의 수많은 릴케 시집에는 들어 있지 않아(『전집』에는 있다) 릴케 애호가들은 그것을 어디까지나 릴케의 예외적인 작품으로 보는 듯하다. 그러나 나는 영웅찬가인 『두이노의 비가』와 당연히 이어지는 것이라고 생각한다. 전쟁 전에 쓴 앞의 1~3비가도 릴케의 영웅주의를 노래한 것이고, 그 뒤에 쓴 전쟁시는 그 연장이며, 전쟁 발발 이후에 쓴 4~10비가도 영웅찬가로 보아야 하기 때문이다.

7장

전쟁주의자
시인영웅

I

전쟁 예찬

1914년 6월, 제1차 세계대전이 터졌을 때 파리에 있던 릴케는 독일로 가서 파리에 있는 재산을 다 잃었다. 그러면서도 왜 독일로 돌아갔을까? 이는 8월, 그가 전쟁에 열광한 시 「다섯 노래/1914년 8월」을 썼음을 보면 알 수 있다. 그 제1가를 보자.

나 처음으로 네가 일어서는 것을 보았네
먼 소문으로만 듣던 믿기 어려운 전쟁의 신이여.
가공할 만한 거래의 평화로운 열매 사이에
공포스런 행동의 씨가 뿌려져 있었던 듯,
그토록 촘촘히 뿌려져 갑자기 자라났구나.

어제만 해도 어려, 양분을 필요로 했지만,

오늘은 어른 키만큼이나 자라 있구나. 내일이면

어른 키보다도 더 커지겠지. 훨훨 타는 그 신은

민중의 뿌리를 빨아먹고 단숨에

자라나니까. 그리고 수확이 시작되리.

들판은 인간을 통해 인간의 뇌우를 향해 상승하네.

여름은

추월당해 들판의 놀이 속에 뒤처져 있네.

아이들, 노는 사람들, 노인들, 생각에 잠긴 이들,

그리고 믿음 있는 여인들도 남아 있네. 꽃피는 보리수의

눈물 젖은 내음이 이별 속에 배어들어,

몇 년이 지나도 숨쉬는, 그 흥건한 내음을 들이키는

의미는 여전히 남으리라.

신부들은 뽑혀간다. 마치 한 사람이

그들을 선택하기로 결심한 것이 아니라, 전 국민이

그들을 동정해야 할 운명이기에, 천천히 살피는 듯한

눈초리로

소년들이 젊은이를 껴안는다, 도전적인 미래로

들어가는 젊은이를. 어떤 미래가

옳은지 분간도 못하고,

그저 갖가지 혼란스런 말만 들었기 때문이다.

이제는 그 하찮은 명성이나마 마음을 가볍게 하는지 모른다.

그럴 것이 흐뭇한, 틀림없는 곤경밖에 더 제멋대로가 아닌 것이

무엇이란 말이냐.

마침내 신이 나타났네. 우리가 평화의 신을 더 이상

잡아두지 못하니, 전쟁의 신이 갑자기

우리를 붙잡아

불덩이를 휘두르네. 고향으로 가득 찬 가슴 위로

그의 붉은 하늘이 울부짖네. 그곳은 그의 거처.(전집3, 106-107)

위의 1가에 이어 2가에서 릴케는 다시 전쟁에 참여하는 영웅과 전쟁으로 큰 충격을 받은 세상의 모든 어머니와 딸들에 대해 영웅을 사랑하라고 노래한다. 이제 전쟁 영웅은 2비가에서 노래한 천사의 나라, 신의 나라에 살고 있는 자로 찬양된다.

아버지의 감정으로, 보다 높은 위업으로, 높은

영웅들의 산맥에서, 가까이서, 그대들이 기뻐하는 영광의

새로 내린 눈 속에서 순수하고 가까이서 번쩍이는 영웅들의 산맥에서.

(…)

벌써 한번, 그대들이 아이를 낳을 때, 그대들은 이별을 느꼈다.

어머니,—

그들이—주는 사람이라는 행운을 다시

느낀다.

무한한 자처럼 주세요, 주세요, 휘몰아치는 이 날에

풍부한 자연이 되어주세요. 아이들을 축복하여주세요.

그리고 그대 소녀들이여, 생각하라, 그들이 그대들을 사랑한다는 사실을.(전집3, 108)

이어 3가에서 릴케는 전쟁이 모든 사람들의 감정을 하나로 뭉쳐 새로운 창조를 낳아 모두가 신의 나라에 살게 되었다고 노래한다. 즉, 유기적 통일체라고 하는 릴케의 새로운 국가관이다.

우리는 다른 사람, 평등으로 변화된 사람. 누구에게나

갑자기 더 이상 자기 것이 아닌 가슴 속으로 대기현상처럼

심장이 뛰어든다.

뜨거워라, 철로 만든 우주의 철로 만든 가슴.(전집3, 110)

여기서 용사들은 릴케가 1비가에서 노래한 영웅으로 나타난다. 그 심장은 4가에서 다음과 같이 다시 노래된다.

시대의 심장, 여전히 소생하지 않은 선사시대의

더 없이 오래된 심장은

가까운 심장을 밀쳐내었다, 다른 느린

우리가 쟁취한 심장을. 그런데 이제

끝내어라, 친구들이여, 갑자기

요구하는 심장을, 과감하게 이를 소비하라!

찬양하며 늘 칭찬할 만한 것은,

조심스러운 개개의 근심 속에 있는 것이 아니라, 하나의

도전하는 정신, 장엄하게

느껴온 위험 속에 성스럽게 함께한다는 것. 마찬가지로

삶이 수많은 사내 속에 들판에 높이 서 있고,

                         모든 사람 한가운데

영주와도 같은 죽음이 대담하기 이를 데 없는 곳으로 발을 들여 놓는다.(전
집3, 111)

전쟁은 릴케가 찬양하는 선사시대의 부활이자 "다른 느린" 소시민들
의 "가까운 심장을 밀쳐내었다"라고 한다. 그것을 끝내기 위해 심장을 과
감하게 소비하라고, 도전하여 영주처럼 죽으라고 릴케는 울부짖는다. 이
어 마지막 5가에서는 다음과 같이 전쟁에 대한 의지를 신을 무찌르는 것
으로 노래한다.

궐기하라, 그리하여 그 무서운 신의 간담을 서늘케 하라! 그를 무찔러라.

옛날에 이미 그는 호전이란 악습에 물들었다.

                        이제는 고통이 그대들을 핍박하고

새롭게 놀란 살육의 고통이

그의 분노에 앞서서 그대들을 핍박하리라.

이름 모를 피가, 아득한 조상으로부터 물려받은 피가

그대들을 이미 제압하고 있다 해도, 심정만은

여전히 그대들의 것이다. 옛날의 인간들을

흉내 내지 마라. 지나간 자들을 닮지 마라.

그대들이 고통이 아닌지를, 행동의 고통이 아닌지를

살펴보라.

　　　　　　　　　　　　　　　　　고통 역시

환희를 지녔다. 오오, 그런 다음

깃발이 원수로부터 불어오는 바람 속에

그대들 머리 위에서 나부낀다.

그 육중하게 흔들리는 고통의 깃발이, 그대들 모두가

땀이 밴, 고통으로 뜨거운 얼굴을 그것으로 씻었구나,

모든 그대들의 얼굴이 줄지어 그곳으로 몰려드는구나.

어쩌면 미래의 행렬일까, 그 속에서

더한 미움이 머물지 않게 하는 행렬일까.

아니, 노여움이, 단호한 고통이, 장엄한 분노가

이 씨족들, 주변의 눈먼 씨족들이

갑자기 인식을 방해받은 데 대한 분노,

그들, 그들에게서 그대들은 진정으로, 마치 공중과 광산에서처럼,

숨과 땅을 얻었다. 이해한다는 것,

배운다는 것, 명예 속에서 많은 것을

내밀히 간직한다는 것, 그것은 비록 낯선 것일지라도, 간직한다는

것은 그대들이 느끼는 사명.(전집3, 112-113)

1비가에 나오는 '사명'이 이제 전쟁 영웅의 사명으로 확인된다. 그리고 모든 사물이 "우리 줄에 선다. 포옹하면서 그리고 포옹 받으면서."(전집3, 114) 그리하여 전쟁은 시인이 그토록 열망하던 완벽한 소위 '세계 내면 공간'으로까지 승화되고 그곳에 새들이 날고 나무가 자라난다.

> 모든 존재를 관통하며 그 '하나의' 공간이 가 닿는다.
> 세계 내면 공간, 새들은 조용히
> 우리들 사이를 지나 날아간다. 오, 성장하고자 하는 나,
> 나는 밖을 내다보며, 그리고 내 '안에서는' 나무가 자란다.(전집3, 114)

이 책의 1장에서도 지적했듯이 이 시는 당대 유럽인들이 서로 싸우면서 자기 조국의 승리를 노래한 여타의 수많은 국수주의 시와는 전혀 달리 전쟁 자체를 새로운 신으로 찬양한다는 점에서 특이하다. 따라서 여기에는 다른 시인들의 전쟁시에 보이는 "초조함이나 문명에 대한 피곤함 같은 것은 없었다"(레프만, 466)라고 볼 수도 있겠으나, 이미 그 앞의 시나 산문에서 릴케도 초조함과 피곤함을 충분히 보여주었음을 주의해야 한다. 그러나 더욱 중요한 점은 릴케가 자신의 삶과 시에서 추구한 모든 것의 완성을 전쟁에서 보고 이를 찬양했다는 점이다.

릴케는 당시의 편지에서 보듯이 자신이 노래한 전쟁의 신이 괴물임을 곧 깨달았으나 앞의 시를 발표한 것처럼 전쟁을 괴물로 저주하는 시를 다시 발표하지는 않았다는 점에서 그의 전쟁 혐오를 공적인 태도로 밝힌 것은 아니었다. 따라서 적어도 공적으로 그는 여전히 전쟁을 찬양하

는 시인으로 남았다. 이는 전쟁 전부터, 아니 처음부터 영웅을 찬양한 릴케에게는 일관된 행동이었다고 보는 것이 옳겠다. 전쟁이 독일 측의 승리로 빨리 끝났더라면 그는 전쟁을 혐오하지 않았을지도 모르지만 그렇다고 해서 그를 평화주의자라고 볼 수는 없다.

사랑과 징집

이 전쟁 통에도 릴케는 새로운 사랑에 빠져 전쟁이라는 현실에서 도피했다. 루 알버트 라사르트라는 23세의 유부녀였다. 그녀가 쓴 『내가 사랑한 시인 내가 사랑한 릴케』는 우리말로도 번역되어 있다. 이 책의 번역자는 이 책이 "릴케의 체험적, 사적인 생활세계를 직접적으로 보여주는 소중한 책"(김재혁, 라사르트275)이라고 찬양하나, 그녀의 기록 중에는 신빙성이 떨어지는 부분이 있다(레프만, 475)는 비판도 있다. 여하튼 그녀와 사랑하는 동안 릴케는 다른 이혼녀에 반하기도 했으나, 1915년에는 뮌헨에 있는 라사르트 집에서 살았을 정도로 그 사랑은 깊었던 것 같다. 물론 남편이 집을 비운 사이에 말이다. 또 전쟁으로 인해 더욱 인기를 끈 『기수 크리스토프 릴케의 사랑과 죽음의 노래』 판매로 인해 돈도 많이 벌었다. 따라서 꽤나 행복한 나날이었으리라.

그러나 곧 불행이 닥쳤다. 1915년 11월, 40세의 릴케가 징집심사를 받고, 이듬해 1월 빈에서 3주간 야전전투교육을 받아 군대생활을 해야 했기 때문이다. 물론 자신이 노래한 영웅답지 않게 그는 징집을 피하기 위해 갖은 노력을 다했다. 덕분에 일선 병과에서 면제되어 빈의 황실 전쟁

문서보관소에 배치되어 사무를 보았고, 평상시와 다름없이 막사가 아닌 호텔에 묵으며 저녁 시간과 주말은 밖에서 보낼 수 있었다. 그것도 여러 귀족 등의 힘을 빌려 손을 써서 1916년 6월에는 끝낼 수 있었다.

그 후 릴케는 1년 정도를 뮌헨에서 살았으나 전쟁 중이라 역시 창작은 힘들었다. 편안하게 군복무를 마쳤지만 그래도 섬세한 시인에게는 대단한 고통의 세월이었으리라. 그래서인지 그는 여전히 새로운 여인들과 뜨거운 사랑을 했다. 그중 한 여인에게 『오르페우스에게 바치는 소네트』를 바쳤다. 다른 어느 여인은 릴케와 만든 태아를 낙태해야 했으나 릴케는 그 사실에 대해 알려고도 하지 않았다. 아마도 그런 여인들이 더욱 많았으리라.

릴케는 전쟁을 싫어한다면서도 전쟁이 끝난 1918년까지 독일에서 살았다. 직접적인 이유는 오스트리아-헝가리 제국의 붕괴로 인해 임시 여권만을 소유했기에 비자를 받기 어려웠다는 점이다. 그러나 더 큰 이유는 여자와 그 여인들의 남편인 엘리트 권력층 남자들과 헤어지기가 싫었기 때문이었다.

전후의 영웅 찬양

전쟁이 끝나자 릴케는 다시 바빠졌다. 1919년 11월에 뮌헨에 사회주의 공화국이 수립되자 릴케는 이에 관심을 보였다. 평소의 그답지 않게 군중집회에도 참석했다. 그러나 역시 평소의 그답게 금방 싫증을 냈다. 1917년의 러시아 혁명에 대해서 말했듯이 혁명은 표면적인 것일 뿐 실제의 삶은 아무런 변화가 없다고 생각했기 때문이다. 따라서 그는 좌우익 모두에게 의심을 받았다. 우익은 그를 "무기력한 심미주의자, 데카당스*한 기교주의자, 세상과 동떨어진 분위기 제조자, 인종적으로 격이 낮은 타입, 독일에 적대적인 평화주의자, 유대인의 친구"라고 매도했다.(레프만, 513) 이런 비판이 좌익이 아닌 우익에게서 나왔다는 점이 기묘하다면 기묘하다. 뮌헨 사회주의 공화국은 1920년 5월 2일, 군대에 의해 진압되었다. 그 진압을 축하하는 5월 8일의 선언문에 릴케는 토마스 만 등과 함께 서명했다. 따라서 릴케는 몇 달 만에 그것을 배신한 것이었다.

1장에서도 말했듯이 릴케는 당시 무솔리니를 찬양했다. 물론 공개적이 아니라 어느 여인에게 보낸 편지에서였다. 그녀가 자신은 무솔리니 찬양자가 아니고 어떤 폭력 행사도 싫어하며 자유만이 최고의 재화라고 편지에서 말하자, 릴케는 "세계가 앓고 있는 병이 그 자유라는 것 아닌가요? (…) 소비에트는 자유의 길이 어디로 나아가는지를 우리에게 여실히 보여주었"다고 편지로 답했다.

여기서 나는 릴케가 좌우를 구분하지 않고, 즉 좌우라는 이데올로기에는 아무런 관심이 없이 좌든 우든 당대의 영웅적인 인물들에 관심을 보인 것이라고 생각한다. 영웅주의의 표현인 것이다.

1919년 6월 릴케는 스위스로 갔다. 이어 9월 그는 오스트리아 제국의 패배로 인해 그 국적을 상실했지만 그럼에도 계속 스위스에 머물렀다. 처

■ * 19세기 프랑스와 영국에서 유행한 문예 경향. 병적인 감수성, 탐미적 경향, 전통의 부정, 비도덕성 따위를 특징으로 한다. 대표적 인물로는 프랑스의 보들레르·베를렌·랭보, 영국의 와일드 등이 있다.

뮈조트 성. 이곳에서 릴케는 1921년부터 1926년까지 살았다.

음에 그는 스위스의 중산층적인 분위기를 좋아하지 않았으나 차츰 그런 분위기에 젖어들었다. 1920년 가을에 파리를 다시 보았을 때 그는 20년 전과 달리 행복에 겨워했다. 이제는 대도시도 그에게 역겹지 않았던 것이다.

여인들은 여전히 그의 주위를 맴돌았으나 이제 그 사랑도 변했다. 그는 여인에게서 도망칠 궁리만 하는 보통 남자로 변한 것이다. 유부녀인 젊은 애인의 두 아이들에게도 이해심을 보였다. 물론 당시 북독일의 어느 농가에서 식모살이를 한 자신의 딸에게는 여전히 무심했고 그녀의 약혼자에게도 무심했지만 말이다.

1921년 릴케는 젊은 새 애인과 함께 스위스의 시에르 부근, 알프스 산중의 작은 들판에 홀로 서 있는 뮈조트 성*으로 이사하여 새로운 창작을 시작했다. 뮈조트 성은 두이노 성에 비교할 수 없을 정도로 작은 돌집(탑이라고도 한다)의 성이었지만 릴케는 두이노 성에서 살았던 때와 똑같이 원기를 회복했다.

제4비가

릴케는 『두이노의 비가』 4~10비가를 1922년 2월 1주 만에 완성했다. 그러나 4비가는 1차 대전이 터진 뒤 1년이 지난 1915년, 군대에 소집당하기 직전에 썼다. 따라서 그 분위기는 더욱 처참할 수밖에 없겠다. 그 처음에

■　* 뮈조트란 독일어 발음이고 불어로는 뮈조라고 한다. 우리나라에서는 그 두 가지가 혼용되는데 어느 것이나 상관없다. 그곳은 독어권과 불어권의 접경지대이기 때문이다.

서 릴케는 생명의 나무나 사자와 달리 인간은 하나가 되지 못함을 슬퍼한다. 여기서 하나란 삶과 죽음이 하나라는 것이다.

> 오 생명의 나무들이여, 너희들의 겨울은 언제인가?
> 우리는 하나가 되지 못하고 있다. 우리는 철새 떼처럼
> 서로 통하지 못한다. 너무 앞서거나, 뒤처져 가다가
> 우리는 갑자기 바람 속으로 밀치고 들어가
> 느닷없이 무심한 연못으로 곤두박질친다.
> 피어남과 시듦을 우리는 한꺼번에 알고 있다.
> 그리고 어딘가 사자들이 어슬렁거리며 가리라. 그들의
> 위엄이 살아 있는 한, 노쇠 따위는 모르는 채.(전집2, 457)

릴케는 자연과 비교할 때 우리는 너무나도 불안정한 존재라고 노래한다. 새들은 겨울이 오면 본능적으로 날아가지만 인간은 그렇지 못하다는 것이다. 우리는 삶과 죽음을 예감하지만 사자와 같은 동물은 그렇지 않다고도 한다. 릴케에 의하면 인간이 그렇지 못함은 적대감 때문이다. 이는 전쟁을 경험한 시인에게 새롭게 제기된 문제라고 할 수 있겠다.

> 그러나 우리가 전적으로 한 가지를 말하는 순간, 우리는
> 벌써 다른 것의 당김을 느낄 수 있다. 적대감은
> 항상 우리 곁에 있다. 사랑하는 사람은 언제나
> 서로 안에서 절벽 쪽으로 다가가고 있지 않은가.

널찍한 공간과 사냥과 고향을 서로 약속한 그들이?(전집2, 457)

왜 그런가? 릴케에 의하면 그런 상황은 그것에 대해 "공들여 반대 바탕이 마련될 때" 그 실체를 볼 수 있게 된다. 이를 위해 릴케는 자기 마음의 연극을 설정한다.

> 자신의 마음의 장막 앞에 불안감 없이 앉아본 자 누구인가?
> 장막이 올라갔다. 그곳엔 이별의 장면이 있었다.
> 금방 알 수 있었다. 눈에 익은 정원이었다. 정원이
> 조금 흔들렸다. 이어서 먼저 남자 무용수가 등장했다.
> '그 남자'는 아니다. 됐다! 그의 몸짓이 아무리 날렵해도,
> 그는 변장한 것일 뿐, 앞으로 한 사람의 시민이 되어
> 부엌을 지나 거실로 들어갈 것이다.(전집2, 457-458)

위에서 정원이 흔들렸다고 하는 것은 무대 배경에 그려진 정원 탓이겠지만, 그것은 눈에 익은 정원이니 자신의 집 정원을 뜻할 수도 있겠다. 그리고 남자 무용수란 뒤이어 등장하는 아버지를 비롯한 소시민을 상징한다고 볼 수 있다. 릴케는 그들을 경멸한다. 그런 소시민의 세계보다는 차라리 인형의 세계가 더 좋다고 릴케는 노래한다.

> 나는 반쯤 채워진 이 가면들을 원치 않는다.
> 차라리 인형이 좋다. 인형은 가득 차 있다. 나는

속을 채운 몸통과 철사줄 그리고 외관뿐인

그 얼굴 정도는 참을 수 있다. 여기, 나는 기다리고 있다.

조명이 나간다 해도, 누가 내게 '이젠 끝났어요'라고

말한다 해도, 휘익 불어오는 잿빛 바람에 실려

무대로부터 공허함이 내게 밀려온다 해도,

말없는 나의 선조들 중 어느 누구도

더 이상 내 옆에 앉아 있지 않다 해도, 어떤 여자도,

심지어 갈색의 사팔뜨기 눈을 한 소년마저 없어도,

나는 그 자리에 앉아 있으리라. 구경거리는 아직도 있다.(전집2, 458)

여기에 묘사된 인형극은 릴케가 1913년부터 1914년에 걸쳐 숙독한 클라이스트(Bernd Heinrich Wilhelm von Kleist, 1777~1811)*의 영향이었고, 릴케 자신 1914년 2월에 「인형들」이라는 글을 썼다.(전집13, 106-116) 그런 인형극 구경거리의 하나인 양 릴케는 아버지에게 묻는다. 앞에서 보았듯이 릴케의 아버지는 어린 릴케를 육군소년학교에 넣었으나 아버지의 기대에 반해 릴케는 훌륭한 사관으로 성장하지 못했다. 그것이 아버지나 릴케에게는 큰 상처가 되었음은 물론이다. 그러나 이제 릴케는 자신이 선택한 시인의 삶이 옳았다고 아버지에게 반문한다.

제가 옳지 않나요? 당신, 내 인생을 맛본 뒤로

■　* 독일의 극작가이자 소설가다. 객관적·사실적인 작품을 지녀 근대 사실주의의 선구자가 되었다. 작품에 희극 「깨어진 항아리」, 애국시 「헤르만의 싸움」 등이 있다.

나 때문에 인생이 온통 쓴 맛이 되어버린 아버지,

내가 자라나면서, 내가 해야 할 일들이 만들어낸

텁텁한 첫 국물 맛을 계속해서 맛보면서,

알 수 없는 장래의 뒷맛 생각에 골치를 썩이면서

당신은 나의 흐릿한 눈빛을 살펴보셨습니다,

나의 아버지, 당신은 돌아가신 뒤로도 내 마음속에서

내가 앞으로 어떻게 살아갈지 늘 걱정하셨고,

사자(死者)들이 누리는 평온함을, 평온함의 왕국을

보잘것없는 저의 운명을 위해 포기하셨습니다.(전집2, 458-459)

아버지의 희망이었던 장교나 소시민이 되지 못하고 아버지가 반대한 시인이 된 자식이 돌아가신 아버지를 생각하며 쓴 반성의 구절 같은 이 부분은 어려울 것이 없지만, 그 맨 처음에 "제가 옳지 않나요?"라고 한 부분은 이해하기 어렵다. 도리어 "제가 옳지 않았지요?"라고 해야 옳은 것이 아닐까 하는 생각도 든다. 그러나 그러면서도 그 모든 것이 "내가 해야 할 일", 즉 시 창작에서 비롯된 것이기에 도리어 "제가 옳지 않나요?"라고 반문하는 것이라고 볼 수는 있겠다. 위 구절에 이어지는 다음 구절은 경어가 아닌 일반어로 씀을 주의해야 한다. 즉, 가족 일반이나 사회 일반 또는 그가 사랑한 여인 일반, 친지나 친구 일반을 향한 항의라고 볼 수 있다.

그리고 당신들, 내가 옳지 않은가,

당신들에 대한 나의 사랑의 조그만 시작의 대가로

나를 사랑했던 당신들, 나는 그것을 자꾸만 잊었다,

내가 비록 사랑하기는 했지만 당신들 얼굴에 어린 공간이

내게 우주공간으로 변해버렸기 때문이다, 당신들이

더 이상 존재하지 않는 공간으로…(전집2, 459)

이어 릴케는 다시 인형극 무대를 응시하는 자신으로 돌아간다. 그 응시에 대한 대가로 천사가 무대에 배우로 등장하여 인형을 치켜듦으로써 연극은 시작되어 "우리의 존재 그 자체로 인해 우리가 언제나/ 둘로 나누었던 것이 합쳐진다."(전집2, 459)

그러면 마침내 연극은 시작되는 것이다.

그러면 우리의 존재 그 자체로 인해 우리가 언제나

둘로 나누었던 것이 합쳐진다. 그러면 비로소 변화의

전체 원이 우리 인생의 계절들 속에서 그 첫 기원을

찾게 되리라. 이윽고 우리 머리 위에서는

천사가 연기를 한다.(전집2, 459)

릴케는 위 구절에 이어 "보라, 죽어가는 자들, 그들은/ 분명히 짐작하리라, 우리가 이곳에서 행하는/ 모든 것이 얼마나 구실로 가득 차 있는지를. 이 세상/ 어느 것도 그 자체인 것은 없다"(전집2, 459)라고 노래하여 그 합일이 결국 죽음임을 암시한다. 릴케는 이어 "우리는 우리의 고독한

연극에서/ 영원한 것에 만족하며, 세계와 장난감 사이의/ 틈새에 서 있
었다/ 처음부터 순수한 사건을 위해 마련되어 있던/ 어느 한 자리에" 있
는 것이라고 노래한다.(전집2, 460) 그다음에 나오는 다음 마지막 연은 더
욱 난해하지만 죽음을 노래하기는 마찬가지다.

> 누가 어린아이를 있는 그대로 보여주는가? 누가 그를
> 별들 사이에 두고 거리를 재는 자를 손에 들려주는가?
> 누가 딱딱하게 굳어가는 잿빛 빵으로
> 어린아이의 죽음을 만드는가? 아니면 누가 그 죽음을
> 그의 둥근 입속에 버려두는가? 예쁜 사과의
> 속처럼? 살인자들은
> 식별하기가 어렵지 않다. 그러나 이것, 죽음을,
> 완전한 죽음을, 삶이 채 시작되기도 전에
> 이렇게 부드럽게 품고서 화를 내지 않는 것,
> 이것은 형언할 수 없는 일이다.(전집2, 460)

위 2행에서 아이를 "별들 사이에 두고 거리를 재는 자"란 어른과 아이
의 거리를 재는 자를 말한다. 그리고 3, 4행의 "딱딱하게 굳어가는 잿빛
빵으로/ 어린아이의 죽음을 만드는" 것이란 아이가 빵을 만들면서 그것
이 굳어가는 것을 보고 죽음을 느끼는 계기가 됨을 뜻한다고 보는 견
해(전광진, 133), 또는 "어린아이들을, 완구용 인형을 만들듯이 빵으로 만
듦"(김재혁, 전집2, 493, 주36)이라고 보는 견해가 있으나 이어지는 5행과 연

관시켜 보면 굳어진 잿빛 빵을 먹고 아이가 죽는 것을 뜻한다고 봄이 옳을 것이다. 5행의 "그 죽음을/ 그의 둥근 입속에 버려두는가? 예쁜 사과의/ 속처럼"이란 아이가 사과 속을 먹다가 죽는 것을 뜻한다고 볼 수 있다. 말하자면 삶과 죽음의 합일, 즉 "완전한 죽음"을 아이는 구현한다는 뜻이다.

결국 릴케는 4비가의 처음에서 말했듯이 생명의 나무나 사자처럼 어린아이가 그런 "완전한 죽음"을 구현하는 반면, 자신의 아버지를 포함한 소시민인 어른은 그렇지 않아 거짓 삶을 살고 있다고 보고 그 거짓 삶을 비판한 것이다. 그러나 릴케가 말하는 "완전한 죽음"이란 그가 앞에서 그렇게도 강조한 "고유한 죽음"과 마찬가지로 난해하고, 더욱 솔직히 말하자면 아예 공허한 개념이 아닐까 한다. 릴케가 말하는 "완전한 죽음"이란 그가 언제나 이상화하는 젊은 영웅의 죽음 같은 것이고, 그 젊은 영웅은 비천한 소시민이 되기 전에 장렬한 죽음을 맞으니 말이다.

제5비가

서커스의 곡예사를 묘사하는 5비가는 '곡예사 비가'라고도 한다. 이를 릴케가 1915년 피카소의 「곡예사 가족」(지금은 시카고 미술관 소장)이라는 그림을 보고 썼다는 이야기도 있으나 달리 보는 견해도 많다. 또 곡예사를 릴케가 예술가의 전형으로 묘사했다고 보는 견해도 있으나 도리어 인간의 모습으로 봄이 옳다고 생각한다. 여하튼 5비가는 다음과 같이 기묘하게 '그러나'로 시작된다.

1916년 파리에서 피카소와 키슬링의 모습. 장 콕토가 찍었다.

그러나 말해다오, 이들은 누구인지, 우리들보다 조금 더

덧없는 존재들, 결코 만족할 줄 모르는 어떤 의지가

'누군가, 누군가'를 위해 어린 시절부터 꽉꽉 쥐어짜고

있는 이들은? 만족은커녕 이 의지는 이들을 쥐어짜고

구부리고 휘감고 흔들어대고

던져 올리고 다시 받는다. 그들은

기름칠을 해 반질반질한 하늘에서 내려온 것 같다,

그들의 끊임없는 도약과 착지로 닳고 닳아

더욱 얇아진 양탄자 위로, 우주 속에서

길을 잃은 이 양탄자 위로.(전집2, 461)

그러나 '그러나'라는 말에 크게 신경 쓸 필요는 없다. 릴케는 시인의 특권인 양 문법에 어긋나는 표현을 자주 쓰니까. 문제는 릴케가 곡예사의 곡예를 미지의 의지에 의해 행해진다고 본다는 점이다. 과연 그럴까? 곡예란 그들의 삶이 아닐까? 곡예가 우리의 삶과 같다면 우리의 삶도 미지의 의지에 의해 움직여진다고 릴케는 보고 있는 것일까? 삶을 운명이라고 믿는 릴케로서는 충분히 가능한 이야기일지 모르지만 우리도 그런 견해에 찬성할 수 있을까?

이어 릴케는 곡예사의 미소를 묘사하며 천사에게 그것을 보라고 말한다.

천사여! 오 잡아라, 어서 꺾어라, 작은 꽃이 핀 그 약초를.

꽃병을 구해서 꽂아두어라! 그것을 우리에게 '아직'

열리지 않는 기쁨들 사이에 놓아라, 아담한 단지에다

화려하게 날아오르는 듯한 글씨를 새겨 찬미하라.

"곡예사의 미소"라고.(전집2, 463-464)

릴케는 서커스가 벌어지는 파리의 광장을 죽음의 거리이자 모조품의 거리로 묘사하여 『말테의 수기』에서 그려진 파리를 되풀이한다.

광장들, 오 파리의 광장이여, 끝없는 구경거리를 주는 곳이여,

그곳에선 잡화상인 마담 라 모르가 이 세상의 쉬지 못하는 길들,

끝없는 리본들을 말기도 하고 감기도 하면서

새로운 나비매듭, 주름 장식, 꽃, 모자 장식, 모조 과일들을 고안해낸다,

하지만 모두가 거짓되게 물감을 들였으니,

운명의 값싼 겨울 모자에나 어울리는 것들뿐이다.(전집2, 465)

마담 라 모르란 죽음을 뜻하는 'Lamort'를 'La mort'라고 바꾸어 죽음을 의인화한 말이다. 따라서 파리란 죽음의 도시, 대량죽음이 양산되는 곳이 된다. 그리고 5비가의 마지막 연에서 그 광장과는 다른 광장을 설정하고 그곳에서만 사랑이 이루어지고 현세에서는 이루어질 수 없는 것이라고 노래한다.

천사여! 우리가 알지 못하는 어느 광장이 있다고 생각해보라,

그곳에는, 말로 표현할 수 없는 양탄자 위에서 연인들이

이곳에서는 보여줄 수 없는 심장의 약동의

대담하고 드높은 모습들을, 그들의 황홀경의 탑들을,

바닥없는 곳에서 오래전부터 떨면서

서로 기대어 있는 사다리들을 보여주리라.(전집2, 465)

제6비가

앞에서 말했듯이 1비가에서부터 노래된 영웅은 6비가 전체에서 다시 노래되어 6비가는 '영웅 비가'라고도 한다. 이는 1비가에 나오는 천사의 또 다른 모습이다. 6비가는 다음과 같이 시작한다.

무화과나무여, 너는 벌써 오래전부터 내게 많은 의미를 주었다,

너는 개화의 단계를 거의 완전히 뛰어넘고,

내세움 없이 너의 순수한 비밀을

때맞추어 결심한 열매 안으로 밀어 넣는다.

너의 굽은 나뭇가지는 분수의 수관처럼 위아래로

수액을 나른다. 그러면 수액은 잠에서 벌떡 일어나,

거의 깨지 않은 채, 가장 달콤한 성취의 행복 속으로 뛰어든다.

보라, 신이 백조의 몸속으로 뛰어들었듯이.

　　…그러나 우리는 머뭇거린다, 슬프다, 우리가 내세울

것은 우리의 꽃피어남이니, 우리는 우리의 궁극적인 열매의 뒤늦은 핵 속

으로 들어가는 순간 탄로나버린다.(전집2, 467)

위 1~7행에서 묘사된 무화과나무는 꽃을 피운 뒤에 열매를 맺는 보통의 나무와 달리, 꽃을 피우지 않고 꽃가루가 그대로 성숙하여 식용이 되는 것으로서, 이는 태어나자마자 행동의 세계로 돌입하는 영웅에 비유되고 있다. 동시에 이는 섹스의 신비를 묘사한 것이기도 하다. 8행의 "신이 백조의 몸속으로 뛰어들었"듯이 말이다. 이는 앞에서 본 『신시집』 별권에 나오는 「레다」와 같이 제우스가 백조로 변해 레다의 몸속에 들어가 섹스를 한 것을 말한다. 반면 대부분의 인간은 그렇지 못하여 "슬프다"는 것이다.

> 몇몇 사람에게만 행동에의 충동이 강력하게 솟구치니,
> 이들은 벌써 그들 마음의 충만함 속에 머물면서 작렬한다,
> 이들은 영웅들이거나 일찍 세상을 뜰 운명을 가진 자들이다,
> 이들의 혈관을 정원사 죽음의 신은 각각 다르게 비틀어 놓았다.
> 이들은 돌진해간다. 자신들의 미소보다 앞서간다, 마치
> 카르나크 신전에 부드럽게 새겨진 움푹한 부조에서
> 마차를 끄는 말들이 승리에 취한 왕을 앞서가듯이.(전집2, 467)

영웅이 행동적인 존재로 누구보다도 먼저 돌진함은 두말할 필요가 없다. 위 구절 6행의 카르나크 신전이란 릴케가 이집트에서 본 것임은 앞에서 말했다. 위에서 노래된 영웅은 다시 다음과 같이 노래된다.

영웅은 놀랍게도 어려서 죽은 자들과 아주 가까이 있다. 영웅은

영속성 따위에는 관심이 없다. 그에겐 상승이 현존재다. 그는

끊임없이 자신을 덜어내면서 계속되는 위험의 바뀐 별자리 안으로

걸어 들어간다. 그곳에서 그를 발견할 사람은 별로 없다. 그러나, 우리에게

해줄 말이 없는 검은 운명은 갑작스레 열광하면서

그를 향해 그의 떠들썩한 세계의 폭풍 속으로 들어가라고 노래한다.

하지만 나는 '그의 목소리와 같은' 소리는 듣지 못한다. 느닷없이,

밀려오는 공기에 실려 어두운 그의 음성이 나를 뚫고 지나간다.(전집2, 468)

위 구절에는 어려운 점이 없다. 단 3행의 "자신을 덜어내면서"란
'fortnehmen'의 번역인데, 이는 "제거하다, 없애다"란 뜻이니 "자신을 없애
가면서" 정도로 이해하면 된다. 이를 영웅의 초월로 보는 견해(전광진, 97)
도 있으나, 도리어 변용으로 보는 것이 옳다고 생각한다. 이어지는 구절
을 보자.

그러면, 나는 이 큰 그리움으로부터 숨고 싶구나. 오 내가 만일,

내가 만일 소년이라면, 내가 아직 소년이 될 수 있다면, 그리하여

미래의 팔을 괴고 앉아 삼손 이야기를 읽을 수 있다면, 그의 어머니가

처음엔 아무것도 낳지 못하다가 나중엔 모든 걸 낳게 되었는지.

위 구절의 4행에 나오는 이야기는 삼손의 어머니가 출산을 오랫동안
하지 못하다가 삼손을 낳았다는 것이다. 릴케가 자신의 출생도 그랬으면

좋았겠다고 하는 것은 아니지만 앞에서 수없이 본 대로 그가 자신의 어머니를 원망했고 어린 시절을 실패한 것으로 보았음이 위 구절에도 나타난다.

> 그는 이미 당신의 몸속에서부터 영웅이 아니었던가, 어머니,
> 그의 영웅다운 선택은 이미 그곳, 당신 안에서 시작되지 않았던가?
> 무수한 것들이 자궁 속에서 들끓으면서 그가 되고 싶어 했다.(전집2, 468)

이는 평생 귀족을 자처한 릴케의 본심을 잘 드러낸다. 영웅은 태어날 때부터 영웅이란 것이다. 물론 영웅은 스스로의 힘으로도 영웅이 된다고 릴케는 노래한다.

> 그러나 보라, 붙잡고 분별하고 선택하고 성취한 것은 그였다.
> 그리고 그는 기둥들을 부쉈다. 그것은 그가 당신 몸의 세계로부터
> 더욱 비좁은 세계로 갑자기 빠져나왔을 때였다. 이곳에서도 그는
> 계속해서 선택하고 성취했다. 오 영웅들의 어머니들이여, 오
> 쏟아지는 강줄기의 원천이여! 너희 골짜기들이여, 처녀들은 벌써
> 너희들을 향해 마음의 높은 벼랑에서 울면서 뛰어내렸다.
> 그들은 앞으로 태어날 아들에게 바치는 제물이 되었던 것이다.(전집2, 468)

위 구절에 대해 "영웅을 낳는 것은 어머니, 어머니는 한때 처녀이기도 했다. 처녀이기에 장차 영웅을 사랑할 수도 있는 몸, 그러나 영웅은 현세

에 집착하는 존재가 아니기에 영웅을 현세의 사랑에 묶어둘 수는 없다"
라고 보면서 "마음의 높은 벼랑에서 울면서 뛰어내렸"고 이를 "영웅을
너무 사랑한 탓으로 오히려 영웅의 갈 길을 내밀어주기 위함"이라고 해
석하는 견해(전광진, 107)가 있으나 의문이다. 릴케가 말하는 "소유하지 않
는 사랑"을 뜻하는 것으로 보면 충분하리라. 마지막 연은 다음과 같다.

> 영웅이 사랑의 정거장을 폭풍처럼 헤치며 지나갈 때마다,
>
> 그를 위해 뛰는 모든 심장이 그를 높이 들어 올리는가 했더니,
>
> 어느새 몸을 돌려, 그는 미소의 끝에 서 있었다. 다른 모습으로.(전집2, 469)

제7비가

7비가의 첫 구절에 대한 여러 번역에 차이가 있어서 문제가 있다. 가령
다음 두 가지다.

> 더 이상 구애하지 마라. 저절로 터져 나온 목소리여, 네 외침이
>
> 구애의 외침이 되지 않게 하라. 너 비록 새처럼 순수하게 외칠지 모르지만,
>
> 계절이, 상승하는 계절이 새를 들어 올릴 때면, 이것은 거의 잊고 하는 일,
>
> 새 역시 한 마리 근심하는 짐승에 지나지 않으며, 맑은 행복을 향해,
>
> 친근한 하늘을 향해 계절이 던져 올리는 유일한 마음이 아님을.(전집2, 470)

> 이제 더 이상 사랑을 구하지 마라, 구하지는 마라, 잘못 성장해버린 목소

리여, 네 외침의 본연이 되어라, 너는 올라오는 계절이

높이 솟아오르게 하는 새처럼, 순수하게 외쳤다, 계절은 새가 근심어린 동

물임을, 밝은 것 속에, 다정한 하늘 속에 던져 넣는 것은 한낱 마음만이 아

님을 잊은 듯.(구기성, 42)

나는 원시를 놓고 위 둘 중 어느 것이 적절한지 따질 생각은 없다. 다만 문장의 흐름이 더 자유롭다는 점에서 후자를 선택하겠다. 위 구절은 사랑을 요구하지 말고 새처럼 자연의 소리를 내라는 것이다. 새소리가 미리 계산되지 않은 자연의 소리이면서도 그 안에 이성을 유혹하는 힘이 담겨 있는 것처럼, 사람들도 구애를 할 게 아니라 상대방이 느낄 수 있도록 저절로 터져 나온 소리로 다가서야 한다는 뜻이다. 그러면 애인뿐만이 아니라 릴케가 칭송하는 과거의 '소유하지 않는 사랑'을 했던 여인들도 온다면서 말이다.

이승에 있다는 것은 멋진 일. 너희들은 그것을 알았다. 소녀들이여,

'너희들도', 너희들은 그것을 빼앗긴 것 같다. 너희들은 도회지의

가장 비참한 골목과 곪아터진 상처 속으로, 또는 쓰레기

구덩이 속으로 빠졌다. 모두 한 시간만을 가졌으니, 아니,

온전히 한 시간도 아닌, 시간의 척도로 거의 잴 수 없는

두 순간 사이의 시간을, 모두 이 세상에 존재할 때.(전집2, 472)

여기서 릴케는 대도시의 순간적인 소시민의 행복은 참된 행복이 아니

라고 하며 "행복은 우리가 그것을 마음속에서 변용시켰을 때 드러나는 법"(전집2, 472)이라고 노래한다.

> 세계는, 사랑하는 이여, 우리의 마음속 말고는 어디에도 없다.
> 우리의 인생은 변용 속에 흘러간다. 그리고 외부세계는 점점 더
> 적게 사라진다. 한때 옹골찬 집이 서 있던 곳에
> 가공의 이미지가 끼어든다, 비스듬히, 상상의 세계에
> 완전히 예속되어, 그 모든 게 아직도 머릿속에 들어 있는 듯.(전집2, 472)

위에서 "외부세계는 점점 더/ 적게 사라진다"라고 노래하는 것은 변용을 위한 시적인 상관물이 적어진다는 뜻이다. 이는 변용이란 것이 "눈에 보이는 외부세계"를 "눈에 보이지 않는 내면세계"로 바꾸는 것을 뜻하기 때문이다. 릴케는 이를 인간이 지상에서 이루어야 할 시인의 사명이라고 본다. 그러나 현대의 시대정신은 그것을 모른다고 릴케는 개탄하며, 자신은 그 사명에 따라 고대세계로 들어가려고 하나 사람들은 이를 모른다고 탄식한다.

> 시대정신은 힘의 거대한 창고를 만들어낸다, 이것은
> 모든 것에서 취해온 긴장된 충동처럼 형체도 없다.
> 시대정신은 사원을 더 이상 모른다. 우리는 이 같은 마음의
> 낭비를 은밀하게 아끼려 한다. 그렇다, 아직 하나의 사물이,
> 지난날 숭배하던 것, 무릎 꿇고 모시던 것이 아직 남아 있어도,

기자의 스핑크스

그것은 있는 모습 그대로 보이지 않는 세계로 벌써 들어간다.

많은 사람들은 그것을 알아채지 못하고 그것을 '마음속에'

다시 지을 기회를 놓치고 있다, 기둥과 조각상으로 더 위대하게!(전집2,

472-473)

이러한 전환기에는 혼란이 생기고 의지할 데 없는 방랑의 무리가 생겨나게 마련인데, 그 무리는 "폐적자"(전집2, 473)라고 번역된다. 여기서 폐적이란 "적자로서의 신분을 폐지함"을 뜻하지만 폐적자란 이해하기 쉬운 말이 아니다. 시의 맥락에 맞는 말인지도 의문이다. 릴케는 우리가 그들에게 현혹되어서는 안 된다고 하면서, 고대 이집트 신전의 "기둥들, 탑문들, 스핑크스"를 그가 어릴 적부터 찬양한 "사라져가는 또는 낯선/ 도시 위로 우뚝 솟아 버티는 대성당의 잿빛 지주들"과 함께 '기적'이라고 노래한다.(전집2, 473)

탑은 위대했다. 그렇지 않은가? 오 천사여, 탑은 거대했다.

그대 옆에 놓아도 거대했다. 샤르트르 성당은 거대했다. 그리고

음악은 훨씬 더 높은 곳까지 올라가 우리를 넘어섰다. 하지만

사랑에 빠진 여인도, 오, 밤의 창가에서 혼자서…

그녀도 그대의 무릎까지 다다르지 않았던가?(전집2, 474)

즉, 무상한 인간도 몇 가지의 위대한 업적을 이루었다는 것이다. "이승에 있다는 것은 멋진 일"이 된다. 따라서 시인은 천사에게 당당하게 말한다.

에도프의 호루스 신전, 가장 보존 상태가 좋은 신전이다.

내가 실제 그대에게 구애한다고 '생각하지 마라'.

천사여, 내가 구애를 한다고 해도! 그대는 오지 않는다.

　　　　　나의 부름은

언제나 사라짐으로 가득 차 있기 때문이다. 그토록 강렬한

흐름을 거슬러서는 그대는 올 수 없다. 나의 외침은

쭉 뻗은 팔과 같다. 그리고 무언가 잡으려고

하늘을 향해 내민 나의 빈손은 그대 앞에

공허하다. 방어하고 경고하는,

잡을 수 없는 그대, 까마득히.(전집2, 474)

이는 인간이 신=천사에게 더는 구애하지 않는다는 뜻이다. 왜냐하면 구애를 해도 오지 않기 때문이다. 따라서 시인은 천사에게 더는 구애하지 않고 도리어 거부하며 스스로 하늘을 향해 손을 쭉 뻗는다고 노래한다. 이는 시인이 천사처럼 예술을 통해 신에 통한다고 믿는 시인의 의지를 보여준다. 그러나 천사에게 부딪히면 파멸한다는 것을 알기에 방어와 경고의 자세를 잊지 않는다. 여기서 이제 시인은 천사와 동격의 영웅이 된다.

제8비가

8비가에서는 영웅이라는 주체가 등장하지 않지만 릴케가 찬양하는 삶은 바로 천사나 생물(동물)이나 어린아이 같은 영웅의 삶과 죽음이다. 앞

에서 노래한 그들의 삶을 릴케는 다시 8비가의 처음에서 다음과 같이 소시민적인 인간의 삶에 대립하는 "열린 세계", 즉 "죽음에서 해방된 세계"의 존재로 노래한다.

생물들은 온 눈으로 열린 세계를 바라본다.
우리들의 눈만이 거꾸로 된 듯하며
생물들 주변에 빙 둘러 덫처럼 놓여
생물들의 자유로운 출입을 막는다.
외부에 존재하는 것, 그것을 우리는 동물의
표정에서 알 뿐이다. 우리는 갓난아이조차도 이미
등을 돌려놓고 사물들의 모습을 뒤로 보도록
강요하기 때문이다. 동물의 얼굴에 그토록 깊이 새겨져 있는
열린 세계를 보지 못하게. 죽음에서 해방되어.
'죽음'을 보는 것은 우리뿐이다. 자유로운 동물은
몰락을 언제나 뒤로 하고
앞에는 신을 두고 있다. 일단 걷기 시작하면, 동물은
영원히 앞으로 걷는다, 마치 샘물이 흘러가듯이.
'우리는' 결코 단 하루도
꽃들이 끊임없이 들어갈 수 있는
순수한 공간을 앞에 두지 못한다. 항상 세계만 있을 뿐,
'아니오'가 없는 '아무 데도 아닌 곳'은 결코 없다. 순수한 것,
돌봄을 받지 않는 것. 우리가 숨쉬고

무한히 '알지만', 탐내지 않는 것. 어릴 적에

때때로 골몰하는 것, 조용히 키우다가 털어버려야 하는 것.

또는 죽어서 도달할 수 있는 것.

죽음과 가까이 있으면 죽음을 보지 못하니까,

그러면 '바깥을' 응시하게 된다. 어쩌면 짐승의 커다란 눈길로.(전집2, 475-476)

릴케가 찬양하는 "열린 세계"는 동물과 아이들의 세계, 즉 죽음을 모르는 세계다. 이는 위 연의 마지막에 나오는 다음 구절, 즉 니체의 운명애를 단적으로 노래하는 구절에서 보는 세계다.

이것이 운명이다. 마주 서 있는 것

그리고 오직 이뿐이다, 언제나 마주 서 있는 것.(전집2, 476)

릴케는 동물의 순수함을 찬양하면서도 역시 인간과 같이 '회상', 즉 과거에 사로잡혀 있으면 문제가 있다고 하면서 그것으로부터 탈피를 강조한다.(전집2, 477)

제9비가

릴케는 9비가를 다음과 같이 시작한다.

왜, 우리 현존재의 짧은 순간을 월계수처럼

다른 모든 초록색보다 좀 더 짙은 빛깔로,

나뭇잎 가장자리마다 (바람의 미소처럼)

작은 물결들을 지니고서 보낼 수 있다면,

왜 아직도 인간이기를 고집하는가, 운명을

피하면서 또다시 운명을 그리워하면서?…(전집2, 479)

여기서 월계수란 그리스 신화에서 다프네가 자기에게 치근덕대는 아폴로의 눈을 피해 월계수로 변해 위기를 모면했다는 이야기를 암시한다고 보는 견해(전집2, 495 주60)가 있으나, 그 신화는 위 구절과 직접적인 관련이 없다. 살아 있는 것이 이 세상에 존재하는 의의라고 한다면 동식물의 존재, 가령 월계수의 존재 그 자체로 충분해야 하는데 "왜 아직도 인간이기를 고집하는가"라고 묻고 있지 않은가? "운명을/ 피하면서 또다시 운명을 그리워하면서?"란 "열린 세계"를 향하는 인간이 그 운명을 피하면서도 인간은 언제나 현세를 살기 때문에 그것을 그리워한다는 뜻이다. 릴케는 인간이기를 고집하는 이유가 "행복이 '있기' 때문이 아니"라 다음과 같다고 말한다. 행복은 "다가오는 상실에 한 발 앞선 한시적인 누림"에 불과하기 때문이다.

사실은 이곳에 있음이 의미가 있기 때문이다. 그리고 이곳에 있는

모든 것, 사라지는 이 모든 것들이 우리를 필요로 하고,

나름대로 우리의 관심을 끌기 때문이다. 더 덧없는 존재인 우리를.

모든 존재는 '한 번뿐', 단 '한 번뿐', 한 번뿐, 더 이상은 없다. 우리도

'한 번뿐'. 다시는 없다. 그러나 이

'한 번' 있었다는 사실, 비록 '한 번뿐'이지만

지상에 있었다는 사실은 취소할 수 없는 일이다.(전집2, 579)

릴케에 의하면 그 모든 것도 죽음의 세계에서는 무의미하다. 단 하나, '순수한 말'뿐이다. "'여기는 말할 수 있는 것'을 위한 시간, '여기'는 그것의 고향이다./ 말하고 고백하라. 예전보다 더 많이." 그러나 대량생산의 현대사회는 그렇지 못하다는 것을 릴케는 다음과 같이 묘사한다.

사물들은, 우리가 느낄 수 있는 사물들은 우리에게서 멀어져간다,

모습이 없는 행동이 그것들을 밀어내며 대체하기 때문이다.

껍데기들로 덮여 있는 행동이다, 안쪽에서 행동이 너무 커져

다른 경계를 요하게 되면 금방 깨져버리고 마는 껍데기들로.(전집2, 481)

릴케가 『말테의 수기』에서 '대량죽음'을 개탄했듯이 여기서는 껍데기의 삶을 개탄한다. 릴케는 이를 미국식 집을 위시한 미국식 삶이라고 하고, 이를 유럽인의 경우 집이 그들의 옷이었다고 비교한다.* 이에 비해 "우리의 마음은 두 개의 망치질 사이에/ 존재한다. 우리의 혀가/ 이빨** 사이에 존재하지만,/ 그럼에도 찬양을 그치지 않듯이."(전집2, 481) 그래서

■　　* 1925년 11월 13일, 비톨트 폰 프레비치에게 보낸 편지.
　　** 전집2, 481은 이를 이(爾)라고 하나 의문이다.

릴케는 인간과 천사가 화해하는 길을 자신의 사물예술(시), 즉 현실을 변용시켜 내면으로 만드는 것이라고 노래한다. 변용을 하는 자는 시인이다. 따라서 시인은 인간을 대표하여 천사에 대면한다. 그래서 천사=영웅=동물은 이제 시인이 된다.

천사를 향해 이 세상을 찬미하라. 말로 할 수 없는 세상은 말고,

호화로운 감정으로 너는 '천사를' 감동시킬 수 없다. 천사가

모든 것을 절실하게 느끼는 우주공간에서 너는 초심자일 뿐이다.

그러니 천사에게 소박한 것을 보여주어라. 몇 세대에 걸쳐 만들어져

우리 것이 되어 우리 손 옆에 그리고 눈길 속에 살아 있는 것을.

그에게 사물들에 대해 말하라. 그는 놀라워하며 서 있으리라. 네가

로마의 밧줄 제조공 옆에, 나일 강의 도공 옆에 서 있었듯이.

사물이 얼마나 행복할 수 있는지, 얼마나 순수한지 그리고 얼마나 우리 편인지,

구슬픈 고통조차 어떻게 순수하게 제 모습을 갖추어, 사물로서 봉사하거나

죽어서 사물 속으로 들어가는지, 바이올린조차 다시 불러들일 수 없는

공간으로 넘어가는지 천사에게 보여주어라. (전집2, 481)

릴케는 천사에게 "그대 자신이 성스러운 생각이란/ 친근한 죽음이다"라고 한다. 여기서 '친근한 죽음'이란 릴케가 앞에서 끊임없이 말한 '고유한 죽음'이다. 영웅의 죽음이다. 미국식 대중의 대량죽음이 아닌 유럽식

귀족 영웅의 고유한 죽음이다. 물론 그것은 삶까지 포함한다. 미국식 현대의 대량주택이 아닌 유럽식의 고유한 집을 포함한다.

제10비가

앞에서 보았듯이 천사=신과 인간의 거리는 분명하나 『두이노의 비가』 마지막인 10비가 처음에서 시인은 화답하는 천사에게 노래한다.

> 언젠가 나 이 무서운 인식의 끝마당에 서서
>
> 화답하는 천사들을 향해 환호와 찬양의 노래를 부르리라.(전집2, 483)

위에서 끝마당이란 'Ausgang'의 번역어로서 '시작'을 뜻하기도 한다. 이는 1비가의 "아름다움이란/ 우리가 간신히 견디어내는 무서움의 시작일 뿐"(전집2, 444)이라는 구절에 대응한다. 위 구절에 이어 릴케는 환호와 찬양의 노래를 계속 부르다가 다시 고통을 노래한다.

> 우리는 고통의 낭비자. 우리는 어떻게 슬픔을 넘어 응시할 수 있을까,
>
> 슬픔의 지속을, 언젠가 이것이 끝나지 않을까 바라면서. 그러나
>
> 고통은 우리의 겨울 나뭇잎, 우리의 짙은 상록수,
>
> 우리의 은밀한 한 해의 계절 중의 한 계절, 그런 시간일 뿐 아니라,
>
> 고통은 장소요 주거지요 잠자리요 흙이요 집이다.(전집2, 483)

릴케는 고통을 인간의 피할 수 없는 운명, 불가사의한 숙명이라고 노래한다. 그는 특히 이를 현대문명에서 절실하게 느낀다.

정말로 괴롭다, 고통의 도시의 뒷골목은 낯설기만 하구나,
그곳엔 넘쳐나는 소음으로 만들어진 거짓 고요 속을
공허의 거푸집에서 나온 주물들이 마구 활보하며 걷는다.
금으로 도금한 소음, 파열하는 기념비.
오 천사가 있다면 얼마나 흔적도 없이 짓밟아버리겠는가,
그들이 완제품으로 사들인 교회가 경계를 긋고 있는 위안의 시장을.
깨끗하게, 문을 닫아버릴까, 실망이 크도록, 일요일의 우체국처럼,
그러나 밖에는 언제나 대목장의 변두리들이 넘실대고 있다.
자유의 그네여! 열정의 잠수부여, 곡예사들이여!
그리고 여러 모양들로 예쁘게 꾸민 행운의 사격장에서는
양철 과녁이 넘어지며 덜커덩 소리를 낸다,
어느 솜씨 좋은 사람이 명중시킬 때마다. 그 사람은 갈채에서
우연으로 비틀대며 간다, 온갖 호기심을 자극하는 가게들이
외치며 북을 치고 물건을 사라고 권하기 때문이다. 그러나
성인을 위한 특별한 볼거리도 있다. 돈이 어떻게 새끼를 치는가,
해부학적으로도 타당한 것. 재미만을 위한 것은 아니다. 돈의 생식기,
남김없이 행하는 것, 행위 그 자체. 교육적이고
성적 능력 향상에도 좋은 것…
…오 그러나 그곳을 벗어나자 곧,

마지막 판자 뒤편에 '영생불사'라는 광고문이 붙어 있다.

저 쓴 맥주 광고, 마시는 사람들은 달콤하게 느낄 것 같다.

거기다가 늘 신선한 심심풀이를 곁들여서 씹는다면…

바로 그 뒤쪽을 보니, 그 뒤쪽은 '현실적'이다.

아이들은 놀고 있고, 연인들은 서로 끌어안는다, 한쪽에서,

진지하게, 듬성듬성한 풀밭에서. 그리고 개는 마냥 개다.(전집2, 483-484)

릴케가 묘사한 허위의 소시민 도시는 이렇게 끝나고, 이어 젊은이와 비탄이라는 이름의 여인이 갑자기 등장한다.

젊은이는 자기도 모르게 좀 더 걸어간다. 그는 어느 젊은 비탄을

사랑하고 있는 것 같다 … 그녀의 뒤를 따라 초원으로 들어선다.

그녀가 말한다.

좀 멀어요. 우리는 저기 바깥쪽에 살고 있어요…

어디요? 그러면서 젊은이는

따라간다. 그녀의 자태에 그의 마음이 끌렸다. 어깨와 목덜미.

그녀는 귀한 가문 출신인가 봐. 그러나 그는 그녀를 그냥 두고서

돌아가다가 돌아서서 손짓을 한다… 부질없는 짓. 그녀는 비탄인 걸.(전집

2, 484-485)

릴케에 의하면 살아 있는 젊은이는 "저기 바깥쪽에 살고 있"는 비탄을 사랑할 수 없다. 그녀를 사랑할 수 있는 자는 "어려서 죽은 자들"뿐이라

고 한다. 그들은 그녀를 따라간다. 그중 하나는 1비가에 등장한 리노스라
고 볼 수도 있다.

> 그러나 그들이 사는 계곡에 이르자, 어느 노파가, 비탄의
> 노파 하나가 소년의 물음에 대답한다. 우리는
> 위대한 종족이었지. 그녀가 말한다. 옛날에 우리 비탄들은.
>
> > 우리 조상들은
>
> 저기 큰 산에서 광산일을 했어. 사람들에게서 가끔
> 매끄럽게 연마된 태곳적 고통 덩어리나,
> 오래된 화산에서 캐낸, 화석이 된 분노 찌꺼기를 볼 거야.
> 그래, 그게 다 거기서 나온 거지. 옛날에 우린 부자였어.

위에서 시인이 보여주는 세계는 인간이 신의 세계에 살았을 때의 이상
향적인 풍경이다. 그것은 다음에 이어지는 예술과 정치, 식물과 동물의
세계로 더욱 명확해진다.

> 그리고 그를 드넓은 비탄의 풍경 속으로 가볍게 이끌어,
> 그에게 사원들의 기둥이나 허물어진 성들을 보여준다,
> 그곳에선 한때 비탄의 영주들이 백성들에게 어진 정치를
> 베풀었다.(전집2, 485)

더욱 구체적인 모습으로 릴케는 이집트의 스핑크스를 묘사한다. 이는

초기 이집트의 스핑크스(카이로 박물관 소장)

다리우스 왕조의 궁전에 있는 날개 달린 스핑크스

우리가 이미 앞에서 보았듯이 그가 이집트 여행에서 본 것이다. 역시 앞에서 보았듯이 릴케는 이미 7비가에서 이집트 신전의 "기둥들, 탑문들, 스핑크스"를 그가 어릴 적부터 찬양한 "사라져가는 또는 낯선/ 도시 위로 우뚝 솟아 버티는 대성당의 잿빛 지주들"고 함께 '기적'이라고 노래했다.(전집2, 473) 마찬가지로 10비가에서는 이집트를 "죽은 이들의 의식의 사막 같은 맑은 세계"(홀트후젠, 161)로 노래한 스핑크스를 다음과 같이 묘사한다.

> 엄숙한 모양의 스핑크스,
>
> 말 없는 묘혈의 얼굴.
>
> 그리고 그들은 왕관을 쓴 머리를 보고 놀란다.
>
> 그 머리는 무게를 재려고 사람의 얼굴을
>
> 별들의 저울에 올려놓고 있었다. 조용히 그리고 영원히.(전집2, 486)

그리고 부엉이가 나와 "죽음에 이어 생긴 새로운 청각 위에다/ 말로 표현할 수 없는 윤곽을 부드럽게 그려 넣는다./ 양쪽으로 펼쳐진 책 속에다 써넣듯이."(전집2, 486) 그 "양쪽으로 펼쳐진 책"이란 "밤에 청각이 극도로 민감해져 있는 것을 뜻하며, 또한 시각과 청각이 합일되어 있는 상태"를 뜻한다고 보는 견해(전집2, 496 주67)가 있으나 나는 삶과 죽음의 책이라고 본다.

그러나 죽은 젊은이는 떠나지 않을 수 없다. 그래서 나이 든 비탄은

말없이 그를 깊은 골자기로 데리고 간다,

거기 달빛 속에 은은히 빛나는 것,

기쁨의 샘물이다. 비탄은 깊은 경외심에서

그 이름을 부르면서, 이렇게 말한다. 인간 세계에서는

이것은 생명을 잉태하는 물결이지.

그들은 산발치에 이른다.

그때 비탄은 그를 포옹한다. 울면서.

홀로 그는 간다, 태곳적 고통의 산을.

그의 발걸음에서는 소리 없는 운명의 소리 한 번 울리지 않는다.

그러나 그들, 영원히 죽지 않은 자들이 우리에게 하나의 비유를 일깨워주

었다면,

보라, 그들은 손가락으로 텅 빈 개암나무에 매달린

겨울눈을 가리켰는지도 모른다. 아니면

비를 생각했을까, 봄날 어두운 대지 위로 떨어지는.

그리고 '솟아오르는' 행복만을

생각하는 우리는

행복이 '떨어질' 때면

가슴이 무너지는 듯한 충격을 느끼리라.(전집2, 487)

릴케의 초상(프리츠 셰프러, 1918)

8장

최고의 시인영웅
오르페우스

소네트 제1부

『두이노의 비가』를 완성한 뒤 릴케는『오르페우스에게 바치는 소네트』를 집필했다. 시집 표지에는 "베라 오우카마 크노프를 위해 묘비명으로 쓰다"라는 말이 적혀 있다. 크노프는 19세로 요절한 여류 무용수로 고통스럽게 죽었는데, 그 죽음에 대해 그녀의 어머니가 쓴 자료를 릴케가 1922년 2월에 받아 바로『오르페우스에게 바치는 소네트』를 쓴 것이다. 시집에서 그녀는 에우리디케이고 릴케는 오르페우스다.

　『오르페우스에게 바치는 소네트』에서 오르페우스는『신시집』(1904)의 「오르페우스. 에우리디케. 헤르메스」처럼 시력은 "마치 개처럼" 앞서 "달리지만" 청력은 "마치 냄새처럼 뒤처져 있는" 오르페우스와 달리, 세계를 변용시키는 시인으로 바뀌었다. 이를 보여주는 그 첫 시를 보자.

저기 한 그루 나무가 솟았다. 오 순수한 승화여!

오 오르페우스가 노래한다! 오 귓속의 우람한 나무여!

그리고 모든 것은 침묵했다. 그러나 침묵 속에서도

새로운 시작과 눈짓과 변화가 일어나고 있다.

고요의 짐승들이 동굴과 둥지를 박차고

맑게 풀어진 숲 밖으로 몰려나왔다.

그들이 저희들끼리 그토록 잠잠했던 것은

꾀를 부리거나 불안해서가 아니라,

다만 듣기 위해서였다. 포효, 지저귐, 음매소리는

그들의 마음속에선 하찮아 보였다. 그리고 거기

이것들을 받아들일 오두막 한 채도 없던 곳,

가장 어두운 욕망으로부터의 은신처,

입구의 기둥들이 흔들리는 그곳에

그대는 그들을 위한 경청의 신전을 세웠다.(전집2, 500)

위 시에 나타나는 오르페우스의 세계는 인간의 세계가 아니라 동물과
식물의 세계다. 그 생물은 인간과 달리 세계를 향해 눈과 귀를 열고 시인
의 노래를 듣는다고 한다. 즉, 시각과 청각에 아무런 제한이나 장애가 없
는 완전한 자연의 세계다.

앞에서 보았듯이 릴케에게 사물은 그림처럼 '보는 것'이었지만 만년의
『오르페우스에게 바치는 소네트』에는 음악처럼 '듣는 것'으로 나아간다.
애초에 음악은 릴케에게 부정적인 것이었다. 가령 『형상시집』(1902)에 나
오는 다음 「음악」을 보자.

> 소년아, 너는 무엇을 부느냐? 뜨락을 가로 질러
> 수많은 발자국처럼, 속삭이는 지시들이 지나갔다.
> 소년아, 너는 무엇을 부느냐? 너의 영혼을 보라
> 시링크스의 막대들 속에 사로잡힌 너의 영혼을.
>
> 어째서 너는 네 영혼을 유혹하느냐? 음향은 감옥,
> 거기 갇혀 네 영혼은 오래도록 애타게 저를 그린다.
> 너의 생명은 강하다, 하지만 훌쩍이며 네 그리움에
> 기댄 채 흘러나오는 너의 노랫소리는 더욱 강하다.
>
> 네 영혼에 침묵을 주라, 그리하여 네 영혼이 조용히
> 넘쳐흐르는 충만함 속으로 되돌아가도록 하라,
> 네가 너의 감미로운 연주 속으로 끌어들이기 전에,
> 네 영혼이 자라가며 드넓고 현명하게 살았던 그곳으로.
>
> 네 영혼은 벌써 맥없이 날갯짓 파닥이는구나.
> 너, 꿈꾸는 자여, 네가 그렇게 영혼의 비상을 낭비하면,

네 영혼의 날개는 노랫소리에 발기발기 찢겨서

네 영혼을 더 이상 나의 담 너머로 넘겨주지 못하리라,

내가 기쁨을 나누고 싶어 네 영혼을 부른다고 해도.

위 2연에 나오는 시링크스*란 목양신 판(Pan)이 부는 피리를 말한다. 그러나 이제 릴케는 음악을 찬양한다. 1부 3편에서 릴케는 신만이 할 수 있는 시공을 초월한 영원한 "노래는 현존재"라고 하고, 이를 '소유하려는 사랑'의 노래와 대비시킨다.

젊은이여, 이것이 아니다. 너의 사랑방식, 비록

그때 네 목소리가 네 입을 밀쳐 열지라도, 배워라

네가 노래한 사실을 잊는 법을. 그것은 사라진다.

진실로 노래하는 것은 다른 숨결이다.

무(無)를 싸고도는 숨결. 신 안에 부는 바람. 한 줄기 바람.(전집2, 501)

이어 1부 4편에서는 "그대들을 생각하지 않는 숨결 속으로 들어가라"라고 노래한다. 이는 '소유하지 않는 사랑'이다.

■　* 시링크스(Συριγξ)는 그리스 신화에 나오는 님프다. 그녀에게 반한 판에게 쫓겨 도망치다가 라돈 강에 이르러 강의 님프들에게 요청해 갈대로 변했다. 판은 그 갈대를 잘라 팬파이프를 만들었다.

기념비를 세우지 마라

앞 1장에서 나는 『오르페우스에게 바치는 소네트』 1부 5편을 나의 애송시라고 소개했다. 이를 좀 더 살펴보자.

기념비를 세우지 마라. 다만
그를 위해 해마다 장미꽃이 피게 하라.
오르페우스가 장미이니. 그의 변용은
모든 사물마다 깃들어 있다. 다른 이름들에

신경 쓰지 말 것이다. 노랫소리가 들리면
그건 언제나 오르페우스다. 그는 왔다가 간다.
그러니 때때로 그가 장미꽃잎보다 며칠씩
더 견딘다면 그것은 이미 지나친 것이 아닌가?

오 그는 사라져야 한다는 걸 알아야 한다!
하지만 그 역시 사라짐이 두렵기만 하다.
그의 말이 이승의 존재를 넘어서는 사이,

그는 벌써 너희들이 갈 수 없는 곳에 있다.
칠현금의 격자가 그의 손을 강요하지 않는다.
다만 그는 넘어가면서 순순히 따를 뿐이다.(전집2, 503-504)

2연 1행의 "왔다가 간다"를 오르페우스의 사랑을 갈구하다가 거절당한 바쿠스의 무녀들에 의해 갈기갈기 찢겨서 죽임을 당한다는 신화의 에피소드와 관련이 있다고 보는 견해도 있지만(김재혁, 전집2, 548 주21) 이는 이미 도달한 지평으로부터 더 높은 목표로 초월하는 오르페우스의 삶을 말한다고 보는 견해(전광진, 97)가 더 설득력 있다. 이는 위 시 1연의 3행에 나오는 "견딘다", 2연 3행의 "넘어서는", 3연 3행의 "넘어가면"과 마찬가지로 초월의 의미를 담고 있다.

그러나 이승의 초월을 노래한다고 해서 오르페우스가 현세를 부정하는 염세주의자인 것은 아니다. 그는 죽음과 삶이라는 두 세계에서 태어나 그것을 하나로 만든다. 그래서 7편에서 그는 "찬미, 바로 그것이다! 찬미의 소명을 부여받은 자"로 찬미된다. "찬미의 왕국 안에서만 비탄은 걸어 다닐 수 있다."(전집2, 505) 이러한 오르페우스의 세계와 극단의 대립을 이루는 것은 기계다. 아래 구절들은 각각 18, 22, 24편에 나온다.

보라, 저 기계를
뒹굴며 복수를 저지르고
우리를 비틀고 무역하게 만드는 꼴을.(전집2, 514)

소년들아, 오 너희들의 용기를
속도 속으로 던지지 마라,
비행의 시도 속으로 던지지 마라.(전집2, 517)

직선로를 간다. 지난날의 불길은 증기기관 속에서나

타오르면서 점점 커져가는 망치들을 들어올린다.

그러나 우리는, 헤엄치는 사람처럼 힘이 빠지고 있다.(전집2, 519)

　그러나 릴케는 기계 자체를 부정하지는 않는다. 이는 위 18편의 구절
에 이어 그가 "기계가 우리로부터 힘을 얻었다고는 해도,/ 냉정한 그것
들이/ 바삐 움직이면서 시중이나 들게 하소서"라고 한 것에서 알 수 있
다.(전집2, 514) 또한 위의 22편에서 속도와 비행을 비판하면서도 동시에
비행을 통해 자신의 초월을 노래한다. 릴케 자신 1부에서 가장 아름답다
고 한 다음 23편에서다.

　오, 언젠가 비행이

　나는 것 그 자체만을 위해

　하늘의 고요 속으로,

　높이 솟아올라, 자족하여,

　옆모습을 반짝이면서

　기계로서 바람의

　애인이 되어 날씬한 몸매로

　확실한 곡선 그리기를 그만둘 때, 비로소

　순수한 어딘가로의 방향이

커가는 기계의

소년 같은 자만심을 넘어설 때, 비로소

저 먼 곳에 다가간 자는

자신이 얻은 이득에 놀라면서

그의 외로운 비행이 이루어낸 '존재'가 되리라.(전집2, 517-518)

소네트 제2부

『오르페우스에게 바치는 소네트』 2부의 29편은 당연히 1부와 관련이 있
으나 1부에서와 같은 오르페우스를 찬양하는 시는 적어지고 여러 가지
소재가 등장한다. 그중에 특이한 것은 재판관을 비판한 9편과 기계를 비
판한 10편이다. 기계에 대한 비판이야 앞에서도 되풀이된 것이지만 다음
의 재판관 비판은 그의 시에서 처음 보는 것이다.

> 그대들, 재판관들이여, 이제 고문이 존재하지 않는다고,
> 더 이상 목에 칼을 씌우지 않는다고 자랑하지 마라.
> 어떤 마음도 고양되지 않았다. 그 어떤 마음도,
> 자비가 뜻하는 경련이 그대들을 쉽사리 비틀기 때문이다.

> 오랜 세월에 걸쳐 얻어낸 것을 단두대는 다시
> 돌려주리라, 마치 어린아이가 지난 생일에 받은

장난감을 다시 선물하듯이. 문처럼 활짝 열린, 순수하고
드높은 마음 안으로 그는 다시 다른 모습으로 들어서리라.

진정한 자비의 신은. 그는 힘차게 다가와서 몸 주위로
더욱 찬란한 빛을 뿌리리라, 신들의 자태가 그러하듯이.
안전한 커다란 배를 밀어주는 바람 '이상의 것'이 되리라.

또한 무수한 짝짓기로 태어난 말없이 노는 아이처럼,
우리를 조용히 가슴속에서 자기 것으로 만드는
은밀하고 민감한 지각보다 못하지 않으리라.(전집2, 528-529)

위 시에서 1연 4행의 재판관의 "자비"는 3연 1행의 "진정한 자비의 신"
과 구별되어 있으나 후자의 내용은 명확하지 않다. 4연 1행의 "무수한 짝
짓기로 태어난" 것이란 "아주 오래된 혈통을 지닌 가문 출신"을 뜻한다
고 보는 견해가 있다.(전집2, 557 주110) 귀족 자제의 지각보다 나은 것이
'진정한 자비의 신'이라는 것인데 역시 그 뜻은 애매하다.

한편 다음의 10편은 그 앞의 기계 비판보다 더욱 명확하게 시인의 시
에 대립시키는 점에서 주목된다.

우리가 이룩한 모든 것을 기계는 위협한다. 기계가
복종하기보다는 정신 속에 존재하려고 설치기 때문.
우아한 손이 아름답게 머뭇거리며 눈길을 끌지 못하게

기계는 힘껏 건물을 지으려 더 고집스레 돌을 자른다.

기계는 뒤처지는 일이 없어, 우린 '한 번도' 벗어날 수 없고,

기계는 조용한 공장에서 기름칠하는 제 본래 모습을 버린다.

기계는 생명이다-하면서 자신이 최고라고 생각한다,

그러면서 똑같은 결단으로 정돈하고 만들어내고 파괴한다.

그러나 아직도 우리는 현존재에 매력을 느낀다, 수백의

자리에 아직 근원이 그대로 남아 있다. 무릎 꿇고서

놀라지 않는 자 누구도 건드릴 수 없는 순수한 힘의 유희.

언어는 아직도 말할 수 없는 것 앞에서 조용히 시들고…

그리고 음악은, 언제나 새로이, 가장 잘 떠는 돌들로

쓸모없는 공간 속에다 자신의 신성한 집을 짓는다.(전집2, 530)

2부 중에서 릴케가 『오르페우스에게 바치는 소네트』에서 가장 중심이
된다고 한 시가 바로 다음의 13편이다.

모든 이별에 앞서가라, 막 지나가는 겨울처럼

마치 그 이별이 네 뒤에 있는 것처럼 여기고.

그 많은 겨울들 중에서 하나가 끝없는 겨울이라,

겨울을 나며, 내 마음은 그저 견뎌내야 하리라.

언제나 에우리디케 안에 죽어 있으라, 노래, 노래하며,

더욱더 칭송하며 순수한 연관 속으로 돌아가라.

이곳, 사라지는 것들 속에, 쇠락의 영역 속에 있으라,

울리는 유리잔이 되어라, 소리를 내며 깨져버리는.

존재하라— 그리고 동시에 비존재의 조건을 알아라,

너의 깊은 흔들림의 그 무한한 근거를 알아보라,

그러면 너는 그것을 단 한 번에 해낼 수 있으리라.

가득 찬 자연의 써버린 나머지뿐만 아니라

묵묵히 말 없는 나머지, 그 헤아릴 수 없는 총합에

환호하면서 너를 더하고 숫자는 없애버려라.(전집2, 531-532)

위 시의 마지막 행을 "하나의 개별적 존재로 전체 속에 합산되고 싶은 자는 이와 동시에 개인으로서의 존재를 포기하고 '헤아릴 수 없는 총합'의 전체 속으로 들어가야 한다"는 의미로 해석하는 견해가 있는데(김재혁, 전집2, 558-559, 주125) 이는 그 시의 의미가 전체주의를 뜻한다고 오해될 수도 있다.

「젊은 노동자의 편지」

위에서 보았듯이 『오르페우스에게 바치는 소네트』에서 릴케의 기술과 기

계에 대한 혐오는 여전하고, 기독교에 대한 반발도 여전하다. "죽음이나 피안이나 영원에 대한 가톨릭적인 생각을 나의 비가나 소네트에 결부시키는 것은 잘못"이고, "비가의 천사는 기독교의 천사와는 아무 관련이 없다"라고 그는 명언했다.*

같은 시기에 쓴 「젊은 노동자의 편지」에서도 마찬가지다. 여기서 젊은 노동자란 릴케 자신을 말한다. 앞에서도 보았듯이 그는 노동자를 편들지 않았지만 로댕을 만난 뒤로 예술가를 노동자와 같이 열심히 만드는 존재라고 생각했다.

그는 코란에는 "항상 강한 힘을 가진 신, 신을 가리키는 손가락이" 있지만 기독교 세계의 인간들은 "가리키는 손가락을 이해하지 못하고 손을 핥아야 한다고 생각하는 개와 같"아 "그들, 마음이 아집으로 가득 찬 사람들 안에는 그리스도가 살지 않는다"라고 한다.(전집13, 161) 그 아집이란 "현재적인 것을 평가절하하고", "관심을 저 피안의 곳으로 돌려놓는" 것이지만(전집13, 162) 반면 성 프란체스코는 이 세상을 찬양했다고 릴케는 보았다.

이어 릴케는 힘에 대한 반항이 아니라 복종을 주장하면서 그것이 러시아 10월 혁명과 독일 11월 혁명과 대조적인 것이라고 보았다. 그리고 인간이 측정할 수 없는 사랑도 그런 복종인데 기독교는 이를 무시했다고 주장했다.

■ * 1925년 11월 13일 비톨트 폰 프레비치에게 보낸 편지

우리의 가장 내밀한 곳으로 들어가지 못하게 하는 것은 무엇입니까? 왜 우리는 그것의 주위를 배회하다가 결국 침입자나 도둑처럼 우리 자신의 아름다운 성(性)으로 빠져 들어가며, 그 안에서 정신없이 부딪히고 헛디디 다가 마침내 갑자기 체포된 사람처럼 기독교의 희미한 빛으로 다시 내동 댕이쳐집니까?(전집13, 172)

이러한 성을 그는 "언젠가 우리는 어디에서나 아이였"으나 "지금 우리는 오직 한 곳에서만 아직 아이"(전집13, 173)라고 비유하며 "그리스도 때문에 나를 나쁘게 만들고 싶지 않으며, 신에게 좋은 사람이고 싶"다고 말한다.(전집13, 174)

고유한 죽음

1922년 2월 이후 릴케는 급격히 쇠약해졌다. 5월에는 딸이 결혼했지만 찾아가지 않았다. 8월에는 호숫가의 요양소에 가서 마사지, 찜질, 목욕, 전기요법 등을 받았으나 아무런 성과가 없어 곧 뮈조트 성으로 돌아왔다. 1923년 말 다시 갑작스럽게 쇠약해져 의사를 찾아 진단을 받았으나 임상적인 증세는 발견되지 않았다. 이듬해 여러 요양소와 뮈조트 성을 전전하다가 1925년에는 파리에 7개월 머물렀다. 자신의 병과 생활을 완전히 바꾸어보려는 의도였다. 그래서 건강을 상당히 회복했으나 9월에 스위스로 돌아온 뒤 다시 악화되었다.

1925년 늦가을에 구체적인 병증이 나타났다. 그는 뮈조트 성으로 돌아

스위스 라롱에 있는 릴케의 묘지

와 유서를 썼다. 그는 유서에 어떤 목사의 입회도 거부하고 딸에게는 가족사진을 주며 마지막 애인에게는 가구를 주고 부근 교회 묘지에 묻어달라고 했다. 그리고 「묘비명」을 쓰고 그것과 함께 자기 이름과 가문의 문장을 새겨 넣어달라고 했다.

50회 생일을 지낸 1925년 말 그는 요양소로 가 5개월 동안 치료를 받았으나 호전되지 않았다. 9월에 뮈조트 성에서 손님들에게 장미를 따주다가 장미 가시에 손가락을 다쳤다. 11월 그는 병원에서 백혈병에 걸렸다는 진단을 받았다. 그 뒤로는 아내를 포함하여 모든 사람들의 면회와 함께 의사를 거부하고 자신이 '고유한 죽음'을 맞도록 도와달라고 했다.

1926년 12월 29일 릴케는 뮈조트 성에서 죽었다. 51세였다. 이듬해 1월 2일, 유언에 따라 스위스 발리스 주의 시골인 라롱의 들판에 솟은 작고 험준한 언덕 위 교회 옆에 묻혔다. 애인이었던 몇 여자들과 남녀 친구들이 함께 참석한 조촐한 장례였다. 하지만 아내와 딸은 그 자리에 없었다.

「묘비명」

시를 그리 좋아하지 않는 사람이라도 릴케가 유독 장미를 사랑한 장미의 시인으로 읊은 다음 시 「묘비명」을 기억하리라.

> 장미여, 오 순수한 모순, 욕망,
> 그리도 많은 눈꺼풀 아래
> 누구의 것도 아닌 잠.

흔히 장미 가시에 찔려 죽었다(사실이 아니다)고 하는 릴케가 묘비명으로 삼은 이 시의 의미는 무엇인가? 그 의미에 대해서는 수많은 견해가 있지만 나로서는 참으로 이해하기 어렵다. 가령 장미의 시인이라는 이름답게 릴케의 시에 250번이나 등장한다는 장미란 유럽에서 "절대자인 신, 일상과는 다른 것에 대한 동경, 자기실현의 상징" 등을 뜻한다고 한다. 물론 기독교의 유일신을 뜻하는 것이겠다. 이런 특별한 뜻을 알게 되면 그런 것이 순수한 모순이자 환희란 것이라는 말을 이해할 수 있을지 모르겠으나 유럽에 살지 않는 우리로서는 이를 쉽게 알기 어렵다. 더욱 알기 어려운 것은 '순수한'의 독일어인 'reiner'는 릴케의 이름에 나오는 'Rainer'와 닮았다는 점에서 시인 자신을 말한 것이라고 볼 수도 있다는 점이다. 시 전체에 흐르는 유음 'r'도 릴케 이름과의 연관성을 보여준다고 하는 견해가 있으나(김재혁, 레프만713) 이 점 역시 독일인이라면 쉽게 짐작할 수 있는지 모르지만 번역시를 읽는 우리로서는 짐작하기 어려운 일이다. 원어로 읽지 않는 한 어떤 훌륭한 번역으로도 불가능하리라. 그러므로 마지막으로 이 책에서 처음으로 원시를 읽어보자.

Rose, oh reiner Widerspruch, Lust,
Niemandes Schlaf zu sein unter soviel
Lidern.

시 전체에서 r의 유음이 느껴지는가? r이 다섯 번이나 나오기는 하지만 말이다. 그러나 문제는 역시 그 의미다. 위 12개 단어를 하나의 문장으로 보면 위의 번역과는 달리 다음과 같이 번역될 수도 있다.

장미,
수많은 눈꺼풀 아래 누구의 것도 아닌 잠이고 싶은
오 순수한 모순이자 욕망.

2행의 '눈꺼풀'이란 장미의 잎을 말하겠는데 그 독일어인 'Lider'가 노래를 뜻하는 'Lieder'와 발음이 같다는 이유에서 독일인이라면 역시 이를 시인의 노래인 시를 말한다고 볼 수도 있을지 모르지만(김재혁, 레프만708) 우리로서는 역시 알아채기 힘들다.

더욱더 알기 힘든 것은 마지막 3행의 "누구의 것도 아닌 잠"이다. 그 '잠'이란 「묘비명」을 쓴 시인의 죽음을 뜻한다고 볼 수 있겠다. 그러나 그 잠은 시인의 잠이 아니라 '누구의 것도 아닌 잠'이라고 하여 '순수한 모순이자 욕망'이고, "누구의 것도 아닌 잠"이란 『기도시집』 마지막에 나오는 "이름도 없이 홀홀히 죽어갔을 때"라고 하는 성자 프란체스코의 죽음을 묘사한 것처럼 "모든 세속적인 인간관계나 의무감에서 해방된 상태", "자신의 내면의 본질을 가장 자유롭게 펼칠 수 있는 이상적인 '가난'의 상태"를 뜻한다고 보는 견해(김재혁의 견해; 레프만709)가 있지만 나 같은 보통사람은 그 시 자체에서 그런 해석을 하기 어렵다.

도리어 유럽에서 장미가 "절대자인 신, 일상과는 다른 것에 대한 동경, 자기실현의 상징" 등을 뜻한다면 그것을 죽음으로 형상화하는 경우 당연히 "누구의 것도 아닌 절대자의 잠"이 되지 않겠는가? 릴케는 자신을 장미 즉, 절대자에 비유한다. 아니, 자신을 절대자로 노래한다. 그것은 순수한 모순이고 환희라는 것이다. 그리고 자신의 죽음도 그런 절대자의 죽음이라는 것이다.

「묘지에서의 명상」

그런데 릴케는 1894년에 낸 처녀시집 『삶과 노래』의 「묘지에서의 명상」에서 다음과 같이 무덤가의 장미를 노래했다.

> 장미꽃은 막 물들기 시작했다!
> 부드럽고 조그만 꽃봉오리!
> 죽음 가운데
> 새로운 삶, 새로운 존재!
>
> "가련한 장미여. 너는 어제
> 대지의 품에서 꿈을 꾸더니,
> 오늘은 예전의 자매들과 같지 않게
> 사랑의 기쁨으로 피어나는구나.
>
> 미풍에 결코 흔들리지 않고
> 너는 꿈을 꿀 것이다. 꽃의 아이여,
> 아, 곧 바람이 너를 무덤들 사이에서

부러뜨릴 것이다."

(…)

작은 장미는 무서워하는 것 같다,

사악한 죽음을 무서워한다…(전집5, 89-90)

이 시는 어쩌면 「묘비명」을 더욱 쉽게 풀어 쓴 것인지도 모른다. 하지만 1926년에 쓴 「묘비명」보다 최소한 32년 전에 쓴 것이니 그렇게 보기도 쉽지 않다. 릴케가 세월이 갈수록 축약해서 시를 썼다는 점에 비춰보면 그 관련을 무시할 수 없겠지만 세월의 격차가 너무 커서 장미에 대한 이미지가 바뀌었을지도 모르기 때문이다. 그러나 위 시에서도 장미는 죽음 가운데 핀 새로운 존재이자 사랑의 기쁨이므로 「묘비명」의 장미와 크게 다르지 않다. 여기서 "사악한 죽음"이란 무엇일까? 릴케는 『기도시집』의 3부 '가난과 죽음의 서'에서 '고유한 죽음'과 '낯설고도 힘겨운 죽음'을 다음과 같이 대비시킨다.

오 주여, 저마다 고유한 죽음을 다오.

사랑과 의미와 고난이 깃든

삶에서 나오는 그 죽음을 다오.

우리는 껍질과 잎에 지나지 않는 까닭이다.

저마다 가슴 깊이 간직한 위대한 죽음,

그것은 그 주위로 온갖 것이 감싸고 있는 열매다.(전집1-432)

이 삶은 죽음을 낯설고도 힘겹게 만들기에,

그 죽음은 우리의 죽음이 되지 못한다.(전집1, 433)

이 시를 위 두 시와 비교해보면 "그리도 많은 잎 아래 누구의 것도 아닌 잠"이란 '고유한 죽음'이 아닌 '사악한 죽음', '낯설고도 힘겨운' 죽음을 말한다고 볼 수 있겠으나 릴케 자신이 경멸한 이러한 죽음을 자신의 묘비명으로 선택했다고 보기는 어렵다. 게다가 『기도시집』 3부를 쓴 1903년과 「묘비명」을 쓴 1926년 사이에는 23년이란 세월이 가로놓여 있다. 그 사이에 죽음에 대한 릴케의 생각은 충분히 달라질 수 있다.

나는 여기서 어떤 정답을 내리려고 하는 것이 아니다. 여러 가지로 달리 볼 수 있는 가능성을 말할 뿐이다. 여하튼 「묘비명」에서 묘사된 장미는 절대자다. 여기서 말하는 절대자란 어떤 존재일까? 바로 신, 절대자, 시인, 독재자 등등이다.

내가 가장 좋아하는 릴케의 시

내가 좋아하는 릴케 시가 많지만 그중 『오르페우스에게 바치는 소네트』 제1부 제5편의 다음 시가 있다.

기념비를 세우지 마라. 다만

그를 위해 해마다 장미꽃이 피게 하라.

오르페우스가 장미이니. 그의 변용은

모든 사물마다 깃들어 있다. 다른 이름들에

신경 쓰지 말 것이다. 노랫소리가 들리면
그건 언제나 오르페우스다. 그는 왔다가 간다.
그러니 때때로 그가 장미꽃잎보다 며칠씩
더 견딘다면 그것은 이미 지나친 것이 아닌가?

오 그는 사라져야 한다는 걸 알아야 한다!
하지만 그 역시 사라짐이 두렵기만 하다.
그의 말이 이승의 존재를 넘어서는 사이,

그는 벌써 너희들이 갈 수 없는 곳에 있다.
칠현금의 격자가 그의 손을 강요하지 않는다.
다만 그는 넘어가면서 순순히 따를 뿐이다.(전집2, 503-504)

이 시는 「묘비명」을 쓰기 몇 년 전에 쓴 것이다. 내가 위 시를 좋아하는 것은 "기념비를 세우지 마라"는 첫 구절 때문이다. 따라서 릴케가 단지 장미라도 피게 하라고 한 것도 나는 싫다. 릴케답게 장미조차 피게 하지 말라고 했다면 더 좋았으리라. 무덤에 피는 잡초도 시인의 변용일 테니 말이다. 릴케가 그렇게 완벽한 세속으로부터의 초월을 추구했더라면 더욱더 좋았을 텐데.

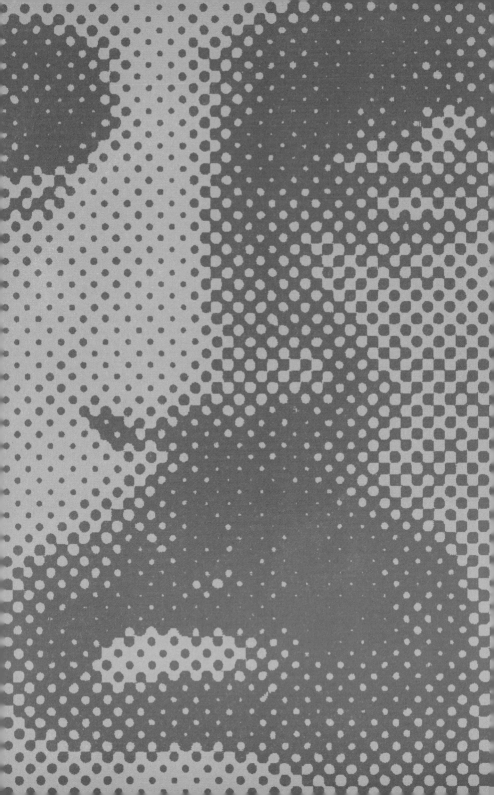

9장

왜 다시
릴케인가?

릴케 삶과 문학의 개관

지금까지 우리는 릴케의 생애 순서에 따라 그의 작품을 감상했으나 그 작품들은 릴케가 남긴 전체 작품 중의 극히 일부에 불과하다. 릴케는 평생 2,500여 개의 개별 작품을 남겼다. 그중 시는 약 1천 편이다. 나머지는 소설, 희곡, 논문, 서평, 강연 등이다. 그러나 그 나머지는 반드시 훌륭하다고 할 수 없다. 그의 유일한 장편소설인 『말테의 수기』도 소설이라고 하기 어렵고, 대부분 젊은 시절에 쓴 희곡도 유치하며 논문, 서평, 강연 등도 논리적이지 못하다. 소설가로서의 작품구성 능력이나 극작가로서의 인물창조의 능력, 그리고 평론가로서의 엄밀한 객관성이 결여되어 있기 때문이다. 따라서 그는 시인 이상이 아니다. 그래서 나는 앞에서 『릴케 전집』 13권에 포함된 대부분의 소설, 희곡, 논문, 서평, 강연 등은 아주 극소수의 예외를 제외하고는 이 책에서 다루지 않았다. 그런 것들은 앞으로도 크게 읽힐 것 같지도 않다. 단『젊은 시인에게 보내는 편지』만은 예외일지 모르겠다. 2008년부터 세계고전 3,600종을 출간한다는 지만지의 계획에 릴케의 책으로 유일하게 그 책이 포함되어 있듯이 말이다. 릴케의 대표작이라는『두이노의 비가』가 제외된 점이 아쉽지만 어쩌면 이제 그의 시는 고전으로서의 가치를 상실했는지도 모른다.

1천여 편의 시 중에서 4분의 3이 그가 30세인 1905년의『기도시집』이전에 나왔고, 그 후 51세로 죽기까지 250여 편 정도만을 썼다. 초기의 10년 정도에 4분의 3을 썼고, 그 뒤 20년 간 4분의 1만 쓴 셈이다. 이를 조숙한 천재 시인의 증거라고 볼 수도 있을지 모르지만, 그 초기 시들이 대부분 릴케의 개성을 보여주지 못하는 졸작들임을 감안하면 일찍부터 시집을 부지런히 내어 인정을 받고자 한 조바심으로 보는 것이 더 옳다. 그런 욕심은 그가 쓴 헌정시가 200편이 넘는 점에서도 볼 수 있다. 이는 "자기의 고독을 거의 우상화하고 자기의 예술에 대한 확고부동한 직선적인 태도와 엄격성을 통해서 거의 신화적인 명성을 얻은"(홀트후젠, 32) 점과는 대단한 모순이다. 그러나 그런 명성 자체가 잘못된 것이 아닐까? 나치주의자인 홀트후젠이 하는 이야기를 우리가 그대로 수용해야 할까?

젊은 릴케가 열심히 시를 쓰고 많은 시집을 내어 세상의 인정을 받고자 노력한 것을 굳이 출세주의자니 뭐니 하며 비난할 필요는 없으리라. 그가 살았던 19세기 말, 이미 1세기 동안 민주주의는 물론 사회주의까지 주장되었으면서도 여전히 귀족이 행세했던 그 시대에 자신도 귀족이라고 거짓으로 꾸미면서 자신의 시를 사랑해주는 귀족들과 어울려 살았던 점도 굳이 비난할 필요는 없으리라. 그러나 우리는 지금 만약 시인이라는 자가 권력자나 재벌들과 어울리며 골프장에서 내기 골프나 해대고 그들을 위해 싸구려 사랑타령이나 읊어댄다면 그를 결코 위대한 시인이라고 평가할 수 없으리라.

릴케의 시인으로서의 위대한 점은 그런 사랑 타령을 27세에 로댕을 만난 뒤로부터 포기하고 『신시집』부터 소위 사물시라는 것을 창조한 점이라고 하는 사람들이 많다. 그러나 앞에서도 누누이 강조했듯이 사물시란 그 자체가 뜻하는 사물의 객관적 표현에 그치는 것이 아니라 그 엄밀한 표현을 통해 존재의 본질을 탐구하고자 한 것이라고 한다. 그러나 솔직히 말해 릴케의 사물시가 얼마나 위대한 것인지 나는 모른다. 그 대부분은 아무리 읽어보아도 가슴에 와 닿지 않는다. 가슴에 닿지 않는 시는 읽을 필요가 없다고 나는 생각한다. 철학적 주석이 잔뜩 붙어야 되는 시를 굳이 시로 쓸 필요가 있을까?

흔히 릴케의 시를 존재의 탐구, 실존의 탐구라고 한다. 존재라는 말은 그의 시에도 자주 등장한다. 그래서 대단히 철학적이라는 느낌을 준다. 릴케 시에 대한 해석도 마찬가지다. 그러나 릴케 자신은 철학에 그다지 흥미가 없었다. 그는 칸트나 쇼펜하우어, 니체나 키르케고르 정도는 읽었지만 그 밖의 철학서는 거의 읽지 않았다. 또한 자신이 철학책을 쓴다고 생각하기커녕 스스로 철학을 한다고도 생각하지 않았다. 그러나 하이데거는 자신의 철학이 릴케의 시를 사색한 것에 불과하다고 했다. 뿐만 아니라 실존주의 철학이란 릴케 시의 주석에 불과하다는 이야기도 있다. 물론 실존주의에도 여러 갈래가 있고, 그 모두가 릴케를 따른 것도 아니었다. 특히 사르트르는 릴케를 언급한 적이 없고 릴케와 거의 무관하다.

릴케를 철학적으로 해명한 선구는 아무래도 하이데거의 1949년 강연이리라. 릴케 20주기를 기념한 이 강연은 우리나라에서도 두 차례나 번역되었으나 어느 것이나 대단히 난해하다. 그 마지막에서 하이데거는 『두이노의 비가』 제9가에 대해 다음과 같이 말한다.

> 세계내면공간의 현세적 통일로서 천사의 모습이 나타나는 것이거니와 그 세계내면공간의 불가시성 속에서 현세적 존재자의 온전함이 가시적으로 된다. 온전함의 가장 넓은 주위에서 비로소 성스러운 것이 출현할 수 있다. 보다 모험적인 자들이라는 성격을 갖는 시인들은 부전(不全)한 것을 부전한 것으로서 경험하기 때문에, 성스런 것의 흔적을 찾아 가는 도상에 있는 것이다. 그들의 노래는 온 국토를 성화(聖化)한다.(하이데거, 287)

도대체 무슨 소리인가? 그냥 웃고 지나가자. 나는 릴케의 시가 전반적으로 19세기 말과 20세기 초의 이른바 '세기말' 사회상을 반영하고 있으며, 당대의 많은 철학자들이나 예술가들이 추구한 철학이나 예술, 그중에서도 가장 보수적인 것과 맞닿아 있다는 점은 인정한다. 가령 나는 니체와 클림트를 그리 좋아하지는 않지만 그들의 철학이나 회화에 나타난 영웅과 여인과 죽음과 사랑 등의 이미지가 릴케의 그것과 매우 유사하다고 느낀다. 릴케 역시 니체를 열심히 읽어 초인 사상에 젖었고 클림트를 중심으로 한 소위 유겐트슈틸의 분위기에서 시를 썼다. 그것은 그 시대에 나름의 가치를 가졌다. 그 시대에 유행한 고전주의나 사실주의 등에 대한 반발로서의 '역사적인' 가치이다. 여기서 내가 '역사적인' 가치라고 함은 역사상 혁혁한 공로를 세웠다는 의미가 아니라 모든 철학이나 예술이 그러하듯 시대에 대한 반항으로서의 '역사적 단계'였다는 의미에 불과하다.

그러나 지금 우리의 입장에서 그것은 반동적인 것이었다고 보아야 한다. 21세기의 우리로서는 19세기 말 20세기 초의 그것을 반동적인 것이라고 보지 않을 수 없다. 20세기에 릴케나 니체나 클림트 등에 대한 숱한 새로운 철학과 예술의 사조가 등장했다고 하는 '역사적인' 이유에서만이 아니다. 우리는 그 19세기 말에 나라를 빼앗겼고, 20세기 전반을 식민지로 살았으며, 20세기 후반에는 나라가 분단된 가운데 민주주의와 사회주의의 갈등을 겪었다. 그런 역사의 가운데에서 릴케가 무슨 의미일 수 있겠는가?

한국의 릴케

1979년에 나온 홀트후젠의 『릴케』 번역서의 '역자 해설'에서 당시 서울대 교수였던 강두식은 자신의 학생시절이었던 1950년대에 릴케에 대한 번역이나 논문은 거의 없었고 기껏 『말테의 수기』가 중역으로 나왔는데 첫머리부터 이해가 되지 않아 내던졌지만 대단히 많이 팔렸다고 말했다.(홀트후젠, 5) 그리고 그 후 20여 년이 지나 "많은 번역이 나왔고 학자들 간에서 관심의 대상이 되어 많은 논문이 나오기도 했으며 또한 릴케를 사숙한 시인들이 나온 것이 사실"이지만 릴케는 "아직 본격적으로 이 땅에 정착하지 못했다"라고 말했다.(홀트후젠, 6) 그 후 40여 년이 더 흐른 2017년의 한국에서는 어떨까?

강두식은 "릴케 역시 독일의 전통적인 범신론적인 유기사상의 테두리에서 벗어나지 못하고 있는 시인"(홀트후젠, 8)이라고 했다. 나도 동감한다. 그런데 나는 여기서 더 나아가 그의 귀족주의와 반민주주의 등을 이유로 그가 지금 이 땅에 정착하기 어렵다고 본다. 반면 릴케를 '헌신과 겸손의 시인', '장미의 시인', 특히 '동양적 시인'이라고 보면서 그가 동아시아에서 "놀라울 만한 호응도를 보여"준다고 보는 견해(조두환, 162)가 있다. 그 동양적 요소란 선불교적 직관과 일본 정형시 하이쿠에 대한 릴케의 관심이다. 그중에서 적어도 선불교적 직관은 우리 전통과도 무관하지 않으리라. 나는 그러한 점을 굳이 부정할 필요는 없다고 본다. 그러나 그것은 21세기 우리의 현실과는 대단히 거리가 있는 것 아닐까?

릴케는 일본에서 특히 인기가 높다. 우리나라에서와 마찬가지로 「가을날」이나 『말테의 수기』 제14장이 자주 인용되고, 특히 『두이노의 비가』와 『오르페우스에게 바치는 소네트』는 일본인 사이에서 "정신적으로 유사하게 체험되는 작품"이라고 하는데(조두환, 162), 우리나라에서도 반드시 그런지는 모르겠다. 한국인의 미의식과 일본인의 미의식이 같다고 볼 수 있는지 의문이지만, 최소한 일본인의 독특한 유미주의적 경향이 반드시 한국인의 그것이라고 보기는 어렵기 때문이다. 일본의 우키요에 목판화가 19세기 후반 유럽의 인상파 화가들이나 문학인들에게 큰 영향을 미쳤고, 릴케 역시 그런 분위기에서 살았으며, 1900년 당시 중국 차, 장미, 일본 비단, 이태백, 일본 판화가 호쿠사이 등을 알았음은 사실이다. 여기에 한국이 빠져 있다는 이유에서가 아니라, 일본인들이 그런 릴케를 좋아한 것이 일제강점기에 조선 반도에 수용되었고, 그것이 지금까지 이어져온 것이 아닌지 엄밀하게 검토해볼 필요가 있다.

한국인이라면 누구나 처음으로 릴케의 시 「가을날」을 고등학교 교과서에서 읽는다. 아마도 릴케의 시 중에서 한국인이 가장 좋아하는 하나이리라. 특히 박용철이나 김현승 등의 시에 수용된 측면도 있어서 교과서에 실렸는지도 모른다. 다른 나라 사람들이 「가을날」을 릴케의 대표적인 시로 좋아하는지는 의문이지만, 한국인에게는 그 시가 릴케를 말하는 경우의 전부인지도 모른다. 교과서에 실린 경어체와 달리 평어체로 바꾸어 읽어 새로운 느낌을 받아보도록 하자.

주여, 때가 왔네. 지난여름은 아주 위대했네.
너의 그림자를 해시계 위에 놓고
벌판에 바람을 풀어다오.

마지막 과일들이 익도록 명하고
따뜻한 이틀을 더 주어
그 완성으로 몰아가고 강한 포도주에
마지막 단맛을 넣어다오.

지금 집 없는 자는 어떤 집도 짓지 않네.
지금 외로운 자는 오랫동안 외로이 머물러

잠 못 이루어 독서하고 긴 편지를 쓸 것이며

잎이 지면 가로수 길을

불안스레 이리저리 헤맬 것이네.(전집2, 42-43)

제1장에서 본 성교시와 마찬가지로 "주여"로 시작되는 위 시는 평범한 시다. 그냥 읽어 느끼는 것으로 충분하고 별 해석을 필요로 하지 않는다. 풍요한 가을 속의 고독이 여실히 드러난다. 그래서 좋은 시다. 그러나 적어도 제3연 제1행에서 말하는 "집 없는 자는 어떤 집도 짓지 않네"라는 구절을 정말 집이 없는 자들은 어떻게 받아들일까? 릴케는 집 없는 자는 집이 없는 것에 도리어 만족하라고 가르쳤다. 이어지는 제2행의 외로운 자가 누구의 위로도 받지 못하고 독서를 하고 편지를 쓰며 방황하는 것도 릴케가 말하는 고독, '소유하지 않는 사랑'의 가르침을 뜻한다. 그러나 이 책 앞에서 누누이 말했듯이 우리는 그러한 릴케 식 고독이나 '소유하지 않는 사랑'을 할 수 없다.

위 「가을날」에서는 그 정도로 그치고 영웅이나 천사나 신, 특히 전쟁을 찬양하지 않아 다행이지만, 우리는 앞에서 릴케가 쓴 그런 시를 많이 보았다. 그래서 우리는 이 책의 제1장 처음에서 물었던 것, 즉 "과연 릴케를 읽어야 하나?"에 대해 다시금 생각해보지 않을 수 없다.

김춘수

앞에서 읽은 「가을날」은 그마나 1장 처음에서 본 성교시나 8장 마지막에서 본 「묘비명」 등의 난해한 시와는 다르다. 물론 나는 그 「묘비명」조차 성교시처럼 사실은 난해하지 않다고 생각한다. 내가 읽은 릴케의 시는 대체로 쉽다. 그런데 그의 영향을 받았다는 한국시는 훨씬 어렵다. 한국에서 릴케의 영향을 많이 받은 시인으로 흔히 김춘수를 거론하는데, 가령 김춘수가 릴케의 영향으로 처음 썼다는 시 「꽃」이 그렇다. "내가 그의 이름을 불러주기 전에는/ 그는 다만/ 하나의 물상에 지나지 않았다"로 시작하는 이 시는 다양한 매체에서 회자될 정도로 유명하다.

김춘수는 자신의 시에서 '꽃'이란 '관념의 꽃'이고, 이 시는 "사물로서의 꽃의 생태적인 속성을 매개로 해서 인간의* 근원적 고독을 드러내려고 해본 것", 즉 '릴케 몸짓'이라고 했다.(김춘수, 243) 여기서 꽃의 생태적 속성이란 이 시 3연에 나오는 "내가 그의 이름을 불러준 것처럼/ 나의 이 빛깔과 향기에 알맞은" 중 "빛깔과 향기"이겠는데 이를 매개로 "인간의 근원적 고독"이 드러난다는 것이 무슨 소리인지 나는 알 수 없다. 이 시에 나타난 릴케의 영향이 바로 그의 사물시라는 개념이다. 이는 가령 꽃이라면 그 속성을 아주 객관적으로 묘사하는 것인데 김춘수의 「꽃」은 전혀 그렇지 않다. 「나의 하나님」이라는 시도 마찬가지다. "사랑하는 나의 하나님 당신은/ 늙은 비애(悲哀)다/ (…) / 시인 릴케가 만난/ 슬라브 여자의 마음속에 갈앉은/ 놋쇠 항아리다…"처럼 릴케의 이름이 직접 거명되지만, 이 시 또한 어렵기는 매한가지다. 그런데 이 시에 대해 "시인이 하느님을 생각했을 때 문득문득 떠오르는 것들을 서술했을 뿐이다. 시인

■   * 인간적 존재 양상이라고 함이 더 적절하다.

자신도 이 시를 해석하지 말고 가벼운 마음으로 읽어달라고 했다"고 한다. 릴케처럼 말이다. 아니 릴케는 무거운 마음으로 읽어달라고 요구한 반면 김춘수는 그래도 가볍게 읽어달라고 한 점이 다르다면 다르다. 그러나 가벼운 마음으로 읽을 수가 없다. 하느님에 대한 다른 묘사는 그런대로 이해된다. 하느님은 슬픔이고 푸줏간 고기에도 있고 영원하고 순결하고 봄바람에도 있다. 그런데 루 살로메를 말한다는 "슬라브 여자"의 "마음속에 갈앉은 놋쇠 항아리"가 하느님이라는 표현을 이해하기란 쉽지 않다.

김춘수에게 하느님이란 것이 무엇인지 잘 알 수는 없으나 릴케에게 하느님이란 기독교의 하느님을 뜻하지 않는다. 그가 평생 추구한 절대적 존재인 하느님이나 주란 예술을 통한 절대를 뜻했다. 예술을 통한 절대라는 말을 그리 어렵게 생각할 필요는 없다. 우리는 누구나 예술에서 절대를 경험할 수 있기 때문이다. 가령 위대한 교향곡을 듣거나 그림을 보는 경우다. 물론 사람에 따라 다를 수는 있다. 위대하다고 하는 베토벤의 교향곡을 듣고도 그냥 자는 사람도 있다. 그러나 그것을 듣고 감동한 나머지 우는 사람도 있다. 베토벤을 듣고 잠만 자는 사람도 다른 무엇에 감동하여 울 수 있다. 가령 멜로드라마를 보고 울 수도 있다. 그 감동이나 저 감동이나 모두 감동이기는 마찬가지다. 또는 교회에서 목사의 설교를 듣고 우는 사람도 있고, 야구장이나 축구장에서 우는 사람도 있다.

그중에서 인간이 가장 오랫동안, 가장 보편적으로 추구한 절대는 종교적 신이다. 동서양 여러 나라의 신이 각각 다르고 유일신이니 다신이니 자연신이니 하는 구분도 있지만, 어떤 절대에 대한 숭상이라는 점은 마찬가지다. 그런데 그런 신으로서의 절대라는 존재자 외에 국가나 국왕이나 이데올로기라는 정치적·사회적·경제적인 절대도 존재한다. 어디 그뿐인가? 예술적인 절대도 존재한다. 예술가는 누구나 그런 절대를 추구한다고 말한다. 릴케가 말하는 신이란 그런 예술의 절대를 말한다.

예술가는 물론이고 누구나 절대의 추구에 젖을 수 있다. 그것이 종교이든 예술이든 정치든 마찬가지로 절대의 추구일 수 있다. 인간이면 누구나 그러한 절대의 추구에 탐닉하게 마련이다. 그러나 그것은 경우에 따라 위험할 수 있다. 종교나 정치가 배타적인 경우 얼마나 많은 전쟁을 일으켰는지 우리는 잘 안다. 그런데 종교나 정치에서만이 아니라 예술에서도 위험할 수 있다. 예술이 종교나 정치에 종속되거나 일치할 때는 물론 위험할 수 있지만, 예술의 절대를 추구하는 예술가가 기존의 종교나 정치는 물론 기존의 모든 가치를 부정할 때에도 위험할 수 있다.

릴케의 삶과 예술은 그런 위험성을 보여주는 하나의 예로 우리에게 교훈을 준다. 릴케는 평범한 가정 출신이지만 평생 자신이 귀족 출신이라고 행세하고 중세의 기사처럼 강렬한 전투와 사랑을 겪고 죽는 위대한 영웅의 삶을 꿈꾸었다. 앞에서 소개한 「묘비명」을 그런 영웅이 쓴 시라고 보고 읽으면 어떤 느낌이 들까? 그 시가 실제로 새겨진 릴케의 묘비명에는 그가 자기 집안을 귀족가문이라고 생각한 가문(家紋)도 새겨져 있다. 검은 색과 흰 색의 두 마리 개(그레이하운드)가 서로를 향해 뛰어오르는 모양인데 우리나라 식으로 말하자면 대단한 양반 가문의 상징 같은 것이다. 그런 가문 아래 새겨진 묘비명을 읽는다면 어떤 느낌이 들까? 물론 우리의 양반네 묘비처럼 대단한 관직을 장황하게 열거하지는 않아 다행이지만 나에게는 「묘비명」이 마찬가지 느낌을 주었다.

'마지막'이 되어야 할 귀족 영웅시인 릴케

머리말에서 말했듯이 릴케는 20세기의 가장 위대한 시인이라고 하나, 그 밖에도 위대한 시인은 많다. 문학사에서는 아마도 독일어권의 릴케와 함께 프랑스어권의 발레리와 영어권의 T. S. 엘리엇을 들 것이다. 그들은 모두 보수적인 시인들이라는 점에서도 공통된다. 왜 위대한 시인들은 국내외를 막론하고 대부분 보수적인가?

그러나 20세기 시인 중에서도 릴케와 가장 닮은 사람 중 하나가 파블로 네루다(Pablo Neruda, 1904~1973)*이리라. 릴케처럼 많은 여인을 사랑했고 많은 사랑시를 남겼다는 점에서 그렇다. 그 역시 젊어서는 릴케에 심취하여 『말테의 수기』를 일부 번역해 잡지에 싣기도 했다.(맨스타인, 93) 여인에 대한 동경이 그 소유보다 아름답다고도 생각했다. 그러나 남미의 현실을 보고 그는 릴케를 떠났고 이기적인 사랑을 극복하고부터 릴케를 벗어났다. 그 결과 위대한 참여시를 썼다. 물론 네루다는 참여시와 순수시 따위의 구별은 없다고 한다.(맨스타인, 654) 나도 동감한다. 시에는 좋은 시와

■ * 칠레의 시인. 초현실주의적인 경향의 시를 썼으며, 1971년에 노벨 문학상을 받았다. 작품에 「스무 개의 사랑의 시와 하나의 절망의 노래」, 「지상의 주거」 등이 있다.

좋지 못한 시의 구별이 있을 뿐이다. 참여인과 순수인 따위의 구별이 있을 수 없듯이.

다시 말하지만 나는 지금 릴케를 좋아하지 않는다. 과거에는 좋아했지만 지금은 좋아하지 않는다. 그러면서도 왜 릴케에 대한 책을 쓰느냐고 물으면, 앞 제1장에서 소개한, 릴케에게 배신당하고 30년 뒤에 릴케에 대해 동성애자 운운한 책을 쓴 여인의 심정과 같다고 할 수밖에 없을지도 모른다.

이 책은 릴케를 한때 좋아했으면서도 싫어하게 된 나의 릴케 경험의 고백이다. 따라서 릴케를 20세기의 가장 위대한 시인, 그 시를 20세기의 가장 위대한 시라고 하는 전제 아래 그의 삶과 예술을 예찬하는 일반적인 릴케주의자들의 입장과는 전혀 다르다. 내가 보기에 우리나라에 지금까지 나온 릴케 책이나 글이란 모조리 그렇다. 따라서 이런 책을 굳이 쓸 필요가 있다고 생각했다.

나는 릴케의 시를 좋은 시라고 생각하지 않는다. 또 릴케를 좋은 사람이라고도 생각하지 않는다. 그는 귀족의 시대가 사라진 것을 통탄하고, 귀족의 시대를 그리워하며, 귀족의 눈으로 대중의 시대를 경멸하는 시를 써서 귀족과 그 동류인 자들의 사랑을 받았다. 20세기 후반의 한국에서도 마찬가지 현상이 생겨났다. 한국에서 릴케를 적극 수용한 사람들이 반드시 귀족 내지 양반의 후예라고는 할 수 없겠지만 정신적으로는 그런 기질을 갖는 사람들이 릴케를 적극 수용했다고 본다. 전근대적 전통, 고향으로 상징되는 농경사회, 인간적 다양성보다는 비인간적 획일성 등을 긍정하고 근대적 기술문명, 도시문명, 인간주의를 부정하는 기질은 21세기인 지금도 여전히 우리 사회에 뿌리 깊다. 물론 그것의 가치를 전적으로 부인하자는 것은 아니다. 그러나 근대적 기술문명, 도시문명, 인간주의를 비판한다고 해서 전근대적 전통, 고향으로 상징되는 농경사회, 비인간적 획일성으로 돌아가자는 주장에는 찬성할 수 없다. 현실적으로 불가능할 뿐만 아니라 바람직하지도 않기 때문이다. 릴케는 마지막 귀족 영웅시인이었다. 그러나 지금 우리에게 필요한 시인은 네루다 같은 민중시인이지 릴케 같은 귀족 영웅시인이 아니다.